2021年度立项广东省基础教育小学数学学科教研基地（汕头）
暨广东省吴燕娜名教师工作室项目成果

双轮驱动　研培领航
DDTTP
DOUBLE DRIVE TEACHING AND TRAINING PLAN

吴燕娜　朱道芸　林　清　编著

本书编委会（排名不分先后）

吴燕娜	朱道芸	林　清	潘丹彤	潘少伟
许启进	林伟鹏	黄旻纯	陈卓峰	黄汉辉
杜卫群	卓汉成	李慧璇	邹　丹	林继仕
辜春苗	张春娇	邱向真	邱传怀	张巧青
张　敏	林融融	侯铕洵	顾若琳	刘玲蓉
洪丽霞	蔡晓玲	林丽娇	陈耀光	蔡伟佳
田茂春	纪一挺	李燕璇		

广东高等教育出版社
Guangdong Higher Education Press
·广州·

图书在版编目（CIP）数据

双轮驱动，研培领航/吴燕娜，朱道芸，林清编著. —广州：广东高等教育出版社，2024.12

ISBN 978-7-5361-7815-1

Ⅰ. G623.502

中国国家版本馆 CIP 数据核字第 2024XY5976 号

SHUANGLUN QUDONG, YANPEI LINGHANG

出版发行	广东高等教育出版社
	地址：广州市天河区林和西横路
	邮政编码：510500 电话：（020）87554153 87551436
	http://www.gdgjs.com.cn
印 刷	广东信源文化科技有限公司
开 本	787 毫米×1 092 毫米 1/16
印 张	19.5
字 数	468 千
版 次	2024 年 12 月第 1 版
印 次	2024 年 12 月第 1 次印刷
定 价	58.00 元

序

本文集是吴燕娜老师组织、引领汕头市小学数学骨干教师，历经多年刻苦学习钻研，深入实践创新的成果汇总，洋洋洒洒四十多万字，再现了吴燕娜老师与同伴们扎实研究、默默奉献、服务的场景……

（一）

吴燕娜老师既是广东省小学数学名教师工作室的主持人，又是广东省第一批基础教育学科教研基地项目的负责人。两个项目都是广东省实施"新强师工程"，建设高质量教师、教研体系的重要抓手，目的都是推动全省基础教育课程教学改革和育人方式变革，促进基础教育的高质量发展。显然，形成合力，才能更充分地凝聚集体智慧，提高研修效能。于是，颇有新意地创建了双项目合体运作、推进的工作机制，凝练成"双轮驱动、研培结合"的特色。

两个团队的有机整合，构成了教师专业发展的共同体。他们"立足教学，聚焦课堂，示范引领"，他们"笃志乐研，善思实干，勇于创新"，他们在吴燕娜老师的带领下，针对课改难点、痛点，先行实践探索，筛选成功课例、案例，提炼有效策略，然后在全市范围内组织开展一系列的教、学、研、训一体化系列研修活动，培养了一批"好学、深思、力行"的"学科提质"排头兵和一支师德高尚、业务精湛、视野开阔、有教育教学创新能力的教科研骨干队伍。

从项目总报告看到，不仅工作室和基地领衔人吴燕娜老师被聘为华南师范大学教师教育学部兼职教授，她主持的省级教育科研重点课题研究成果，获广东省基础教育教学成果奖、广东省中小教育教学创新成果奖，其负责的工作室和基地的其他成员也取得令人刮目相看的成绩。仅从以下几个数据就可见一斑：

在国家、省、市级精品课评比、省级教学能力大赛等活动中获奖841人次，其中8个国家级奖项、85个省级奖项；在《小学数学教育》《课程教学研究》《广东教学》等专业期刊发表论文35篇，成员所在学校学生获得市级以上各类素养比赛共82项，3位成员获得广东省"百千万人才培养工程"理科名教师培养对象、1位成员获广东省名校长培养对象、1位成员获广东省名校长工作室主持人、1位成员获广东省名教师工作室主持人……

正是这样一个默默奉献服务的群体，把论文写在小学数学课堂教学的田野上，汇编成了这本文集。

（二）

　　一线教师教学研究的问题，首选无疑是来自实践、亟待解决的真问题。这样的研究，有别于教育科学研究人员追求"学理"，试图以"理论形态"揭示"教学规律"、诠释"为什么"等的研究，它追求的是"事理"，力求以"实践形态"提炼"教学策略"，为解决"怎么做"而开展研究。这样的研究，决定了这本文集"理论色彩淡，操作品格强"[①]的特质。

　　文集由五部分组成。

　　第一部分，指向"三会"的教学改进实践探索性研究。

　　《义务教育数学课程标准（2022年版）》突出对学生核心素养的培养，将数学课程要培养的学生核心素养概括为"三会"：会用数学的眼光观察现实世界，会用数学的思维思考现实世界，会用数学的语言表达现实世界。

　　这一相当通俗的概括与平易近人的表达，又包含相当丰富的内涵，很多教师疑惑小学生能达到"三会"的要求吗？书中15位教师的经验总结给出了肯定的回答……

　　第二部分，追求"教学评一致性"的教学设计与分析。

　　教学的本意是"教师的教与学生的学"，评价的本意是"增值"，即促进教与学。所以，教与学要一致，评价与教要一致，评价与学要一致，本是常识。之所以要重提，是因为确实还存在"教脱离学，教不考虑评及评脱离教与学"的现象。

　　如何回归教学评的本来面目，达到"教学评"一致？这部分的课例，是执教教师精心打磨的代表作，涵盖数与代数、图形与几何、统计与概率、综合与实践四大领域，用鲜活的实践，生动的描述，提供了变"应然"为"实然"的样例。这些课例，经过多轮实践，检验了设计的可操作性和良好的教学效果，从而保证了样例的可借鉴、可复制性。

　　第三部分，落实"双减"要求的优质作业设计与分析。

　　作业是数学学习必不可少的环节，也是"减负提质"背景下，社会关注的热点。尤其是指向核心素养的课程目标，对作业设计提出了新的更高要求。在不折不扣落实"双减"的同时，又必须落实"四基""四能"和"三会"。

　　这部分的案例，充分展现了教师们的实践智慧。他们在严控习题总量，力求少而优的前提下，整体把握教学内容，注重作业的结构化，注重练习内容与核心素养的关联，注重设计的目的性、精准性、层次性、思考性和适度的挑战性，以及切合儿童年龄特征的趣味性、多样性和操作性。有些设计还关注了作业个性化的选择性、项目化的实践性。

　　第四部分，"双轮驱动"下备课范式的创新案例与分析。

　　备课是教师课堂下最主要的案头工作，是决定教学效果的关键之一，也是学校备课组、教研组的常规研讨话题。各地、各校都有因地、因校制宜的校本化备课制度和规范化要求。

　　文集中的经验总结，借助"双轮驱动"的优势，使这一日常工作展现出新的面貌。例

[①] 丛立新．沉默的权威：中国基础教育教研组织［M］．北京：北京师范大学出版社，2011：62.

如：有"备"而来，博采众长"备"出精彩的"精典模块型"模式；大单元视角下"三步走成长型"范式；聚合智慧、赋能成长的"围炉式"集体备课；注重教学方案论证的"茶馆式"集体备课；慢"炖"出好味，助推教师成长的"煲汤式"集体备课；克服琐碎繁忙、学习不足现象的"五环浸润式"备课……每一种都有独到的主张、创见和接地气的做法、流程。

第五部分，"研培领航"促进教师成长的案例与分析。

广东省教育厅设立名师工作室、组建学科教研基地的根本宗旨，就是促进教师成长。这是提升教育水平、教学质量的重要路径，也是满足社会大众期望孩子"上好学"的重要举措。

文集中的学习体会、研修收获文章，道出了教师们的心路历程和参培感悟。颇具代表性的总结，如"读—研—思，我的成长三要素""一步一脚印，一种一收获""学思并进，笃行致远"，每一篇都可圈可点……

（三）

这本文集，记录了两个团队成员研修历程的一些足迹，也反映出他们在学习、研究状态下探寻教学改进的新方略。

仅就教学研究的方法而言，一线教师的研究，最常用的方式，或者说模式是针对典型课例的钻研与打磨。从吃透教材、分析学情开始，到教学设计，再到反复的试教、听课、评课、反思、改进，这种植根于课堂生态的课例研究模式，习惯上称之为"磨课"。

"磨课"对于教师提升教学水平，促进专业发展的效能已被一代又一代名教师的身体力行所证实。如今，它已成为教研活动、校本研修的重要方式。研究怎样教学、怎样上好课，聚焦课堂，打磨教学，这一最为朴实的教研方式，其合理性、根本性，也就不言而喻了。

多年来，我们苦苦寻觅教研方式的转型，试图另辟蹊径，昨天一种新理念，今天一个新花样，反复折腾，蓦然回首，不二路径及其方法就源于"教师"及"教学"的本义。

多年来，我们诲人不倦，传授科研方法，从量化研究到质性研究，从实证到循证，岂不知教师姓教，他们喜欢磨课，也善于磨课，可是教育科学研究方法的殿堂，除了那些社会学、心理学的通用方法，几乎没有自己的方法，至今还没想到给"磨课"一席之地，只能归入行动研究。好在我们的教师，一贯自谦理论水平低、科研能力弱，因而不在乎方式方法的"名分"，原生态地能做多少就写多少。

必须指出，教研成果首先是脚踏实地"做出来"的，然后才能实事求是地"写出来"。而且，"做"的实效除了教师的经验判断和主观估计外，还应当有学生收获的量化实证。例如，基地学校对学生调查（有效回收问卷1 000份）的统计数据表明，学生对教师、对课堂教学等方面的满意度为100%，对作业的满意度为99.4%，对自己学习能力提高的满意度为99.7%。

在此基础上，吴燕娜老师的名教师工作室和学科教研基地，发挥了相当广泛的辐射示范作用。据总结报告中的不完全统计：直播公开课、送教送培下乡等共150多场次；应邀到省内外学校开设讲座、学术交流和成果推广应用100多场次。

基于扎扎实实的"做"及其学生发展的实效证据，我们有理由相信，上述推广活动必然受到广大教师的欢迎与好评，产生良好的示范、启迪影响。

小学数学教学改进，是一个常研常新的课题，如何发挥数学独特的学科育人价值，使得每个学生都能获得良好的数学教育，不同学生在数学上得到不同的发展，更是一个需要兼顾理论与实践的艰深课题。"路漫漫其修远兮"，愿吴燕娜老师和她的团队，继续"上下而求索"，进而惠及更多教师和学生。

谨此为序。

广东省教育研究院教学教材研究室原主任，中小学正高级教师　曾令鹏
2024年仲春

双轮驱动促提升　研培领航重实践
——广东省基础教育小学数学学科教研基地（汕头）暨广东省吴燕娜名教师工作室项目建设研究报告

广东省基础教育教研基地和广东省中小学名教师工作均是广东省"新强师工程"建设项目，是我省建设高质量教研体系的重要抓手，通过教研基地和工作室建设项目推动我省基础教育课程教学改革和育人方式变革，促进我省基础教育高质量发展。2021年4月，汕头市小学数学教研基地被广东省教育厅立项为第一批基础教育学科教研基地建设项目，同年5月，吴燕娜老师因为参加广东省中小学新一轮"百千万人才培养工程"第二批小学、幼儿园名教师培养对象培养项目（2015—2019年度），期末考核"优秀"，被广东省教育厅直接认定为广东省中小学名教师工作室主持人（2021—2023年度）。

基于这两个项目都是广东省教育厅立项的教育专项建设工程，建设周期都是2021—2023年，而且两个项目核心成员分别是通过省级遴选认定的，其中，工作室1+12人，基地核心团队1+20人（有交叉重叠）。因此项目负责人吴老师借助这两个项目（双轮）带领双团队，教研基地与名教师工作室双项目创新联合，以"立足教学，聚焦课堂，示范引领"为理念，以"笃志乐研，善思实干，勇于创新"为风格，创新"双轮驱动，研培结合"工作机制，在全市范围内组织开展一系列的教、学、研、训一体化系列研讨活动，以课题研究为抓手，重视多维研究，采用"研培"结合措施，以"资源建设"与"课程研究"助力教师专业成长。举行专题培训、资源开发、课题研究、跨区域学术交流、读书分享、直播公开课、送教送培下乡等共150多场次；应邀到省内外学校开设讲座、学术交流和成果推广应用100多场次。承担3次全省教研员能力提升培训任务、粤东西帮扶教研活动。3位成员获得省"百千万"理科名教师培养对象；1位成员获省"百千万"名校长培养对象；2位成员获省名校长、名教师工作室主持人；8位成员被任用为学校副校长和教研主任等行政管理人员；成员及基地校老师获市级以上学术荣誉、综合荣誉称号120多项……培养了一批"好学、深思、力行"的"学科提质"的排头兵和一支师德高尚、业务精湛、视野开阔、有教育教学创新能力的教科研队伍。构建了"双轮驱动，研培领航"的小学数学教师DDTTP（Double Drive Teaching and Training Plan）发展教研共同体模式，凝练出"教、研、培"三位一体的教研思想和特色，在省内外影响力强，发挥了示范引领辐射作用。

一、项目建设背景

（一）贯彻国家教育政策的时代要求

2014年3月30日，教育部印发《关于全面深化课程改革　落实立德树人根本任务的意见》，指出：充分发挥课程在人才培养中的核心作用，课程是教育思想、教育目标和教育内容的主要载体，集中体现国家意志和社会主义核心价值观，是学校教育教学活动的基本依据，直接影响人才培养质量。2019年6月23日，《中共中央　国务院关于深化教育教学改革全面提高义务教育质量的意见》发布，要求：坚持立德树人，着力培养担当民族复兴大任的时代新人；强化课堂主阵地作用，切实提高课堂教学质量。2019年11月20日，印发的《教育部关于加强和改进新时代基础教育教研工作的意见》强调教研要以"落实立德树人根本任务，遵循教育规律，树立科学的教育质量观，为构建德智体美劳全面培养的教育体系，发展素质教育，培养担当民族复兴大任的时代新人提供强有力的专业支撑"为总体要求。

2020年12月，根据《广东省教育厅关于组织申报广东省基础教育教研基地项目的通知》文件精神，汕头市教育局、市教师发展中心高度重视，认真研读文件，组织骨干和相关学校进行申报。2021年4月，广东省教育厅公示项目中，我市小学数学学科教研基地被批准为2021年广东省基础教育教研基地项目。项目团队将在新形势和新挑战的背景下，以学科教研基地项目建设深化教研机制创新，推进课程教学改革和学科育人方式的变革，全面加快高素质、专业化、创新型教师队伍建设，更进一步提升我市小学数学学科教研系统的水平和活力，更好地回应党和国家对基础教育工作所提出的新任务和新要求，整体提升我市小学数学教育教学质量，助推汕头市基础教育高质量发展。

（二）落实数学核心素养的学科要求

《关于全面深化课程改革　落实立德树人根本任务的意见》明确指出："教育部将组织研究提出各学段学生发展核心素养体系，明确学生应具备的适应终身发展和社会发展需要的必备品格和关键能力"。数学是研究数量关系和空间形式的科学。自2020年5月《普通高中数学课程标准（2020年版）》，以及2022年4月《义务教育数学课程标准（2022年版）》颁布以来，数学学科的核心体系更加完善。核心素养具体表现：高中6个（数学抽象、直观想象、逻辑推理、数学运算、数学建模、数据分析）；初中7个（抽象意识、空间观念、几何直观、推理能力、运算能力、模型思想、数据观念）；小学11个（数感、量感、符号意识、运算能力、几何直观、空间观念、推理意识、数据意识、模型意识、应用意识、创新意识），还强调"为了适应时代发展对人才培养的需要，数学课程要特别注重发展学生的应用意识、创新意识"，使得人人都能获得良好的数学教育，不同的人在数学上得到不同的发展。

小学阶段是培养学生数学核心素养的重要时期，11个数学核心素养是具有数学基本特征的关键能力、思维品质以及情感、态度与价值观的综合体现；是数学教育的与人的行为有关（思维、做事）的终极目标；是学生在本人参与其中的数学教学活动中逐步形成和发展的，对于数学教育具有一致性、发展性（小学、初中、高中、大学），最终培养出会用数学的眼光观察现实世界，会用数学的思维思考现实世界，会用数学的语言表达现实世界的具有数学核心素养的世界公民。

二、项目建设目标

基于以上政策背景和学科要求，项目团队通过前期调查研究，紧紧围绕"小学数学资源建设""小学数学课程研究""小学数学教师专业成长"三大核心任务，以"资源建设"与"课程开发"助力教师专业成长，以科研的方式引领教研工作，以"笃志、实干、创新"的教研风格为我市小学数学教育高质量发展提供强有力的专业支撑，努力把教研基地建设为"资源宝库、科研平台、名师摇篮"。具体建设目标如下。

（一）资源宝库：资源——为学科课堂增效赋能

通过对小学数学优质教学教研资源的开发与应用，提高小学数学教师教学资源开发能力、教学能力、教研能力和教学指导能力，建立健全优质教学教研资源库，服务一线教师，提高课堂教学质量，减轻课后作业负担，促进本市中心城区与非中心城区，城区学校与乡村学校之间小学数学教育优质均衡发展，助推教育公平。

（二）科研平台：课程——为学科教研奠基立魂

建设共商、共创、共享小学数学科研平台，深化本地小学数学学科教研机制创新，推动小学数学教研体系建设，抓住新课程实施的契机，立足人教版新修订小学数学教材，对标《义务教育数学课程标准（2022年版）》，对新教材进行深入研究，践行新课程理念，发挥课程在人才培养中的核心作用，落实立德树人根本任务，为学科教研奠基立魂。

（三）名师摇篮：名师——为学科教研示范领航

教师是立教之本，兴教之源。教育质量取决于教师的素质，从教师人才发展角度出发，突出教师核心素养培养策略研究，探索小学数学教师专业成长规律与培养路径，探究小学数学教师成长周期规律，努力培养一支师德高尚、业务精湛、视野开阔、有梯度发展的教科研队伍，发挥省、市、区各级名教师的示范引领作用。

三、项目建设任务

（一）项目内容

子项目一：小学数学优质教学教研资源开发与应用

从学科维度分析、课程教材分析、学生维度分析、教学分析与实施、教学评价设计五个方面进行教材解读，并重点编制出版《小学数学教学参考（二年级下册）》；实践探究出"双轮驱动"下备课范式的创新案例；开发出"双减"背景下，体现"教学评一致性"的教学设计、作业设计、课堂实录、微课、课件等，建立有序的、多层次的、多维度的、高质量的多媒体教学教研资源库。

子项目二：课程教材教学研究与实践

从科研层面重点研究新课程理论的实践与应用，创造性使用新修订人教版数学教材和数字教材，以学生为中心，以信息化为手段，以"爱种子"创新课堂教学模式为实践载体，为学生提供适切的交互性资源和学科工具，激发学生浓厚兴趣和探究行为，加深学生对数学知识内在逻辑的理解，为学生自主探究、发展数学思维提供有力支撑，发挥课程在培养人中的核心作用。

子项目三：数学教师成长规律与培养路径的研究与实践

以学科教研基地项目10个基地实验学校为研究样本，从基地学校学科教师年龄结构、各学科教师均衡度等维度，探究不同工作环境、不同成长背景下，数学教师专业成长规律，探索培育有教育情怀、有专业信仰、有职业幸福感的教师成长路径，组建互助型教研组，创新学习共同体，把教研基地建设为孵化骨干教师和名教师的摇篮。

（二）解决的关键问题

（1）实践探究出"双轮驱动"下备课范式的创新案例；开发出"双减"背景，体现"教学评一致性"的教学设计、作业设计、课堂实录、微课、课件等，建立有序的、多层次、多维度、高质量的多媒体教学教研资源库，解决学校课前、课堂、课后教学教研素材形式单一、陈旧的现状。

（2）探索教师如何更好理解新课程理念，对标新课程标准，践行新修订教材中培养学生数学核心素养新要求的有效策略，构建基于新课标的参与式、合作式学习，激发学生学习兴趣，开发智力，启迪思维，提升师生数学文化涵养。

（3）解决区域内数学教师由于成长背景差异大、队伍梯队培养不理想等引起的制约整体教师专业发展的瓶颈问题，探索适合各年龄段、各专业追求迥异的教师的终身发展的教研机制、培养模式，形成教师成长的典型案例，促进骨干教师成长为省、市、区各级名教师，在区域内发挥示范引领作用。

（三）具体举措

1. 调研与规划，组建学科基地教研共同体

根据前期调研，摸清当前我市、区和校三级教师教研队伍、教师专业发展及课程教学的现状和问题，采用双向选择方式，建立基地区和基地校，组建学科基地研究骨干团队，构建新型"市教研室—基地区—基地校"三级联动教研共同体。精心遴选我市学科整体研究能力强、近5年教研业绩突出的5个区县为教研基地区；遴选教研支持力度大、学科骨干教师多、教科研氛围好、研究能力强10所学校（其中1所为十二年一贯制学校、2所为九年一贯制学校、7所为纯小学。公办学校8所、民办学校2所）为基地学校。20位基地核心成员则由5位市、区专职小学数学教研员、省特级教师、省市名教师工作室主持人等区级以上教科研骨干教师组成，基地团队能担负起制定并推进基地三年建设规划的任务。

2. 反思与重构，构建跨区县子项目研究模式

通过文献研究以及对最新教育政策研读，对标国内发达地区完善的教研机制，反思本

地区教研发展不平衡、不充分的现状，大胆进行分组重构，成立三个子项目课题研究，探索"跨区域—同课题—共成长"的高效教研模式，扎实推进学科基地建设各项工作的顺利进行，努力为全省贡献可借鉴、可操作的创新型教研模式。

3. 实践与辐射，搭建教师梯级发展平台

聚焦新课程标准的实施与新课程教学改革，以"共建、共享"资源库为切入点，在教学教研资源开发过程中，通过理论学习和实地研学，导师引领和同伴互学，针对不同层次教师开展专项培训和分层指导，搭建不同层次不同类型的研究与展示平台，为基地学校教师提供个性化的成长机会与空间，打造"学习与研究共同体"，将基地学校教研组长培养为基地区学科教学主张的"领头羊"和"先行者"；将基地核心成员培养为师德高尚、业务精湛、视野开阔、有梯度发展的区、市、省级名教师，充分发挥示范引领作用，全面提升学科教学质量。

4. 总结与提炼，推广应用DDTTP成果

及时总结、提炼"双轮驱动，研培领航"——小学数学教师DDTTP发展共同体培养模式，凝练"广东省基础教育小学数学学科教研基地（汕头）建设项目"与"广东省中小学吴燕娜名师工作室"双项目融合研究成果，在重要期刊发表研究成果论文、教学案例、教育故事和出版三个研究项目成果专著，借助广东省教育研究院、汕头教育、基地与名师微信公众号等有关平台和媒体进行推介，互通互融，共建共享，以扩大区域辐射的范围，引领推动教育教学改革。

四、项目建设进度

（一）基地项目申报、启动阶段（2021年1—6月）

（1）项目负责人领衔组建教研核心团队，明确基地区和基地学校名单。

（2）项目负责人与核心团队核心成员共同统筹规划学科教研基地项目建设的三个子项目研究内容。

（3）基地全体团队成员合理分工，成立若干工作小组：统筹规划组、专题研究组、活动策划组、资料采编组及宣传报道组等。

（4）设计问卷，采用线上线下结合方式，对基地学校学科教科研现状、教师概况进行调查研究，确定研究重点。

（5）支持核心成员申报省、市和区科研课题研究，共创共享资源库，努力创建小学数学教师DDTTP发展共同体培养模式。

（6）项目负责人撰写申报书，统筹做好项目申报及获得立项后的各项启动工作。

（二）基地项目建设实施阶段（2021年7月至2023年12月）

（1）召开基地核心团队、基地区县和基地校线上线下会议，学习总项目组实施方案，明确基地区和基地校的任务与职责，开始实验探索。

（2）各基地区对应指导基地学校制定各子项目实施方案及子项目研究团队组建。各基地学校对应各研究主题制定学校实施方案，组织"走出去"和"请进来"相结合的教师

培训，加强实验教师的理论学习。

（3）建立"广东省基础教育小学数学学科教研基地（汕头）暨省名教师工作室"的"双轮驱动，研培领航 DDTTP"微信公众号，借助现代信息技术手段，多渠道拓展交流平台，形成资源共建共享的有效机制，不断完善 DDTTP 教师发展培养模式。

（4）各基地学校定期开展实验研究公开课、组织教研资源实践研究、开发各种教学教研资源、举行优质资源作品征集及优秀论文交流评比活动。

（5）举行基地建设中期展示交流活动，接受省中期检查考核。三个子项目组长总结交流第一阶段经验，邀请项目导师、顾问开展各种专题培训和读书沙龙点评，采取线上线下相结合的指导方式，进一步的深化后续研究。

（6）根据实施实际调整研究策略、交流展示项目研究公开课，形成三个子项目研究的优秀成果，含文本、音频、实操性等教学教研资源，整理归类并形成相关优质资源集，择优参加上一级评比和发表。

（7）聘请省内外教育专家、基地及工作室导师、顾问等专家实地指导实验，征集并评比出一批优秀的教学论文、教学设计、作业设计、教学实录等文本和视频作品，再由总课题组共同研究打磨开发一批优质教学教研资源，逐步建立地区教学教研资源中心，供全市教师使用，促进教育均衡发展。

（8）从教师人才发展角度出发，积极探索小学数学教师专业成长规律与培养路径，探究小学数学教师成长周期规律，培养一支师德高尚、业务精湛、视野开阔、有梯度发展的教科研队伍，凝练出教师成长优秀案例，发挥省、市、区各级名教师的示范引领作用。

（三）项目建设总结交流阶段（2024 年 1—4 月）

（1）根据学科基地建设内容以及省名师工作室目标任务，每学年根据学科教研基地的自评以及省教研基地工作指导组的评估情况，市教研基地及工作室领导小组将对项目核心成员、工作室入室成员以及各教研基地区、基地校工作开展情况进行专项考核，并根据考核结果进行交流和表彰。

（2）举行项目研究验收暨展示交流活动。总结各基地学校实践经验，开展全市性主题教研优秀成果交流研讨活动，形成"广东省基础教育小学数学学科教研基地（汕头）暨省名教师工作室"的"双轮驱动，研培领航"的多元备课范式，创建了有梯级特质、高素质专业化创新型小学数学教师 DDTTP 发展共同体培养模式。

（3）凝练出三个子项目的可操作性、有借鉴意义、有推广价值的研究成果，把优秀教育教学资源在省内不同区域、不同层次学校再次实践、研磨，形成示范性教研资源；编写并正式出版《小学数学教学参考（二年级下册）》和《双轮驱动　研培领航》研究成果著作；在学术期刊发表研究论文、项目报告、教学设计等，为后续研究积累原始材料，为下一届学科教研基地及名师工作室示范领航。

五、项目人员分工

本项目负责人同时也是广东省名教师工作室主持人，具有双重身份，且两个团队核心成员也有交叉重叠，所以项目的分工通盘考虑，统筹兼顾，以三个子项目研究内容进行细化分工，形成以教研员、基地学校、骨干教师（工作室成员）三位一体的板块负责制，创建双轮驱动、研培结合的小学数学教师DDTTP发展共同体培养模式。学科教研基地共设3个子项目研究，由10所基地学校负责实践研究，共有基地核心团队成员20人，省名师工作室按照省教育厅安排，聘请了华南师范大学谢明初教授、广东教育研究院曾令鹏主任、鲍银霞博士、上海静安区教育研究院副院长、特级教师曹培英院长、汕头市教师发展中心物理正高级教师、特级教师蔡冬阳主任、汕头市金山中学数学正高级教师、特级教师卢镇豪主任等多位国内知名专家学者，高起点、高标准、高要求指导领航，共有助手兼入室成员2名，入室成员10人，网络成员100多人。

六、项目建设成果

三年来，市小学数学教研员吴燕娜老师以高度负责的态度，担负起"双项目"负责人的重任，按照学科教研基地和名教师工作室建设任务，科学规范、开拓创新、统筹兼顾地开展不同层次、不同类型、不同范围的学科教研活动，带领全市六区一县9位专（兼）职教研员、省和市两级工作室全体成员先后到省内外各区县、镇、村送教送培（汕头市目前有6千多名小学数学专任教师、7百多所小学、50多万小学生），多次举行专题培训、课题研究、资源开发、集中研修、赛课展示、读书交流、直播公开课；积极开展本区域和跨区域帮扶活动，承担省级教研、培训或送教任务，创新"教、研、培"三位一体的教研思想，凸显出"双轮驱动，研培领航"新型小学数学教师DDTTP发展共同体教研模式的特色与亮点。"双轮驱动促提升，研培领航重实践"的教学教研效果显著，充分发挥基地和名教师工作室的示范、引领和辐射作用，达到把工作室建设为"资源宝库、科研平台、名师摇篮"的总体目标，彰显出"专业赋能，你我共长"的教学教研实践成效。

（一）理论成果——创新教研机制，显"双轮"特色

1. 构建"双轮驱动，研培领航"教研共同体

基于"双项目"的建设目标和任务，在省、市各级领导的支持下，双团队双项目联合创新，以三大核心任务（小学数学资源建设、小学数学课程研究、小学数学教师专业成长）为驱动，构建新型"市教研室—省教研基地—省名教师工作室"三级联动的教研共同体（见图1）；创建创新"双轮驱动，研培领航"的小学数学教师DDTTP发展共同体教研模式；研制出具有国际视野、独特新颖、内涵发展丰富的"双强师工程项目"工作室logo（见图2）；以"立足教学，聚焦课堂，示范引领"为理念；以"笃志乐研，善思实干，勇于创新"为风格，创新"双轮驱动，研培领航"工作机制，开展教、学、研、训系列活动，采用线上和线下相结合的形式，以点带面开展课程研究和资源建设等任务驱动学习，激发成员专业成长内驱力，争做"学科提质"的排头兵，为"减负提质"赋能，凸显出"双轮驱动，研培领航"的"教、研、培"三位一体的教研思想和特色。

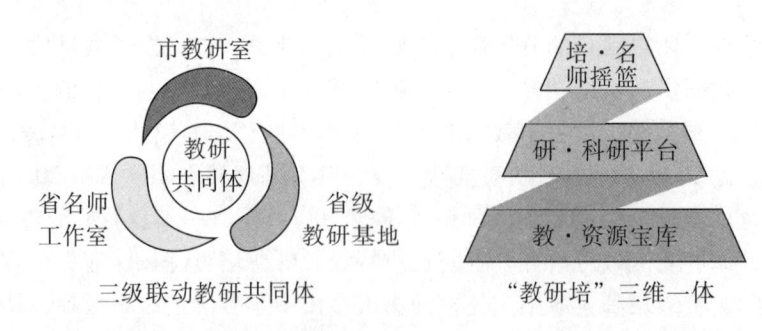

图 1　广东省基础教育学科教研基地暨广东省吴燕娜名教师工作室双项目建设总目标图

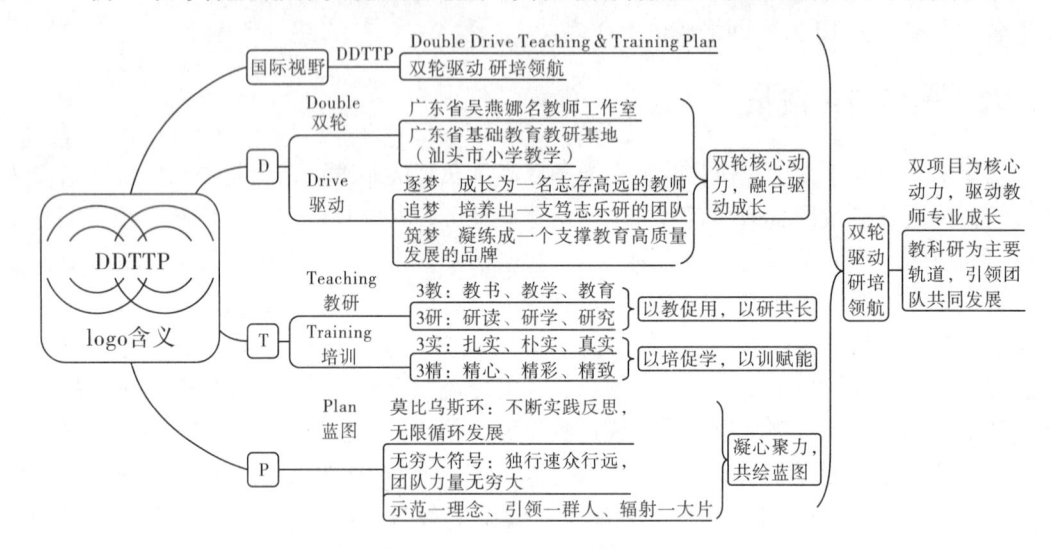

图 2　DDTTP logo 设计理念图

2. 编制教学参考，丰富教研资源

在广东省教育研究院曾令鹏主任、鲍银霞博士的指导下，"双项目"负责人组织基地核心成员、省名教师工作室成员和全市教研骨干，于 2023 年 12 月编制出版了配套人民教育出版社义务教育小学数学教科书的《小学数学教学参考（二年级下册）》。该套丛书（人教版和北师大版各 12 册）已经列入广东教育书店"小学配套教学用书可供目录"。该书采用 MPCK（Mathematical Pedagogical Content Knowledge）的五个维度搭建内容结构框架，分别表述为学科维度分析、课程教材分析、学生维度分析、教学分析与实施、教学评价设计，是指向小学数学教师数学学科教学知识发展的"小学数学教学参考"书。该书资源丰富、非常适合小学数学教师使用，可以指导教师理解和实践关于特定数学内容如何组织、表达和调整以适应不同兴趣和能力的学生，从而进行有效的小学数学教学，并助推教师专业发展。

3. 物化研究成果，发挥推广应用价值

基于"双项目"建设目标和负责人的双重身份，三年来，两个团队以"立足教学，聚焦课堂，示范引领"为理念，以"笃志乐研，善思实干，勇于创新"为风格，以课题研究的科研方式引领常态教研工作，开展"点、线、面、体"多维教研，助力"市、区、校"三级师资培育。实践探究出"双轮驱动"下备课范式的创新案例，开发出"双减"背景，体现"教学评一致性"的教学设计、作业设计、课堂实录、微课、课件等。提炼出两个省级建设项目的优秀成果一批。项目成果创新"教、研、培"三位一体的教研思想，凸显出"双轮驱动，研培领航"新型小学数学教师DDTTP发展共同体教研模式的特色与亮点。在全省范围内推广应用，反映良好，发挥了学科教研基地和名教师工作室的示范引领作用，培养出一支师德高尚、业务精湛、视野开阔、有教育教学创新能力的教师队伍，为广东省教育高量质发展提供强有力的专业支撑。

（二）实践成果——创新研究方式，凸"研培"成效

随着《义务教育数学课程标准（2022年版）》的颁布，总项目组负责人吴燕娜老师带领学员研读经典及前沿书籍，拓宽视野，提升个人修养和专业技能，积极践行"三会"数学学科育人观。以课题研究为抓手，重视多维研究，采用"研培"结合措施，以"资源建设"与"课程研究"助力教师专业成长，举行专题培训、资源开发、课题研究、跨区域学术交流、读书分享、直播公开课、送教送培等帮扶活动共200多场次，取得良好研培成效。

1. 教·资源宝库

在"小学数学优质教学教研资源开发与应用"子项目的研究中，总项目组引导基层学校通过深入研究"备课→上课→作业"三大教学环节，精准落实"教学评一致性"的新课标要求，让资源建设从根本上解放教师的"教"，从实质上培养学生的"学"。如"茶馆式"备课、"煲汤式"备课，都能快速聚焦教学疑难点，以"嵌入式"备课深度教研，共促团队成长。截至2023年12月，总项目组共征集并评选出了237项文本类、56项视频类、244项作业设计作品等优质资源，并择优参加省、国家级评比并获佳绩。

（1）备课"深"，范式新。

备好课是上好课的根本。如何发挥教研组、备课组的作用，提高集体备课的质量，是项目组不断思考与实践的问题。在学员所在学校及省级基地学校的探索实验过程中，10所基地学校教研组对备课形式不断探究、创新、总结、提升，凝练出各具特色且高效的集体备课范式，整体提升了学校团队备课能力，促进了学校教学质量的大幅度提升。如：汕头市金平区私立广厦学校的"茶馆式"备课，让备课组教师围坐在一起，在温暖、开放的氛围中进行"茶馆式"备课，实施"组内讲解，人人过关"机制，融"个体备课""集体备课""检查备课"为一体，让集体备课成为教学方案的论证过程；汕头市澄海东里小学推行的"煲汤式"的备课组活动模式，即是围绕一节课，由某位教师执教，在备课组全体教师参与下，采取多种形式，反复深入地研究、探讨，再由这位教师多次重上。教师教学业务发展迅速，同备课组全体教师共同完善，体现了教师发展的自主、灵活、长期、务实、合作、创新的特点；金晖小学"五环浸润式"备课模式，以"指引、思辨、提升、合力、反思"五环螺旋的形式，让青年教师卷入课堂研究，使"课比天大"理念内化于心、外显于行，盘活整个教师团队，最终惠泽于学校发展和学生成长。10个省级基地学校在"双轮驱动下"探索出的备课范式都能快速聚焦教学疑难点，以"嵌入式"备课深化教研，促进备课组全体教师共同提高备课质量。

（2）上课"准"，效益高。

国家"双减"政策实施以来，总项目组以基地学校和工作室入室成员所在单位为研究样本，深入指导一线教师大胆进行课堂教学改革，以"立足教学，聚焦课堂，示范引领"为理念，组织全市数学教师在数学课堂教学"提质增效"的点上狠下功夫，在"如何提高课堂教学效率，向课堂40分钟要效益"这永恒不变的命题做了深入地实践研究。其中汕头市澄海实验高级中学附属小学扎实开展汕头市教育科学"十四五"2021年立项重点课题（批准号：2021GHBZ128）——互联网环境下小学数学教学创新模式的研究，省名教师工作室入室学员林丽娇老师担任课题主持人，依托该学校是省学科教研基地学校平台，在总课题组核心成员的指导下，立足校本、聚焦于在互联网环境下"学生自主学合作学，教师精准教"的教学创新模式，着眼于学生独立思考、合作探究、协同创新、互评互学等学习能力培养，数据应用创新数学教学新样态，促进数学教学推向智慧化、智能化发展。经过三年的研究，探索出"互联网环境下小学数学教学'346'模式"，在全市范围内推广应用，反映很好。"三环"即三个环节：课前准备、课堂学习、课后拓展。"四会"即关注课堂上学生的四个会：会倾听——关注学生倾听同伴习惯的培养；会思考——关注学生思维能力的培养；会表达——关注学生表达能力的培养；会探究——关注学生自主学、合作学平台的搭建。"六步"即六个步骤：课前准备信息化——在互联网环境下精读教材、握准学情、定位教与学；课堂导入趣味化——在互联网环境下创设生动的教学情境，丰富教学内涵；课堂互动立体化——在互联网环境下创新互动新机制，使课堂互动更便捷；课堂检测精准化——在互联网环境下数据说话，教与学效果及时反馈，利于及时调节教学决策；课堂评价多元化——利用互动平台实现点对点、多对多的互动辐射，焕发生命力；课后拓展多样化——显性的知识结构学习与梳理，隐性的数学态度与价值观的升华。该基地学校还研制形成《汕头市澄海实验高级中学附属小学"互联网环境下小学数学教学创新模式的研究"课堂教学评价表》，并在全区范围内推广应用，学生和教师满意度高达98%。该评价表强调互联网环境下教学模式创新理念，聚集学生自主学、合作学，教师精准教，强调教与学的精准定位、技术运用、互动高效、评价多元。另外，澄海东里小学的"本真课堂"教学模式、汕头市金平区私立广厦学校的"学讲课堂"教学模式，也都是以学生为主体，构建以"学为中心"的课堂教学，学校效益高，深受学生的喜欢。

（3）作业"精"，负担减。

自2021年7月24日国家"两办"印发《关于进一步减轻义务教育阶段学生作业负担和校外培训负担的意见》以来，总项目组深入学习领悟"双减"精神，引领基地项目组核心成员在全市范围内组织开展一系列的教、学、研、训一体化优化作业设计的系列研讨活动，采用"线上"和"线下"相结合的形式，不断学习、研究和实践，以点带面开展作业设计研究，提高教师作业设计的意识和能力。教师根据学科特点，精心设计了富有特色的创意实践作业。让学生感悟数学来源于生活，又服务于生活，学会用数学思维解决实际问题；在动手、动脑解决问题过程中培养学生的抽象思维、推理能力、建模能力等数学核心素养；在多元的评价中体验到数学学习的乐趣。如龙湖区金晖小学制定了《金晖小学数学学科多元评价方案》在全市小学数学骨干教师的培训活动中做分享，深受教师好评。

另外，龙湖区教研团队在基地核心成员潘丹彤老师的带领下，聚焦作业精准设计，精心编制出小学数学一至六年级 12 册《作业设计》供全区自主选择使用，大大减轻了学生的课业负担。由于我市针对作业设计的资源建设成果显著，项目负责人吴燕娜老师于 2022 年 12 月在广东省教育研究院举行全省小学数学教研员岗位研修活动中，为全省 21 个地级市的教研员作题为《优化作业设计，为减负增效赋能》的优秀作业展示与汇报，华东师范大学孔企平教授领衔的点评专家组高度肯定了汕头团队的作业设计研究起点高，站位高，已初步形成了很好的经验和探索路径；"高站位、找准方位、突出定位"理念在作业设计的实施和研究过程中表现优异；借助专题学习、名教师工作室、案例评比三大平台，使得研训一体、双轮驱动、意识培育、物化扎实，在全省范围内声誉高。

2. 研·科研平台

"教而不研则浅，研而不教则空"。总项目组的每一场研修活动都把"课程教材教学研究与实践"放在首位。基地学校和核心成员们结合本区域的教学教研实际，聚焦教学教研热点、难点展开课题研究。如省级 2.0 信息技术学科融合课题研究、"爱种子"云平台教学研究、"世界咖啡"教研活动，都设计让每一位参与的工作室学员主动参与并都被"看见"。目前，名教师工作室及学科教研基地两个项目成员共承担省级以上课题 19 项、市级课题 11 项，其中 8 项省级课题于 2023 年 8 月顺利结题，已汇编出 5 本教学教研成果集，全市形成了"勤学、乐研、上进"的浓郁研究氛围，获得基地和工作室项目指导专家和顾问的肯定。

（1）学习"勤"，范畴广。

为了开阔教师视野、更新教学前沿理念，不断提升教师个人的专业化水平，使教师们更直接、有效地学习到名师的教学经验，及时总结交流并展示研究成果，总项目组深挖资源，联动省、区、校等单位，积极开展跨区域、跨学科、多维度、多层次的线上线下学习与帮扶交流活动。三年多来，项目负责人带领团队积极探索教师培训的方法方式，开展《义务教育数学课程标准（2022 年版）》《义务教学课程方案》《小学数学与数学思想方法》《爱的教育》等读书交流活动，全方位提升教师课堂教学能力、教科研能力和数学综合素养。及时总结、推广教育教学经验及送教送培，共开展省内外和市级主题教研活动 60 场次；指导学校开展课题研究、校本教研等学习共 80 场次；专题讲座 100 多次，效果反馈很好。

（2）课题"引"，模式新。

项目组总负责人吴老师率先垂范，身体力行引领两团队核心成员积极践行"以科研带动教研　改革育人模式"理念。如担任基地项目核心成员李慧璇校长省级课题《在小学数学教学中培养学生自主学习能力的实践研究》的顾问，引领该基地学校构建以学为中心的"学讲课堂"教学模式，探索凝练出"学讲课堂 1.0"基本框架—"学讲课堂 2.0"教学范式—"学讲课堂 3.0"实施策略的"三进阶"学讲课堂模式，学生"六自学习力"培养路径清晰，也明晰了《义务教育数学课程标准（2022 年版）》提出的"教学评一致性"课堂教学的实践路径。该学讲课堂模式深得师生喜欢，有效促进学校教育教学质量的提升。

(3) 研究"实"，成果硕。

课题研究作为教学教研的重要组成部分，既是教师成长进步的"扶手"，又是教学质量提高的"助推器"。总项目组核心成员带头并鼓励、引领一线教师开展前瞻性、针对性强的"小而精"的课题研究，促进教师和学生全面发展，助推区域教学质量的提高。如核心成员潘丹彤主持的《"双减"背景下小学数学新教师"三阶四维五环"专业提升样式的实践探索》、李慧璇主持的《在小学数学教学中培养学生"六自"学习力的实践研究》、邹丹主持的《转化思想在小学数学课堂教学中的应用研究》、林融融主持的《互联网环境下小学数学教学创新模式的研究》均已顺利结题，"双项目"成果研究报告、论文、教学设计、案例分析发表在《广东教育》《小学数学教育》《广东教学》《教育教学教研》《师道》等。《在小学数学教学中培养学生"六自"学习力的实践研究》课题组探寻了驱动自主学习的"建构因子"，形成了一批凝聚着师生"教"与"学"的智慧和教育成果，其中教师成果包括《获奖教学论文》《教学设计与分析》《说课设计与分析》《作业设计》等；学生成果包括《数学日记》《思维导图》等作品集；整理了一整套从一年级到六年级的希沃课件资源，共收集了240个优质资源，既充实了本区域的优质资源库，又让优质资源建设得以批量传播。林清副校长将成果课例《长方形和正方形的特征》《面积的认识》以现场上示范课的形式带到四川、广东揭阳等地展示推广。

3. 培·名师摇篮

"教师是立教之本，兴教之源"。高素质、专业化、创新型教师队伍建设是实现教育高质量发展的根本保障。造就一支高素质专业化创新型队伍是基地建设目标之一。总课题组通过前测调研分析，了解新任教师、熟手教师及骨干教师的专业成长需求，制订个性化培养方案，启动"青蓝"培养工程，积极创造机会、搭建平台，激发教师专业发展的内生动力，探索教师成长的新路径，充分发挥优秀教师的"传帮带"作用，助力大批新教师的快速成长。效果显著，辐射面广。

(1) "双轮"驱动，匠心引领。

工作室以三大核心任务（小学数学资源建设、小学数学课程研究、小学数学教师专业成长）为驱动，构建新型"市教研室—教研基地—工作室"三位一体的教研共同体，创建创新"双轮驱动，研培领航"的小学数学教师DDTTP发展共同体教研模式，多维度开展教、学、研、训系列活动，采用线上和线下相结合的形式，以点带面开展课程研究和资源建设等任务驱动学习，激发成员专业成长内驱力，争做"学科提质"的排头兵，为"减负提质"赋能。"双项目组"成员凝聚成一个勤于学习、善于反思、勇于实践、敢于创新、精于提炼、乐于传播、超越自我的成长共同体，20（基地）+10（工作室）成员均成为省、市、区（县）名校长、名教师、优秀教师、课改先进教师，如潘丹彤、潘少伟、林清3位获得省"百千万"理科名教师培养对象；张旭龙获省"百千万"名校长培养对象；黄汉辉和潘丹彤2位获省名校长名教师工作室主持人；林清、洪丽霞、陈耀光等8位成员被任用为学校副校长和教研主任等行政管理人员，成长为能够示范引领和服务区域教育高质量发展的榜样教师。教研基地项目组成员（含负责人）及基地学校教师共获得综合荣誉称号和学术荣誉称号120多项。如潮阳实验学校自基地项目成立以来，致力于提升教师的教研体验、深化各层级的教研力度以及优化教研活动的效能，构建了以专题教研项目组为核心的"精准卷入式"教研模式。这种教研模式不仅确保了教师对数学学科的全面理解以及对课堂教学标准的精准把握，更通过七个专题教研项目组的运作，为教师提供了依据个人兴趣爱好和教育教学专长结成专业成长共同体的机会，进而推动他们进行更深入的专业学习、研究与实践，以实现大面积地提升区域教师教育教学水平提升的目的。

（2）研修得"法"，成长有"径"。

示范带学是构建学习共同体，促进教师专业成长的有效方法之一。总项目负责人率先垂范，多次应邀到广东省第二师范学院、韩山师范学院，茂名、汕尾以及本市各区县示范带学，承担全省教研员能力提升培训任务。学员们深受启发，成长迅速，多次在省内外学术交流中上示范课。洪丽霞老师作为省优质课比赛一等奖获奖选手，代表汕头在省第十三届小学数学优质课观摩活动中上示范课；林清老师则应邀到四川省南充市顺庆区上示范课。总项目组分考量学科教研基地核心成员（优秀教研员、特级教师、名校长）和省名教师工作室成员（优秀青年教师）的职责、专长和特点，聘请名教师工作室的顾问，高屋建瓴，设计针对性强的研究路径，助推学员全面提升素养，促进团队专业水平整体提升。如指导龙湖区教研员潘丹彤开展省百千万专项课题——小学数学骨干教师双环多维互动研修模型的构建与实践研究，积极探索"三阶四维五环"专业提升样式，构建螺旋上升的教师专业提升路径，形成教师队伍的梯队发展，成效明显。广厦学校经过3年的项目研究，建立省、市、区、校"四级"教研联动体系，坚持以问题为导向，以需求为抓手，以项目为驱动，建立上下联动、内外合作的教研机制。

（3）"研培"辐射，示范引领。

在省、市各级领导和导师的支持和指导下，项目负责人吴老师主持的省厅教育科研重点课题，研究成果获广东省基础教育教学成果奖、广东省创新成果奖，被评为华南师范大学教师教育学部兼职教授，编著出版《笃志乐研》、担任《小学数学教学参考（二年级下册）》《双轮驱动　研培领航》主编。工作室及基地成员在国家、省、市级精品课评比、省级教学能力大赛等活动中获奖841人次，其中8个国家级奖项，85个省级奖项，在《小学数学教育》《课程教学研究》《广东教学》等发表论文35篇，学员所在学校学生获得市级以上各类素养比赛共82项。指导学员获省"青教赛"和省优质课比赛一、二等奖。张旭龙、潘丹彤获2021年省"百千万"名校长、名教师培养对象；潘丹彤获2023—2025名教师工作室主持人。由卓汉成、陈耀光、洪丽霞、蔡晓玲、刘玲蓉、黄燕雯、郑宇老师为代表的工作室和基地成员先后在省级教学能力大赛、精品课评比中获得优异成绩；相关希沃课件资源也在全国有特别大的影响力，得到了全国各地教师们的高度认可。相关学术研讨、教研成果、送教送培活动在国家、省、市级平台均有报道，辐射面广，形成"示范—引领—促进"机制，充分发挥省名教师工作室及省学科教研基地项目的示范引领作用，凸显出"双轮驱动，研培结合"教师发展共同体培养模式的特色与亮点。

项目研究已近尾声，但教学研究与实践的征程仍在继续。目前，项目研究的理论与实践成果已在省内外基层学校和教研机构中得到广泛而深入的验证与推广。项目结项并非终点，而是开启新篇章的起点。展望未来，我们将踔厉奋发，推广应用完善"双轮驱动，研培领航"的小学数学教师DDTTP发展教研共同体模式。秉承"教、研、培"三位一体的的教研思想，践行"好学、深思、力行"的教育理念，采用"互访、交流、借鉴"的工作策略，踏实走好新时代、新课程、新教材背景下的"教学研究、教学指导、教学培训"之路，成长为一支有教育情怀、有专业信仰、有责任当担、笃志乐研的教研骨干队伍，涌现更多"提质减负"的学科排头兵，发挥广东省名教师工作室、广东省学科教研基地的教研支撑和示范引领作用，为广东省教育高量质发展提供强有力的专业支撑。

汕头市教师发展中心　吴燕娜
2024 年 3 月

（注：该项目于 2024 年 4 月获广东省教育厅结项考核"优秀"等级，并被遴选为向全省教研同行做现场＋直播经验分享。）

目 录

指向"三会"的教学改进实践探索性研究 ········· 1

"在小学课堂教学中培养学生数学思想方法的策略研究"项目研究报告 ········· 2
强化"个性",提升"综合与实践"课教学实效
　　——以人教版"自行车里的数学"教学为例 ········· 9
探讨小学生数学量感的培养策略 ········· 14
"双减"政策下如何通过巧设数学作业实现提质增效 ········· 18
基于学生发展　渗透转化思想 ········· 23
挖掘数学学科育人价值 ········· 26
借力信息技术,提升小学数学教学实效性 ········· 30
基于学科核心素养的小学数学作业设计例述 ········· 34

追求"教学评一致性"的教学设计与分析 ········· 39

"优化—沏茶问题"教学设计 ········· 40
"圆的周长"教学设计 ········· 46
"口算除法"教学设计 ········· 55
"数学思考"教学设计 ········· 60
"确定起跑线"教学设计 ········· 68
"用7、8的乘法口诀求商"教学设计 ········· 75
"认识时分"教学设计 ········· 82
"三角形边的关系"教学设计 ········· 88
"体积和体积单位"教学设计 ········· 94
"圆的整理和复习"教学设计 ········· 101
"平行四边形的面积"教学设计 ········· 107

落实"双减"要求的优质作业设计与分析 ... 117

发展学生数感 培养三会学生
——"100以内数的认识"单元作业设计案例 ... 118

立足核心素养，优化"三单"设计
——"认识图形（二）"课时作业设计 ... 128

凸显度量本质 发展学生量感
——"长方形和正方形面积的计算"课时作业设计 ... 140

落实"双减"，在创新中成长
——"不规则物体的体积"课时作业设计 ... 147

构建情境作业，助力提升数学核心素养
——"用方向和距离描述位置"课时作业设计 ... 151

"小数加减混合运算"课时作业设计 ... 155

"比的应用"作业设计 ... 160

培养空间观念 提高应用意识
——"比例尺（1）"课时作业设计 ... 164

"百分数的意义和写法"课时作业设计 ... 167

在动手操作中探索，感受转化思想之妙
——"探索四边形内角和"课时作业设计 ... 172

澄海玩博会之约
——"长方形、正方形面积的计算"课时作业设计 ... 177

聚焦学生核心素养 落实教学评一致性
——"三角形的内角和"课时作业设计 ... 182

"反比例"课时作业设计 ... 187

从知识导向到素养导向
——"圆的认识"课时作业设计 ... 191

"双轮驱动"下备课范式的创新案例与分析 ... 197

让集体备课成为教学方案的论证过程
——谈基地建设团队"茶馆式"集体备课范式 ... 198

教学如煲汤，慢"炖"出好味
——东里小学探索"煲汤式"集体备课，助推教师成长 ... 203

校本研修"一化二模式"统领下的集体备课 ... 207

"成"于技术赋能，"长"于教学创新
　　——澄海实高附小"346"集体备课范式 ………………………… 212
五环浸润青苗长
　　——金晖小学"五环浸润式"备课模式 …………………………… 217
同磨共研，有"备"而来
　　——基地校"教研沙龙"备课模式 ………………………………… 221
凝聚集体智慧　打造魅力课堂
　　——"精典模块型"备课模式 ……………………………………… 225
大单元视角下"三步走成长型"备课范式 …………………………… 228
聚合智慧、赋能成长——围炉式集体备课模式 …………………… 237

"研培领航"　促进教师成长的案例与分析 ………………… 243

奋起昨天，操守今天，梦圆明天 …………………………………… 244
双驱启航　描绘成长新篇章 ………………………………………… 247
力学笃行　履践致远
　　——专业成长总结 …………………………………………………… 250
读一研一思，我的成长三要素 ……………………………………… 254
凝练教学魅力，塑造教学风格 ……………………………………… 256
专业成长的再生长 …………………………………………………… 259
学思并进，笃行致远 ………………………………………………… 261
追随教育那束光　遇见更好的自己 ………………………………… 264
行囊有梦，向阳而生，逐光不止 …………………………………… 267
回首来时路　所遇皆美好 …………………………………………… 269
扎根三尺讲台　折射青春色彩 ……………………………………… 271
教学路上，每一步都算数 …………………………………………… 274
花开自有期 …………………………………………………………… 276
引路人 ………………………………………………………………… 278
不忘初心　砥砺前行 ………………………………………………… 280
"双轮"引航　一起成长 …………………………………………… 283

指向"三会"的
教学改进实践探索性研究

"在小学课堂教学中培养学生数学思想方法的策略研究"项目研究报告

汕头市濠江区教师发展中心　朱道芸

第一部分　课题的提出和研究过程

一、课题的提出

（一）本课题研究的现状

数学基本思想是义务教育数学课程"四基"之一，数学教育方面专家学者对小学数学中的数学思想方法进行深刻而通俗的解读，各级教研机构、学校也对渗透数学思想方法的好处、优势、策略等方面都做了深入研究。但如何把这些"数学思想方法"理论指导于广大教师的教学实践，如何结合具体教学内容系统地、有步骤地渗透，从而达成"获得基本数学思想"这一重要目标，这更是一线基层数学教师的迫切需求，也是数学教育的研究热点。

（二）本课题研究的意义

新课程标准将"使学生获得数学的基本思想"作为数学课程的重要目标，说明数学课程不仅承载着知识、技能，还应该让学生在经历学习的过程中获得数学思想，获得以数学的思维方式观察、思考、分析、解决现实生活问题的能力，从而提高学生的数学核心素养。

在小学数学教学实践中，普遍存在着重视数学知识技能的教学，而忽视"使学生获得数学的基本思想"这一重要目标的落实。基于以上认识，我们提出开展"在小学课堂教学中培养学生数学思想方法的策略研究"的课题实验，具有一定的研究价值和实践意义。

二、课题概念的界定

"数学思想"是人们对数学知识的本质认识、理性认识，是从某些具体的数学内容和对数学的认识过程中提炼上升的数学观点，它在认识活动中被反复运用，带有普遍的指导意义，是建立数学和用数学解决问题的指导思想。

"数学方法"是数学思想的具体化形式，是在数学思想的指导下，为数学思维活动提供具体的实施手段，是数学地提出问题、解决问题过程中所采用的各种方式、手段、途径等。两者的本质是相同的，通常混称为"数学思想方法"。

多项实践证明，重视数学思想方法有利于学生更好地理解和掌握相关的数学内容；有助于学生形成良好的认知结构；有助于真正提高学生的数学素养并使他们终身受益。

三、课题研究的内容

本课题紧扣新课程标准所提出的数学课程目标之一"使学生获得基本数学思想"，以小学数学课堂为主阵地，以课例为载体，通过课堂观察、案例分析、实践研究、经验总结等研究，来探究如何在小学数学教学中渗透数学思想方法。我们将重点研究如何在"数与代数""图形与几何""统计与概率""综合与实践"四个知识领域教学中渗透数学思想方法。

四、课题研究的目标

（1）让课题组成员和广大数学教师深刻领悟数学思想方法，从整体上、本质上理解教材；深入挖掘出教材中的思想方法，科学地、灵活地设计教学过程，有效落实课标提出的系统地、有步骤地向学生渗透基本的数学思想的目标，使课堂教学成为"有思想"的教学。

（2）通过课题研究，使教师深刻领悟数学思想方法，并把系统地、有步骤地向学生渗透基本的数学思想方法作为教学实践中的自觉行为，从而使学生学会从数学的角度看待问题，用数学的思维方法思考问题，用数学的方法解决问题，提高学生的数学核心素养。

五、研究的过程

（一）组建团队　合理分工

本课题经过立项前的一线调研、人员遴选、课题申报等研究工作，组成了由市小学数学教学研究会理事、区小学数学专职教研员、中心组成员、学校校长、骨干教师等7人组成的核心研究团体，课题组成员既分工又合作，按期完成研究任务。

（二）现状调研　理论学习

课题组通过对区内数学教师的课堂观察、座谈、专题会议、问卷调查等形式进行调研。在此基础上，组织骨干教师参加王永春教授"小学数学核心素养与数学思想方法"的专题讲座的学习；选定了《小学数学与数学思想方法》《小学数学核心素养教学论》和《数学课程标准解读》等作为重点学习的书籍，通过自学、撰写读书笔记，集体研读、交流等方式，不断夯实课题研究所需要的理论基础。

实验期间，课题组邀请汕头市小学数学教研员吴燕娜老师担任课题指导专家，组织教师参加刘加霞教授"小学重要数学思想的教学渗透"专题讲座的学习。专家的引领，促进了教师对"在小学数学教学中渗透数学思想的重要性"以及"如何在课堂教学中渗透数学思想方法"的深层理解，课题组成员和与会教师收获良多，深受启发。

(三) 实践研究　形成策略

1. 研究教材中渗透数学思想的典型案例

课题组通过深入研究人教版教材，根据教材的编排体系，对"数与代数""图形与几何""统计与概率""综合与实践"四个知识领域中各个年级渗透"数学思想"的教学内容做深入地学习研究，从纵向和横向两个方面把"数学思想"内容系统化、表格化，帮助教师把握教材的特点，更好地落实"标准"提出的"使学生获得数学的基本思想"的重要目标。

2. 指导实验基地教师开展案例研究活动

自2017年5月课题立项通过后，课题组核心成员及时研究制定实施方案、召开开题报告会、建立实验基地，制定研究工作计划，明确工作要点，开始初步实验探索。实验基地每学期开展两节以上实验公开、案例专题研讨等，通过深入"研课""磨课"，帮助教师们深化认识、明确研究思路，推动课题研究工作的深入开展。

3. 积极开展区性案例研究活动

根据课题实施计划，课题组开展"案例+小讲座"的区性专题教研活动。如"在数概念教学中培养学生数学思想""在综合与实践中渗透转化思想""在解决问题教学中渗透转化思想""渗透转化思想，提高运算能力"课题研讨活动等（详见表1）。每次研讨活动，都围绕一个主题分析案例，结合理论探讨如何在教学中渗透数学思想，一线教师们易于理解与接受，效果良好。

表1　专题教研活动

时间	地点	专题研讨活动（课题或讲座）	执教者	层次	参与人数
2017.10.11	达濠民生学校	《用数对确定位置》	洪丽霞	区级	约80人
2017.10.13	濠滨小学	《一个数除以分数》	邱向真	市级	约60人
2017.10.13	赤港小学	《11-20各数的认识》	马乐乐	区级	约80人
2018.03.23	赤港小学	《求瓶子的容积》	郑燕娟	区级	约100人
2018.10.17	濠滨小学	《一个数除以小数》	李廷玉	区级	约80人
2018.11.20	埭头小学	《积的变化规律》《让信息技术点亮教育——"互联网+"环境下的小学数学教学》的专题讲座	杨幼儿 卓汉成	区级	约100人
2019.04.11	珠浦第一小学	《开展教育科研活动　助推教师专业发展》的专题讲座 《转化思想在小学数学教学中的应用策略》的研究成果分享	吴燕娜 朱道芸	市级	约100人

（四）中期反思　总结提炼

经过两年多的实践研究，课题组于 2019 年 5 月举行中期研究报告会，总结第一阶段经验，规划进一步的深化实验方案、调整研究策略、交流展示课题实验公开课等。还开展了"培养学生数学思想专题作品"征集活动，通过评比，发现和积累更多研究经验，形成四个知识板块的优秀案例文本、课堂实录、教学设计、教学随笔、板书设计赏析和论文等 41 件优秀作品。

（五）交流展示　发挥作用

在总结各实验基地学校的研究基础上，课题组开展了五场次不同知识领域优秀案例交流的研讨、展示活动，形成濠江区"在小学课堂教学中培养学生数学思想方法的策略研究"的科研教育理论框架和实践策略，归纳出学生在四个知识板块的课堂学习中有效渗透数学思想的策略和方法，打磨出一批有效渗透数学思想的示范性教学设计、PPT 课件、课堂实录、微课、板书设计等，并整理出版研究成果专著。为一线小学数学教师后续研究数学思想方法提供重要依据。此外，课题组培养了一批优秀的青年教科研骨干，促进了濠江区小学数学教育科研水平和教育教学质量的提升。

表 2　优秀案例交流研讨活动

时间	地点	专题研讨活动（课题或讲座）	执教者	层次	参与人数
2018.05.16	达濠民生学校	在计算教学中培养学生的数学思想方法的策略研究——《小数加、减法》	吴瑞英	区级	约 150 人
2019.12.10	赤港小学	在数学广角教学中培养学生的数学思想方法的策略研究——《数学广角——集合》	马乐乐	区级	约 60 人
2020.11.26	达濠民生学校	在图形与几何教学中培养学生的数学思想方法的策略研究——《圆的认识》	洪丽霞	区级	约 80 人
2020.12.22	达濠民生学校	在概念教学中培养学生的数学思想方法的策略研究——《分数的意义》	邱传怀	区级	约 100 人
2021.03.02	青篮小学	在数学广角教学中培养学生的数学思想方法的策略研究——濠江区小学数学优质课评比暨公开课活动	李洁莹、王丹冰等 9 人	区级	约 80 人

第二部分　课题的研究成果

一、形成了在小学数学课堂渗透数学思想方法的教学策略

课题组经过近三年的实践研究，形成了在小学数学课堂渗透数学思想方法的有效的教

学策略——目标有设定，预设有安排，课堂有落实，学生有收获。下面摘录几个课例片段，阐述在课堂教学中渗透数学思想方法的策略。

（一）目标有设定

目标有设定，就是在研读教材时挖掘数学思想方法，在备课撰写教案时明确数学思想方法目标的设定，把数学思想方法作为与知识技能同等地位的目标呈现出来。

我们在设定教学目标时，根据《义务教育教科书教师教学用书》中的"教材说明和教学建议"合理地设置教学目标，根据教材的阶段要求深入挖掘其中一种或几种蕴涵的数学思想方法，在教学目标中恰当地体现出来。

下面以人教版六年级上册"一个数除以分数"为例做说明。教学目标如下：

> 1. 通过具体的问题情境，探索并理解一个数除以分数的计算方法，完善并掌握分数除法的计算方法，并能正确计算。
> 2. 借助直观，经历一个数除以分数的计算方法的探究、推导过程，理解计算方法的由来，进一步体会数学知识之间的内在联系。
> 3. 在数学学习过程中培养学生的计算能力、抽象概括、分析综合能力。
> 4. 渗透并体会转化、数形结合、迁移类推等数学思想，发展学生的数学思维；养成大胆猜测、科学求证的良好学习习惯；感受数学探索活动的乐趣。

本课例在目标的设定时着力于计算教学中算理和算法之间的契合点，明确提出要引导学生感悟算理，发现算法，促进学习迁移，体会数形结合、转化等数学思想，逐步培养严谨、科学的学习态度，也凸显了"数与代数"教学的新理念。

（二）预设有安排

预设有安排，就是教师在对教学过程"预设"时，有落实数学思想方法目标的具体教学环节的安排。如：在圆的面积的计算中渗透极限思想。我们可以引导学生通过类比，想象能不能像平行四边形、三角形或梯形那样把圆转化成已经学过的平面图形计算面积（这是类比和转化思想的运用的预设）。接着，组织学生操作，先把圆平均分成若干等份（小扇形），拼成近似的长方形，在操作中学生会发现把一个圆不论进行怎样细小的有限次的分割拼补，都无法真正拼成一个长方形；这时只有借助极限思想，引导学生想象：如果把圆无限地分下去，拼成的图形面积就越趋向于长方形的面积，最后通过取极限来得到它的面积（极限思想的渗透预设）。也就是说，极限思想是这样操作的理论基础和计算精确性的保证。如果不让学生体验这个过程，直接把结论呈现给学生，就可能使学生的学习停留在对知识的记忆、模仿的水平上，更谈不上思想方法的提升。

（三）课堂有落实

课堂有落实，就是在课堂教学中有体现数学思想方法目标的过程，重视让学生在过程中体验、在思考中感悟、在理解中应用，使数学思想方法的教学目标落到实处。如：教学"求瓶子的容积"，课始，教师拿出生活中最常见的瓶子问："关于这个瓶子，你能提出什么数学问题？"在熟悉的情境中引发学生主动思考。在学生提出的几个问题中，

"瓶子的容积问题"是不能马上得到解决的，但学生利用已有的知识经验想到了把瓶子灌满水，借助规则容器的方法来解决，此时，学生的转化意识被初步唤醒。为了最大限度地激活转化思想，教师利用矿泉水瓶演示，让学生发现利用倒置水瓶的手段可以把瓶子中不规则的空气体积转化成规则的圆柱体，以及根据倒置前后体积不变的道理，找到了解决问题的方法。在总结环节，教师适时引导学生总结"把不规则图形转化成规则图形来计算"的策略，使学生对转化的数学策略有更深刻的理解和掌握。这样的教学，预设的教学目标得到落实。

（四）学生有收获

数学思想的形成是一个长期的过程，有其自身的特点和规律，它不是学生"懂"了，也不是学生"会"了，而是学生自己"悟"出了道理、规律和思维方法，并能运用所学的思想方法解决实际问题。如：学生学习"圆的面积"时，就经历和体验了"化曲为直""等积变形""极限"等数学思想。面对怎样求"圆柱的体积"时，在学具非常有限的条件下，"化曲为直""化圆为方"的数学思想再次成为学生研究圆柱体积计算方法的有力工具，学生通过动手实验、自主探索、合作交流，能类推出"可以把圆柱体转化成长方体来求它的体积"，解决了求圆柱的体积问题，并在其中获得对数学思想方法的感悟，知识获得与数学思想同步而行。学生有收获、有感悟、有提升，这就是一节数学课更大的魅力了，也是我们每一位数学教师孜孜不倦追求的目标。

二、总结梳理教材中典型案例

通过几年的研究，课题组整理出义务教育小学数学教材中适合渗透数学思想的典型案例108个，把教材中有关渗透数学思想的知识点、所在单元或节点、渗透的数学思想方法、具体应用策略等，以表格形式将教材中各知识点分布的数学思想方法可视化，帮助一线教师系统理解教材的编排特点和意图，方便教师的学习和使用。

三、促进教师专业成长，推动教师在课堂中自觉落实数学思想渗透

本课题的实践研究，转变了教师教育科研理念（问卷调查结果显示教师在教学中自觉落实数学思想方法的意愿比实验前明显提高），提高了教师研究教材、分析学情的能力，提高了教师的理论水平，促进教师在教育教学中渗透数学思想能力的专业化。

实验期间，共开展专题研讨、成果展示、专题讲座等15场次。参与学习的一线数学教师近1 000人次，课题组成员、课题实验学校骨干教师积极撰写教育教学论文、教学设计，参加优质课、录像课、微课等教学技能比赛等，共获国家级、省级、市级等奖励102人次，25篇文章在各级各类教育教学刊物上公开发表。

四、提高学生的数学素养，会用数学思想方法分析与解决问题

通过本课题研究，使学生养成在学习新知或遇到问题时能自觉运用数学思想方法来构建新的知识体系或解决问题的习惯。问卷调查结果显示：学生对数学思想方法的感悟和运

用比实验前有显著提高，逐步学会用数学思想方法分析与解决问题，提升了学生的数学核心素养。

五、出版课题成果专集

经过努力，课题组核心成员及课题实验学校骨干教师按国家数学课程标准内容，分"数与代数""图形与几何""统计与概率""综合与实践"四个知识领域进行实践研究，直接参与实验教师有 50 多人，间接参与学习交流的教师近 300 人，全区近 3 万小学生受益。历时三年半，收集整理了课题论文、优秀教学设计、教学反思、教学实录、板书设计与分析等，汇编成《汕头市教育科学十三五规划课题"在课堂教学中培养学生数学思想方法的策略研究"成果集》，在全区发挥示范引领的作用。

第三部分　课题研究主要解决的问题

（1）解决了如何让本区域小学数学教师深刻领悟数学思想方法，从整体上、本质上理解教材；如何深入挖掘出教材中的数学思想方法，科学地、灵活地设计教学过程，有效落实新课程标准提出的系统地、有步骤地向学生渗透基本的数学思想的目标等问题。

（2）解决了数学教师如何把有系统、有步骤地向学生渗透基本的数学思想方法作为教学实践中的自觉行为，从而使学生学会从数学的角度观察现实世界，用数学的思维思考现实世界，用数学的语言表达现实世界。

（3）解决了如何使本区域小学数学研究工作在一定时间内有明确的主题与方向等问题，同时营造浓烈的课题研究和教学研究氛围。

（4）解决了如何在"数与代数""图形与几何""统计与概率""综合与实践"四个知识领域培养学生数学思想方法，如何做到"目标有设定、预设有安排、课堂有落实、学生有收获"的教学策略等问题。

参考文献

［1］王永春. 小学数学与数学思想方法［M］. 上海：华东师范大学出版社，2014.
［2］王永春. 小学数学核心素养教学论［M］. 上海：华东师范大学出版社，2019.
［3］曹培英. 跨越断层，走出误区："数学课程标准"核心词的解读与实践研究［M］. 上海：上海教育出版社，2017.

强化"个性",提升"综合与实践"课教学实效
——以人教版"自行车里的数学"教学为例

广东省汕头市澄海区教师发展中心　潘少伟

"综合与实践"是小学数学课程四大领域之一,《数学课程标准（2022年版）》指出："综合与实践"教学是以真实问题为载体,重在培养学生的创新意识、实践意识和应用意识,重在提升学生综合运用相关知识与方法解决实际问题的能力。从目前一线教学实施现状来看,相对于其他领域,这部分内容仍然是一个"薄弱",原因众多,其中有个重要的原因就是教师对"综合与实践"课教学的"个性"或"特色"缺乏认识。不少小学数学教师要么把它上成了练习、复习课,要么上成了一般的新授课。不少教师仍以"新瓶装旧酒"的思路在备课,教学设计存在教学目标设置形式化、问题探究浅层化、回顾反思流程化、学习评价片面化等弊端。

本人觉得,如何强化"综合与实践"课的"个性",应当是当前提升"综合与实践"课教学实效的重点。下面以人教版六年级"自行车里的数学"教学为例,谈谈本人的思考。

一、强化"问题性",发展学生数学思维

"综合与实践"课的内容无论是指向数学知识学习还是数学及其他学科知识应用,都应明确要解决的问题。教学中应以问题为载体、以学生自主参与为主,引导学生从生活实践中发现问题,并且把这些生活中的问题巧妙地转化为数学问题,再以问题为线索,开展动手操作、调查研究、验证猜想等实践活动,"问题"是"综合与实践"课的核心。

"自行车里的数学"这节课的教学,最为核心的问题是"一辆自行车,脚踏板蹬一圈,自行车能走多远?",围绕这个"大问题",笔者的策略如下。

1. 从现象入手,产生认知冲突,发现问题

笔者先播放两位同学在同等情况下分别骑不同自行车比赛的视频。学生发现：同等情况下,骑行的人交换自行车,但两次都是变速车比较快。这个现象引起了同学们的好奇。这时,笔者引导学生思考："你觉得变速车比较快和自行车里面的什么因素有关系?"学生发现了"和齿轮的大小、齿数的多少有关系"。通过不同自行车的比赛视频,引导学生的思维从关注"车轮问题"过渡到关注"齿轮齿数多少"的问题,由表及里,逐步逼近"真相"。

2. 借助模型,由表入里,提出问题

接着,笔者出示自制的自行车齿轮模型（见图1）,转动齿轮,让学生了解自行车的

齿轮传动原理，然后让学生看看刚才视频中两辆自行车的齿轮工作情况。（见图2）

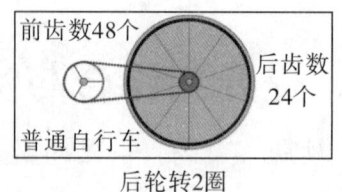

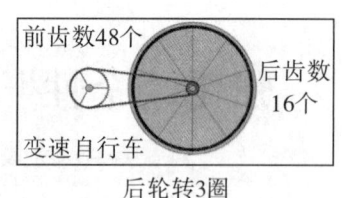

图1　自行车齿轮模型

图2　自行车的齿轮工作情况

笔者引导学生观察并分析，顺势小结："通过比较这两种情况，我们可以发现，车轮半径一样的两辆自行车，同样是前齿轮转1圈，普通自行车的后轮转了2圈，变速车的后轮转了3圈，也就是说多转了1圈。原来，秘密就在这里！"笔者接着说："看来自行车的速度和前齿轮齿数、后齿轮齿数的倍数有关。可以说，不同自行车，'蹬一圈自行车走的路程的长度'直接影响到了自行车的速度。因此，我们要研究'自行车里的数学'，首先要研究'一辆自行车，脚踏板蹬一圈，自行车能走多远？'这个问题。"这样，学生就找到解决问题的"关键"。

3. 自主探究，多种策略，解决问题

接着，笔者组织学生交流。"方法一"是手动推动脚踏板一圈，直接测量自行车行驶路程。"方法二"是数齿轮齿数和量自行车直径，再通过计算自行车行驶路程的方法。引导学生对这两种方法做比较，学生发现"方法一"虽然可以，但是误差太大，"方法二"更准确，从而引导学生聚焦"方法二"的研究。

学生结合自己录制的视频解说："我先数了自行车前齿轮的指数为42个齿，再数了自行车后齿轮的齿数为14个齿，然后我们测量了自行车车轮的直径为30厘米，我们计算了自行车的前齿轮齿数是自行车后齿轮齿数的3倍，就是说，当自行车前齿轮转动一周时，自行车后齿轮就要转动3周，也带动自行车的后车轮转动3周，所以我们最后测量计算之后发现，自行车走的长度就是用直径30厘米乘3.14再乘3，最后算得是自行车前进了2.826米。"

教师进一步引导："这位同学的方法和刚才第一位同学讲的方法是一样的，大家觉得这种方法可以吗？""为什么可以？有没有疑问，有疑问的可以举手，我们找这位同学来帮忙答疑。"学生通过获得的数据进行对比分析，引发思考，讨论辨析，培养数据分析观念。进而比较不同的解决方法，形成解决问题的最佳方案。

二、强化"综合性"，培养学生综合运用知识的能力

"综合与实践"课教学内容的"综合"，不仅表现为数学内部各领域的知识、数学的思想方法在解决问题过程中的综合，还表现为通过跨学科主题学习内容，打通各学科之间的壁垒，将数学与其他学科、与日常生活实际紧密联系起来。

"自行车里的数学"这节课的教学，旨在让学生运用所学的圆、排列组合、倍数关系等知识解决实际问题。在探究变速车的原理时，笔者结合实例引导学生思考："这辆自行车有多少种搭配组合？你是怎样想的？这个'12'是怎么来的？它的列式是 6×2，对吗？"借助直观，学会用数学的眼光观察，渗透排列组合思想方法。在结合提供的变速自行车前、后齿轮的齿数，用计算器计算变速自行车前后齿轮齿数比值的时候，涉及运用比例知识、统计知识、求近似数知识、用计算器知识等。在学生理解通过计算的方法求"踏板蹬一圈自行车走的路程"后，教师结合实例让学生解决问题时，就涉及运用倍数知识、单位转换知识、圆周长知识等。通过多个真实的情境，培养学生综合运用知识的能力。

三、强化"实践性"，使学生真正"动起来"

"综合与实践"课的内容的学习区别于以学科知识为线索的内容学习，应特别注重从主题活动或项目学习的现实背景出发，引导学生通过自主参与、实践探究、合作交流等方式进行学习，活动的设计应保证学生有足够的时间、空间，使学生真正"动起来"。

在本课教学中，笔者设计了以下实践活动：

活动一：了解自行车工作的原理。

课前一周，笔者特地和学生进行一次谈话，师："同学们，满 12 岁就可以骑自行车上路了，你家里的自行车是什么类型的？你想买辆怎样的自行车？"激发学生的问题意识和探究欲望。一周的时间，保障了学生能查找资料、实践探究，初步了解自行车的运动原理。

活动二：自己找一辆普通自行车，脚踏板蹬一圈，测量一下能走多远？

有的同学找家里的自行车测量，有的同学上网查找了一些数据和资料。在交流中发现数据的差别很大，使学生产生疑问："有没有更方便、更准确的方法？"

表 1 变速自行车前、后齿轮的齿数

齿数比值 / 前齿轮齿数 / 后齿轮齿数	48 个	40 个
28 个		
24 个		
20 个		
18 个		
16 个		
14 个		

活动三：根据表 1 中给出的变速自行车前、后齿轮的齿数。用计算器算出变速自行车前后齿轮齿数的比值。借助计算器，整理和分析数据，培养学生用数据"说话"的能力。

四、强化"过程性",积累数学活动经验

在"综合与实践"教学活动中,让学生经历活动的全过程非常重要,只有亲历了问题发现、提出、分析、解决的全过程,学生才能积累数学活动经验,提升数学能力和素养。

在本课的教学中,笔者并不急于给出问题、给出答案,而是创设大量的机会,让学生试一试、议一议、说一说。课前先让学生通过家里的自行车或网络,了解自行车的运动原理,课上,笔者先结合自制的"传动模型"演示链条带动齿轮转动的原理。告诉学生,变速自行车和普通自行车最大的区别就在它的齿轮,为学生进一步的探究建立"表象"基础。接着引导学生对两种车做比较"你比较喜欢哪一种?为什么?"给学生充裕的时间和空间。再结合同等情况下,两位同学骑不同自行车的比赛视频,引导学生发现问题"变速车比较快和自行车里面的什么因素有关系?"通过比较,找到影响自行车速度的关键"脚踏板蹬一圈,自行车能走多远?"进而发现前后齿轮齿数之间的倍数关系直接影响了自行车的行进。通过进一步的比较,归纳出解决问题的方法"脚踏板蹬一圈自行车走的路程＝车轮周长×前后齿轮齿数的比值"。整个过程让学生经历和体验"收集数据—分析数据—建立数学模型—代入数据—解决问题"的全过程,帮助学生积累应用知识解决问题的活动经验。

五、强化"现实性",感受数学的价值

"综合与实践"教学内容应尽量来自现实世界,学生应在具有现实性的问题中,感受数学知识的应用和价值,发展数学思维与数学素养。

自行车在生活中是很常见的交通工具,如何让学生在上完这节课后,在数学维度上对自行车有新的认识,是这节课的意义所在。本节课的设计,重在借助生活情境、生活经验培养学生"三会"核心素养。学会用数学的眼光重新"看"自己已经"熟悉"的自行车,用数学的思维来分析变速车的"变速"原理,用数学的语言来表述解决生活中实际问题的策略。如:理解变速车的"变速原理"后,教师让学生解决"一辆变速自行车,前齿轮齿数分别是48、40,后齿轮齿数分别是28、24、20、18、16、14,如果你骑变速车在以下路段时(见图3),你会选择哪一种组合呢?为什么?"

前齿轮齿数为: 48　　40

后齿轮齿数为: 28　24　20　18　16　14

思考:如果你骑变速车在以下路段时,你会选择哪一种组合,为什么?

图3

让学生体会到数学的实际应用价值。又如：生活中，我们还可以运用数学知识来估测路程，出示题目："小李同学的自行车，前齿轮32个齿，后齿轮16个齿，车轮半径30厘米，他从家到学校大约蹬了150圈，请估一估，她从家到学校大约有多少米？"借助所学知识，学以致用，提升学好数学的信心和兴趣。

以上是笔者通过人教版"自行车里的数学"这节课的教学来阐述对数学"综合与实践"领域教学的理解。如果教师们在"综合与实践"课的教学中，能强化问题性、综合性、实践性、过程性、现实性，必定能更好提升"综合与实践"课教学实效，更能体现"综合与实践"课的"本色"！

探讨小学生数学量感的培养策略

汕头市潮南区教师发展中心小学教研室　许启进

摘要：《小学数学课程标准（2022年版）》，增加了"量感"这个核心词，并作为数学眼光的主要表现之一。凸显小学生数学量感的培养，既是我们课堂教学中必须重视的一个方面，也是我们教学研究中需要进一步探索的热点问题。笔者按照新课程标准的要求，结合在教学研究中的具体案例片段，阐述了培养小学生数学量感的四种策略：创设情境，让量感从"趣"中来；动手操作，让量感从"做"中来；新旧比对，让量感从"算"中来；借助演示，让量感从"看"中来。旨在相互借鉴，共同提高。

关键词：小学数学；课堂教学；量感；培养策略；课程标准

《小学数学课程标准（2022年版）》增加了一个新的核心词——量感。同时，新课标也把量感作为数学眼光的主要表现之一。可见，对于小学生数学量感的培养，既是我们课堂教学中必须重视的一个方面，也是我们教学研究中需要进一步探索的热点问题。

一、培养量感的重要性

按新课标中的描述，量感是指对事物的可测量属性以及大小关系的直观感知。其内涵主要有：知道度量的意义，能够理解统一度量单位的必要性，会对真实的情境选择合适的度量单位进行度量，会在同一度量方法下进行不同单位的换算；初步感受度量工具和方法引起的误差，能合理得到或估计度量的结果。

培养量感的意义主要有：建立量感有利于养成用定量的方法认识和解决问题的习惯，是形成抽象能力和数学的应用意识的经验基础。量感在小学数学教学中的培养是有层次的、步骤的，呈螺旋上升，逐段递进……

从上述内容可知，我们在教学计量单位等数学知识的同时，须加强培养小学生的量感，以有利于形成数学抽象思维，提高解决问题的能力。那么，我们如何在课堂教学中培养小学生的量感呢？笔者结合教学研究中的具体案例片段，与诸位同仁共同探讨小学生数学量感的培养策略，旨在相互借鉴，共同提高。

二、培养量感的策略

（一）创设情境，让量感从"趣"中来

课堂数学情境是教师为了有效引导学生积极参与课堂学习活动，根据教学目标和教学内容有目的而创设的教学时空和教学环境。而生动有趣的数学情境可以激发学生的学习兴趣，产生求知欲望。为更好培养学生的量感，我们在教学中，可依据教材的内容特点，创设学生熟悉的、有趣的、切中本节课重点知识的数学情境，以引发学生的注意、思考与感悟，有利于培养与发展量感。

例如，在教学人教版二年级下册《克和千克的认识》：课堂开始，教师播放一段小视频创设数学情境，要求学生仔细观看，并判断小明说的话是否正确？为什么？

视频：今年母亲节当天，爸爸妈妈在家里为奶奶庆祝节日。妈妈先给奶奶敬上一个心形盒子。奶奶打开一看，高兴说："啊！多么漂亮的戒指"。小明眼尖，看见购货单上写着"5g"，马上附和地说："我估计这个戒指有 5 千克重"。全家人听了都哈哈大笑！接着，爸爸为奶奶敬上一个长方形盒子。奶奶打开一看，高兴说："哇！这条高丽参真够大。"小明瞥见上面的购货单写着"42g"，再附和地说："我估计这条高丽参有 42 千克重"。全家人又哈哈大笑起来……

视频播放完毕，全班学生表现各异，有的学生随着视频中的笑声也笑了，并且高高举起小手。说明这些学生可能已经知道了判断依据（与视频中的大人们一样，知道小明说错了）。也有一些学生还一头雾水，不得其解，还再思考，不敢举手。说明这些学生还不知视频中的物品的计量单位"g"的名称与含义，心中没底，不知怎样判断。虽然他们暂时不会判断，但已引发数学思考，萌发探究需求，并渴望得到明晰的意见。

教师趁热打铁，先组织学生借助生活经验来判断小明说的话；再通过汇报、交流等活动，引导全体学生认识比较小的质量单位"克"，用字母"g"表示……

这样，让"量感"从生动有趣的数学情境中走来，有效调动学生学习的积极性，驱动他们主动参与"克与千克"的探究学习，有利于量感的培养。

（二）动手操作，让量感从"做"中来

我们让学生参与量与计量的学习过程，就具备了发展学生量感的必要条件。但量感的建立，开始时更多依赖于生活与学习经验的积累，当这种积累达到一定程度后，就逐渐形成观念。可见，学生对于量感的建立，不是一下子就可以快速形成的，而需要在学习过程中逐渐积累与体验。因此，我们要充分挖掘教材，让学生通过自己动手操作，合理利用学具进行相关探究学习，并对数学核心问题进行思考，以帮助学生理解抽象的计量单位，有效建立表象，培养量感，发展抽象思维。

例如，在教学人教版三年级上册《毫米的认识》时，教师先组织学生估测数学课本的长、宽和厚大约是多少厘米，再指导学生使用尺子动手操作，进行测量，填写表1。

表1　学习任务单

学习任务单1		
要求：先估测，再测量		
数学课本	估测	测量
长		
宽		
高		

我发现：在测量中，不足整厘米时，可以用_____表示。

学生在动手操作，实际测量中，发现问题，引发认知冲突：一是数学书的厚度不足1厘米；二是宽度也不是整厘米数。从而产生疑惑与解决疑惑的需求。

接着，教师乘势追问：想要测量的结果更加精确些，你有什么好方法？请你分享！

然后，教师根据学生回答，有针对性地进行引导：要准确表示课本的厚度，就需要一个比厘米更小的长度单位，同学们猜一猜这个长度单位是什么？用什么字母来表示？

紧跟着，教师引出"毫米"概念及符号表示：1厘米中间的每一小格的长度是1毫米，用字母mm表示。1厘米=10毫米。

教师再组织学生观察直尺上最小的一格就是1毫米，说说自己的感受。然后用校园卡的厚度、一分钱硬币的厚度去比较1毫米……

"活动是认识的基础，智慧从动手开始"。教师多方位让学生动手操作，亲自实践，在探究活动中明确毫米产生的意义，加强对概念内涵的理解，并建立1毫米的表象。然后尝试用毫米作为长度单位进行测量，同时积累估测策略，培养量感。

（三）新旧比对，让量感从"算"中来

在课堂教学中，面对一些较大的单位时，教师很难组织学生到室外去进行实际操作。即使有这样的条件，也将花费很长教学时间。那么，如何解决这个现实矛盾？我们可以灵活变通，引导学生运用以前学习过的单位与较新单位进行比对，通过计算或估算，让量感从"算"中来。

例如，教学人教版四年级上册《公顷和平方千米》例1时，教师先让学生运用前面学过的求正方形面积的方法，计算边长100米的正方形面积=10 000平方米，就是1公顷。板书：1公顷=10 000平方米。

由于学生在体育课上有练习过100米跑，所以能体验100米的长度。他们在计算中知道边长100米的正方形的面积是10 000平方米。通过比对，就可以感悟面积10 000平方米正方形的实际大小，从而建立起1公顷的表象。

然后，教师出示潮南区六都中学操场图片，问学生：六都中学400米跑道围起来的面积大约是多少公顷？为什么？从而帮助学生把前面建立起1公顷的表象，迁移并应用于现实生活。

紧接着，教师出示解决问题的题目：我们学校占地长约200米，宽约150米。占地面积大约多少公顷？引导学生运用已经学习的新知识解决实际问题，巩固公顷的表象，培养量感。

在下来的例 2 教学中，教师组织学生借助公顷与平方千米的比对，引导学生理解 1 平方千米 = 100 公顷，以建立较大地积单位平方千米的表象。在此基础上，教师再组织学生估测体验平方千米，培养量感：前面算过，学校面积大约 3 公顷。1 平方千米相当于几个学校的面积？你是怎样思考的？

虽然学生在日常生活中对地积单位公顷与平方千米比较陌生，难以建立表象，但是我们通过学生熟悉的面积单位平方米与公顷进行比对，来建立公顷的表象；再通过公顷与平方千米的比对，来建立平方千米的表象。这样，就能有效帮助学生培养量感，在解决问题中巩固表象，促进学生量感的发展，同时也留下比较深刻的印象，事半功倍。

（四）借助演示，让量感从"看"中来

演示教学，即教师在课堂教学中运用教具、仪器或课件中的动态视频进行实验操作，给学生提供具体感性的材料，让学生获得直接经验、发现知识、启迪智慧的一种教学辅助活动。

一些比较抽象的数学知识，学生难以理解透彻，光靠教师的讲解是不够的。为此，教师可通过实验演示，化抽象为直观、具体，引导学生由表及里，由表象到本质，以降低学生学习知识的"坡度"。再加上适时的引导与启发，能帮助学生更容易理解所观察的内容。

例如，在教学人教版五年级上册"容积和容积单位"时，教师为了帮助学生辨析容积与体积的区别，借助器材进行实验演示：往杯子里倒一些水、半杯水、倒满水。先让学生体会装满水时，水的体积就是杯子的容积，初步感知容积的表象。接着，组织学生讨论交流，口述什么叫作容积，加深对容积的理解。然后，教师顺势揭示容积的概念：容器所能容纳物体的体积，通常叫作它们的容积。

教师再通过演示教学：一瓶眼药水的容积为 5 毫升，容积单位毫升用字母 mL 表示，这瓶 5 毫升的眼药水可以滴几次？演示实验中一共滴了 15 次，也就是说 1 毫升大约 3 滴。从而帮助学生建立 1 毫升究竟有多少的表象，获得亲身感受，打破原本认为"1 毫升就是 1 滴"的错误感知。

为了让学生体验 1 立方米的空间究竟有多大，许多教师都做了直观演示：用三支米尺，在教室的角落搭一个 1 立方米的空间，组织学生半蹲在里面。其教学意图是一样的，都是通过演示来帮助学生建立表象，发展量感。

总之，量感作为课程标准的一个新增的核心词，既体现它对发展学生数学素养的重要意义，也反映出教师之前对"它"的不够重视。因此，教师在今后的教学教研中，应该重视培养学生的量感，而且是从小培养、逐步培养、长期培养。我们相信，教师们在培养学生量感方面的经验方法必将百花齐放，各展所长。

"双减"政策下如何通过巧设数学作业实现提质增效

汕头市龙湖区香阳学校 黄旻纯

摘要： "双减"政策对作业设置有了明确的要求，这就使得一线教师得打破原来机械、单一、量多的作业模式，设置合理、科学、高效的作业，使其真正服务于教学，并实现培养学生的能力，促进学生的高阶思维的成长，提高学生的数学核心素养的目的。本文阐述在"双减"政策下一线数学教师如何遵循科学性、系统性、一致性、灵活性、减量不减效、应用性等原则，设置能夯实知识的基础性作业和培养学生能力、丰富学生视野的拓展性作业，使得其为"提质增效"服务。

关键词： 小学数学；原则；科学；常规；拓展

2021年，国务院办公厅印发《关于进一步减轻义务教育阶段学生作业负担和校外培训负担的意见》，对作业的设置有了明确要求。作业是培养学生解决实际问题能力、创新学生实践能力、提升学生思维能力的重要途径，在"双减"政策下如何合理科学地设置作业，使得其为"提质增效"服务，这给学校和教师提出了新的挑战。

一、坚持原则定方向

华罗庚先生说过：学数学不做题，等于入宝山而空返。可见作业在数学教学中的地位十分重要，作业是反馈教学效果，调整教师教学内容与方式的重要依据；是学生激活记忆，梳理知识，调动思维的过程；同时也是培养学生养成良好学习习惯，促进学生个性发展的有效途径。因此，作业的设置必须遵循一定的原则。

（一）科学性原则

作业内容符合各年级学生身心发展和认知规律，文字简洁，表述清晰，知识点准确，图文并茂，符合实际情况。作业的设置要根据学生实际情况，搭配合理，由易到难，难度适当。要激发学生的学习兴趣，唤醒学生的内驱力。

（二）系统性原则

知识是有连贯性的，因此作业设置一定要注意系统性，帮助学生找到知识的生长点，让他们通过作业，厘清知识之间的脉络关系，帮助他们构建完整的知识体系。

（三）一致性原则

作业设置要紧紧围绕学习内容，与教材要求一致，与教学目标一致，与课程标准一致，要做到突破重点，分散难点，并把学科思想、学科价值融入作业的内容设计，做到关注学科素养和学科思维。

（四）灵活性原则

作业设置要减少原来简单记忆、机械重复的模式，设置一些灵活的题型，使学生通过动脑、动手，多角度、深层次地思考问题，激发他们的学习兴趣，促进他们数学思维的成长。

（五）减量不减效原则

过多的作业，会使学生疲于应付，学生忽视思考，仅仅是为了完成作业而做作业，达不到深层次学习的目的，因此作业的设置要有代表性，能突出重点，能达到记忆和巩固的效果，提倡布置有利于学生创造性学习和实践的作业，少而精，减轻学生过重负担。

（六）应用性原则

数学来源于生活，其终极目标是应用于生活，因此作业的设置还要遵循应用性原则，设置需在真实、具体的情境中去解决的问题，使学生感受到学习数学的必要性和有用性。

二、常规作业夯基础

基础性作业是围绕上课的教学目标而设计的，因此基础性作业的设置要注重必备知识基础的夯实以及关键能力的培养，起到及时复习和巩固的作用，同时应聚焦学生数学核心素养，落实立德树人根本任务。

（一）设置分层作业

新课程标准指出，要使人人都能获得良好的数学教育，不同的人在数学上得到不同的发展。学生的学习存在个体差异。因此提倡"重视个体，尊重差异，因材施教"的教学理念，设计一些有弹性、有层次的作业，例如可以将作业分成必做题和选做题，设计一星、二星、三星，一星级的作业是最基础的作业，要求全体学生都必须独立完成；二星级作业是发展性作业，允许一小部分学生可以通过请教老师、同学后完成；三星级作业是提高性作业，适合学有余力的学生完成。通过分层设置，既减轻了部分学生的心理负担，增强他们的自信心，又激发了他们探究的热情。

（二）设置开放性作业

开放性作业可以从条件的开放、过程的开放、思路的开放、结论的开放几个方面入手，使解题思路多样化，问题答案不唯一。开放性的作业能留给学生足够的思维与想象空间，使学生能从不同的角度去分析与解决问题，开拓了他们的视野，发展他们的个性。例如，教学分数乘除法后，可以出示条件：五(1)班有男生 25 人，女生 20 人。让学生提出问题并解答。学生根据已有的经验，提出：男生比女生多多少人？男生的人数是女生的几分之几？男生的人数比女生多几分之几？男生的人数占全班人数的几分之几？等一系列问题，学生在完成这种开放式题目的过程，其实也是在构建完整知识体系的过程。

（三）设置一题多解作业

鼓励学生一题多解，可以拓展他们思维的广度，加深他们思维的深度，增强他们思维的灵活性，达到深度学习的目的。例如：甲乙两数的和是200，甲数是乙数的 $\frac{2}{3}$，甲乙两数各是多少？可以引导学生用多种方法进行计算，方法一：把乙数看作单位"1"，用 $200÷(1+\frac{2}{3})$ 可以先求出乙数；方法二：把甲数看作单位"1"，用 $200÷(1+\frac{3}{2})$ 可以先求出甲数；方法三：甲乙两数的比是2∶3，用按比例分配的方法可以分别求出甲乙；方法四：用方程解决问题……学生在解题的过程中体会算法的多样化，达到沟通知识之间内在联系的目的。

（四）设置学科融合作业

知识从来都不是单一存在的，因此我们要重视学科与学科之间的联系，尤其要重视数学学科中隐藏的道德思想教育。在教材中，多次提到我国有很多世界之最：如天安门广场是世界最大的广场等，让学生完成作业的同时，也将爱国主义教育贯穿其中。又如教师在教学比例的意义时，通过设置作业让学生算出各面国旗长、宽之比均为3∶2，借机向学生说明：我国《国旗法》规定"国旗长、宽之比为3∶2"，尽管在不同的场合国旗的大小可能不同，但是它们的形状是一样的，让学生认识到国旗的庄严与神圣。

三、拓展作业显个性

顾泠沅教授有一项研究，将认知目标及其对应能力表现水平描述为"操作、了解、领会和探究"的四层次框架。顾教授发现学生对于操作、了解类的目标达成度较好，而领会和探究的目标相对不足。也就是说，我们常在低水平的层次高频训练，却在高阶思维水平层次低频发展。特色作业的设置，让学生有更多机会更多时间去经历"高阶思维水平"的挑战。

（一）小研究

新一轮基础教育课程改革提出"以学生发展为本"的基本理念，倡导"自主、合作、探究"的学习方式。设置小研究，能培养学生形成探究、合作、倾听等良好的习惯。

小研究可以分为三种类型：

一是前置性小研究。学生借助已有的经验和知识，提前一天对新课先进行研究，课堂上教师依托前置性小研究，带领学生通过讨论方式朝教学目标迈进。例如在"长方体和正方体的表面积"的前置性小研究中，可以先让学生根据自己自习到的表面积的意义用不同的方法进行尝试计算给出的长方体的表面积，学习力较弱的学生可能只会用一种方法，而学习力较强的学生可能会用好几种方法，学生们在研究的过程中会有或多或少的收获，满足了不同层次学生的不同需求。

二是对数学文化的深入研究。学生利用周末时间，通过上网、去图书馆、去书店等方式，围绕某一话题进行深入研究。例如在学生学习完角的计量单位"度"后，引导学生发现生活中有很多地方也用到"度"，但它们表示的意义与数学的"度"不一样，让学生利用周末的时间查阅相关资料，看看这些"度"表示的意义各是什么，学生经历查资料的过程，培养了他们主动学习的习惯，并会收集有用的信息，提高他们的学习热情，拓宽他们的视野，厚实他们的知识储备。

三是综合实践类研究。让学生在教师设置的实践活动过程中，通过调查研究，得到知识的深化。探究性作业注重实践性，能解决实际问题，同时倡导合作学习，并在这个过程中培养学生的批判性思维能力。

通过设置小研究，改变了学生学习的方式和态度，使学生获得了自主探究的主动权，激发学生的学习动机和求知欲，提高学生探索数学的兴趣，形成良好的探究品质，使其主体地位得到充分的落实。

（二）拍摄小视频

为营造热爱数学、钻研数学、运用数学的浓郁氛围，培养学生的语言表达能力，从而促进思维能力的发展，我们开展了活泼有趣的"童言童语话'数学'"活动，并将其拍摄成小视频通过公众号进行传播，引导更多的学生参与进来，让学生爱上数学，玩转数学，走进数学的大千世界，体会数学的无穷魅力。

例如第一期话"四舍五入"法，数学"童话家"通过学习、查阅资料有条不紊地解释：什么是"四舍五入"法？"四舍五入"法是怎样产生的？接着，又通过生活中的例子，详细地给大家讲解如何根据实际情况正确利用"进一法"或"去尾法"求近似数。

第二期话温度的度量单位，数学"童话家"通过解答小记者关于测得体温是 98.6 度的疑惑，向我们介绍了摄氏度和华氏度，并结合生活实际，深入浅出地为大家讲解二者之间的联系。

第三期话时间，说起时间的单位，大家会自然而然地想到"时、分、秒"，但古代的"时"与现在的"时"表示的时间不一样，现在的"时"是如何演变、发展而来的呢？那得从古代的计时习惯说起，数学"童话家"向我们介绍了古代的十二时辰制，并科普了"三更半夜"中"更"这一古代使用的独特的夜间计时法。

第四期数学"童话家"聊"度"的问题。学生们都知道，角的大小用度数来表示，但细心的同学会发现，在生活中还可以见到各种各样的"度"。比如，天气预报里的温度、电表中的读数、眼镜的度数等。数学"童话家"给同学们详细地介绍了这些"度"各有什么不同，它们在生活中是如何运用的。

第五期数学"童话家"主题是《笛卡尔与坐标系》，讲述笛卡尔如何利用坐标系在代数和几何之间架起一座桥梁，使代数和几何合为一家人，同时倡导同学们要向笛卡尔学习，善于观察，勤于思考，去发现和探索生活中无处不在的数学知识。

经历了童言童语话"数学"的活动，学生们学会了从已有的知识出发，将数学知识有声有色地讲出来，并将数学知识应用到了生活中。唯有让学生亲近数学、享受数学、热爱数学、挑战数学，才能使他们获得终身受益的数学文化力量。

(三) 思维训练

数学学习并不是一味追求"一"的活动,在解决问题时应注重寻求方法的多样性。为了帮助学生开拓思路,提高思维能力,进而有效提高分析问题和解决问题的能力。各年级教师在认真分析学生情况的基础上,每周精心设计提高思维能力的专项题目,其中包括"拓展提高"和"数学好玩"两个项目。

学生通过独立完成每周的思维训练培养自主思考能力,在学生完成这份思维训练后由学生担任小老师,分享自己解题的思路,创设和谐自由的学习氛围,激发学生的学习热情。在此过程中,学生不仅能加深对知识的理解,真正参与到学习过程中,还能够培养学生的说理能力,提高思维的条理性。

思维训练实施近一年来,获得了明显的成效。学生的表达能力、理解能力、逻辑思维能力、分析推理能力等,都从每周的思维训练中得到了长足的进步。

(四) 错题本

学习是一个不断犯错误的过程,同时又是一个不断通过反复思考错误原因并逐渐消除错误的过程。学生的错题中,往往隐藏着他们的知识漏洞,因此,教师通过鼓励学生建立一本属于自己的系统的错题本,使他们直面自己错误或失误的题目,通过纠错、反思,真正巩固了知识。

学生建立错题本时,可以将"容易出错的题""难点的题""典型题"等抄录下来,写出解题过程后在旁边标注出"理解错误""审题马虎""计算错误"等错误原因。学生整理错题本的过程,是从错误中吸取教训、总结经验的过程,是自身逐渐学习和修正的过程。建立了错题本之后,通过对错题进行多次复习和总结反思,以此来加强对知识的梳理,使复习更有针对性,学习更有效率。

总之,在"双减"政策下,教师要以新课程标准精神为依据,以学生为本,设置新颖多样、面向全体、学以致用的作业,通过作业提质增效,切实培养学生的数学核心素养。

参考文献

[1] 贾红新. 小学数学家庭作业设计的认识与思考 [J]. 河南教育(教师教育), 2021 (9): 65.

[2] 弭冬梅, 弭鲁芳. 设计有效作业 让学生感受数学学习之乐 [J]. 数学学习与研究, 2021 (25): 144 - 145.

基于学生发展 渗透转化思想

汕头市潮阳实验学校 田茂春

摘要：教师在教学时对教关注比较多，对学生的学关注比较少，新课标提出"学生是学习的主体，教师是学习的组织者、引导者与合作者。"基于新课标以生为本的理念，从学生发展的角度来分析转化思想的教学，我们发现，以"谁要转化？转化成什么？如何进行转化？为什么要转化成它？"四个核心问题推进转化思想的教学，可以帮助学生做到脑中有主动转化的意识，心中有转化的目标，手中有转化的方法，转化后能进行相关知识的关联。

关键词：小学数学；学生发展；转化思想；数学核心素养

《义务教育课程标准（2011年版）》在课程总目标中写道："通过义务教育阶段的数学学习，学生能获得适应社会生活和进一步发展所必需的数学的基础知识、基本技能、基本思想、基本活动经验。"标志着数学课程目标由"双基"迈向"四基"，基本思想的教学得到了广大师生的认可，教师们积极学习数学思想方法的相关知识，主动在课堂上进行教学实践并反思得失，在学生成长上也看到了数学思想方法教学的成效。转化思想作为重要的数学思想方法之一，对帮助学生学会学习，提升数学核心素养等有着重要的意义和作用。虽说转化思想的教学取得了一定的成效，但也还有一些可以努力的地方。

一、转化思想的渗透我们真的很成功吗

下面是人教版五年级上册"平行四边形面积"一课，学生通过动手操作，把平行四边形转化成长方形的教学过程。

> （1）提出猜想。
> 师：你觉得平行四边形的面积该如何计算？（预设①平行四边形面积＝底×邻边；②把平行四边形转化成长方形）
> 学生说，教师板书。
> （2）动手操作。
> 师：下面请同学们同桌两人为一小组，利用手中的学具进行操作，完成后仔细观察并讨论两个问题。

> 问题一：平行四边形和转化得到的长方形面积之间有什么样的关系？
> 问题二：转化得到的长方形的长和宽与原来平行四边形的底和高有什么关系？
> （3）汇报交流。
> ①请学生上台展示操作的过程及发现的结论。
> ②还有其他的切割方法吗？

从上面的过程可以看出，在转化的过程中有两个核心的问题有待进一步加强。第一个问题是认为"平行四边形的面积＝底×邻边"的学生，对他们来说是教师要他转化，而非当他面对"计算平行四边形的面积"这一新问题，他们有主动的转化意识。第二个问题是为什么要转化成长方形，而不是转化成其他图形，教学过程中并未提及。初看这份设计，教师也比较注重转化思想的渗透，但细想时发现教师在设计时学生的主体地位突显得不足，没能基于学生的发展进行教学设计，只关注了教师的教，对转化思想的渗透也浮于表面。

二、基于学生的发展，看转化思想的渗透

叶圣陶先生曾说："教是为了不教。"想要实现"不教"这一终极目标要做的工作很多，方法措施也很多，个人觉得在数学学习方面，转化思想可以算非常重要的方法之一，因为它可以帮助学生学会学习。如果学生面对一个新的问题，能通过转化的方法顺利解决，至少他要拥有三种能力：一是解决问题时有转化的意识，二是能进行新旧知识的关联，三是能找到转化的手段。所以在教学转化思想时，我们要转变教学方式，除了关注教师的教，更要关注学生的学，帮助学生培养意识、内化能力和提升数学素养。

三、渗透转化思想的三个注重

1. 注重积累经验，转化有意识

新课标颁布以后，伴随"基本思想"一起到来的还有"基本活动经验"，按照学生行为操作和思维操作的标准可以把数学活动经验分为行为操作的经验、探究的经验、数学思维的经验和综合运用数学知识进行问题解决的经验等，根据这一观点来分析学生解决问题的过程，当学生面对具体的问题时，必须调动已有的数学活动经验，如果学生具备转化的经验，转化便是水到渠成的事情。例如人教版五年级上册"植树问题"例1在编排时，有着向学生渗透化繁为简和化抽象为直观的编排意图，其中化繁为简的意图是通过小精灵的提示"100 m太长了，可以先用简单的数试试"来实现的，学生看到这句话时，能否读出编者的意图，是否拥有转化的意识，主动进行转化，通过对结构和数量相似但较为简单的问题入手，探寻一般的解题方法；在探寻方法时，能否主动运用画图的方法化抽象为直观进行分析。学生是否具有主动转化的意识，是成功转化的第一步，而转化意识的培养跟学生的数学活动经验息息相关。

2. 注重关联旧知，转化有基础

根据小学数学教材的编排特点和数学知识的前后联系，小学生在学习数学时，很多时候都是在旧知的基础上开展新知的学习，学习的过程即把新知转化为旧知的过程。如人教版六年级上册"圆的面积"，教学时是把新知识圆的面积计算转化成旧知识长方形的面积，根据转化前后图形之间的联系，推导出圆面积的计算公式，从而实现解决新问题这一目标。再如六年级下册的把圆柱的体积转化为长方体的体积进行教学，把圆锥的体积转化为圆柱的体积等知识的教学都是如此。所以在教学时，我们要注重新旧知识间的联系，帮助学生建立合理的知识结构，当学生需要转化时，有着坚实的知识基础，顺利进行转化。

3. 注重一般原则，转化有方法

王永春在《小学数学与数学思想方法》一书中提到，应用转化思想时要遵循以下几个基本原则：数学化原则、熟悉化原则、简单化原则和直观化原则。这四个原则就是转化的一般思路和方法，即把生活问题转化为数学问题、把陌生的问题（新知）转化为熟悉的问题（旧知）、把复杂的问题转化为简单的问题和把抽象的问题转化为直观的问题。当学生面对具体的数学问题，想通过转化的方法解决时，能有方法可用。例如三年级学生在学习了"倍的认识"后，解决"参观科技馆的成人人数是儿童的 2 倍，一共有 456 人参观。儿童和成人各有多少人？"这是一道"和倍问题"的题目，在教材的基础上有所拓展，但此类习题对于帮助学生内化倍的含义和建立乘法模型有较好的促进作用，实践证明，对于大部分学生来说具有挑战性，当学生面对这道题时，学生能否化抽象为直观，借助线段图进行分析就成了关键（见图 1）。

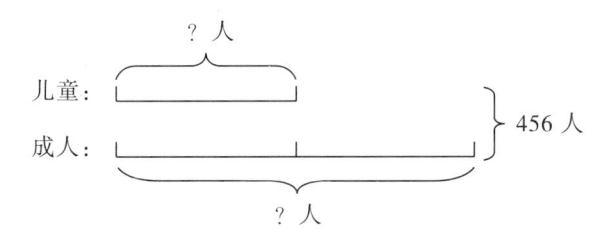

图 1 "和倍问题"的题目直观线段图

据图学生可以清楚地看到，儿童是 1 倍数，成人是 2 倍数，一共是 3 倍，456 人和 3 倍相对应，复杂的数量关系在图上一目了然，问题也迎刃而解，但核心的问题是在不断地渗透下，最终学生必须自己转化有方法，会转化，教师的教学才算成功，学生的数学核心素养才能真正得到提升。

课堂是学生成长的摇篮，教师的教是服务于学生的学，只有在课堂教学中基于学生发展的角度渗透转化思想，学生在面对新的数学问题时才能真正做到脑中有主动转化的意识，心中有转化的目标，手中有转化的方法。

挖掘数学学科育人价值

汕头市潮南区仙城镇红墩小学　詹妙璇

摘要：习近平总书记在党的二十大报告中提出要加快建设教育强国，全面提高人才自主培养质量，我们要贯彻国家的教育方针，深化教学改革，发展素质教育，做到教书与育人并重，为国家培养出一批批全面发展、高素质的人才。笔者结合自己的教学实践，阐述在数学学科中挖掘育人价值的重要性，并从四方面来阐明教书与育人并重的教学效果，对当前的小学数学教学提出自己的一点建议。

关键词：数学教学；育人价值；活用数学；学习态度；全面发展

当前时代，科技突飞猛进、知识瞬息万变，人才竞争异常激烈。只有加快建设教育强国，深化教学改革，推进素质教育，大力培养全面发展的新人才能适应时代的要求，肩负起振兴中华民族的重担。数学的教育价值不仅要立足于现在，更要着眼于学生的未来发展。因此，育人方式变革是必然趋势。我们教师的人才培养观念需要及时更新，人才培养模式更要不断创新。

一、挖掘数学学科育人价值的思考

数学是一门基础学科，许多教师的教学仅限于教材知识，侧重育分忽略育人，没有发掘数学教学中潜在的教育功能，给人产生了数学是一门枯燥的学科的错觉。教师在数学教学中应该深入挖掘育人价值，即在教学中育人，在育人中教学，做到教书与育人并重，实现学科教学与学生生命成长的双向互补优化。

二、挖掘数学学科育人价值的实践

（一）挖掘教学内容，培养学生学习技能

教师工作的价值在于引导学生获得系统的科学文化知识和一定的技能，发展智力；学生的创造力体现在通过学习来获取学习技能，而不仅仅是掌握学习知识。教师的教与学生的学应该是互动的、互通的、启发的、互补的。在这个过程中，教师和学生相互交流思想、经验和知识，实现"教"与"学"的相互促进和共同进步。

案例：六年级下册"圆柱的体积"例7教学片段。

1. 激趣导入

师：大家听说过爱迪生吧？

生：听说过。他是一个伟大的发明家。

师：接下来我给你们讲一个关于爱迪生的故事：有一次，爱迪生让他的助手阿普顿计算一个灯泡的容积，阿普顿对着椭圆形的灯泡壳，苦思良久，最终才定下了解题思路：画出灯泡壳的立体图→画出曲线→测量数据→列式计算……他精密计算很久，仍然解答不出来。只见爱迪生拿起灯泡，装满水，然后倒入量杯中，很快就计算出了灯泡的容积。

生：爱迪生太聪明了。

师：爱迪生运用的是我们学习数学的一个重要的思想方法——数学转化思想。你们会运用吗？例 7 能用数学的转化思想来解答吗？

生：能！（受到爱迪生故事的启迪，学生们信心十足）

2. 合作探究

提问：仔细观察你们桌子上的矿泉水瓶，瓶子里的水被喝掉了一些，还剩下一部分。对此我们能提出什么问题？

生 1：瓶子里还有多少水？

生 2：喝掉了多少水？

生 3：这个瓶子总共能装多少 ml 水？

师：你们能试着解答这几个问题吗？

生 1：瓶子里剩下的水是圆柱体，根据它的直径和高这两个条件就能求出它的容积了。

生 2：喝掉的水是呈不规则图形的，应该怎么计算呢？（迷茫）

生 3：或许我们可以学学爱迪生。（灵机一动）

师：我很期待你们的探究成果。加油，小爱迪生们！（全班大笑）

3. 成果汇报

生 1：我发现，我把瓶子倒置，无水部分就是一个圆柱体＝喝了的水的容积。

生 2：只要量出无水部分的圆柱的直径和高，我们就能算出喝了多少水了。

生 3：那么瓶子的容积＝倒置前水的体积＋倒置后无水部分的体积。

由于这个瓶子的形状是不规则的，用常规的思考方法学生会无从下手，但是受到之前爱迪生的故事的启发，学生想出了解题策略——"把不规则物体转化为规则物体来计算"，也就是转化思想，很快就算出了瓶子的容积。数学转化思想也在学生的思维活动中真真切切地得到了经历，类比创造能力也得以开发和提升。以后，再碰到计算土豆和铁块等不规则物体的体积的时候，学生都能迎刃而解了。

一个人的学习技能能贯穿和表现于整个学习过程中，在信息时代，学习技能对于获取有用的信息、提高获取知识的效率有着重要的意义。也就是说，学生所获得的学习技能能受益一生。

（二）倡导数学生活化，引导学生活用数学

数学是培育实际应用能力的重要载体，数学建模是一种生活技能。进入社会后，重要的不是学生之前在学校学了多少知识，而是看他们的应用和实践的能力如何。

人教版六年级数学下册教材 P12 例 5，是关于选择购物方案的例题。笔者在教学时，着重引导学生了解"每满 100 减 50"与"五折"之间的区别，再深入拓展：什么情况下"满 100 减 50"与"五折"的优惠是一样的吗？能用你今天学到的知识和家人一起去购物吗？把你们的购物策略跟老师分享一下吧！

这是一份实践作业，变说教为体验。课后，孩子们经过实际体验，发现商场的促销方式有很多：有直接打几折的、"满 100 返 50 代金券""买二送一"……促销方式比课本里的要多得多。商家可以应用数学来赚取更高的利润，而顾客则可以运用数学知识去获得最大的实惠。通过此次活动，促进学生思维进阶。这个过程正是体现了数学的育人价值，学生知识在增长，数学的实际应用能力也得到凝练与提升。

为了让学生切实感受到数学的价值所在，增进学生对数学的亲近感，我们可以多给学生布置这样的实践作业，如制作活动角、开"模拟商店"、测量旗杆的高度等，让学生通过生活实例建立数学模型，摒弃数学是空中楼阁的观念，让"数学生活化"深植于学生的意识中，做到活学数学，活用数学，创新数学课堂。

（三）借助纠错契机，培养严谨学习态度

小数除法是五年级数学的一个非常重要的知识点，同时也是难点，主要有两种比较突出的错误：

第一种：商的小数点位置不对（见图 1）；第二种：商中间的 0 漏掉（见图 2）。

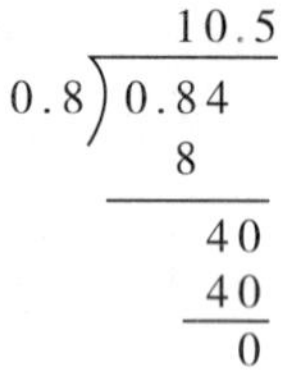

$$0.8\overline{)0.84}\text{商}=10.5$$

$$0.8\overline{)0.84}\text{商}=1.5$$

图 1　商的小数点位置不对 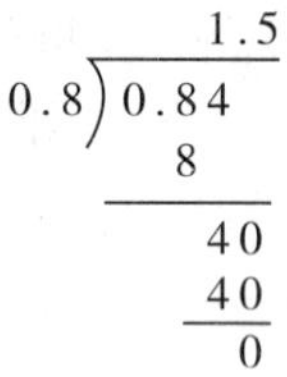　　　　图 2　商中间的 0 漏掉

可见，学生的算理理解仍需加强，如何让学生突破难点，夯实计算基础，需要采取策略，发展学生的思维。

以下是笔者在五年级上册"小数除法复习课"的具体做法：

第一环节：树立端正的学习态度。

师：同学们，这单元咱们主要学习了"小数除法"。商的小数点的位置很重要，很多同学都经常找错。有时看似不起眼的一个小数点，造成的严重后果却是我们难以想象的。苏联科技人员由于算错了一个小数点，导致一名宇航员的降落伞无法打开，宇宙飞船联盟一号脱离预定的轨道，船毁人亡。

师：这件事给我们什么警示？

生 1：我们在学习上应该认真细致一点儿。

生 2：科学需要严谨的精神，一点点的误差也不能疏忽。

……

同学们都深刻地认识到数学的严谨性，体会到在数学学习上要做到一丝不苟。笔者最

初的教育目标达成了。

第二环节：使用迁移来明确原理。

①小数点移动规律复习。

②商不变规律的复习。

③移位练习。

第三环节：探究算法，巩固算理。

本环节设计 4 道练习：$6.5 \div 5 = 1.3$，$2.7 \div 2.5 = 1.08$，$3.9 \div 0.26 = 15$，$21.8 \div 14 \approx 1.56$。题型设计都是不同类型的算式，既突出重点，也分散难点，引导学生先分析算式特征，再自主练习，通过错题辨析，澄清模糊认识，弥补薄弱，夯实计算。整节课中，学生紧紧围绕薄弱点、拓展点展开练习，大胆提出质疑，敢于自我否定，自我建构知识体系。既达到了预期的教学效果，还培养了学生遇败不馁的进取精神、细致的学习态度和严谨的科学精神。

（四）转变评价方式，促进学生全面发展

在学生的学业水平评价中，我们不仅要关注评价结果，更要关注学生的个人成长，切实提高学生的综合素质。为了使评价更加全面，我们需要把终结性评价和形成性评价结合起来。将课内教学与课外自主学习结合起来，采用习题作业、问题研讨、社会调查、小项目或方案设计等方式，加强对学生学习过程的考核，全面评价学生的综合能力。考核方式要灵活，考核内容要独立、有效、全面，要能激起学生的进取精神和创新意识。

例如，笔者在教学六年级上册"节约用水"时，课前先让学生了解我国的水资源状况，深刻认识到我国水资源的匮乏情况，再让他们调查周围浪费水的现象，选择其中一个漏水的水龙头，测量其在一定时间内的漏水量，完成课本第 104 页的统计图。引导学生利用平均数来统计全国学校（约有 30 万所）一年大约浪费多少吨水，这些水需要支付多少水费，可供多少人用一年。通过一个个触动人心的数据，让学生认识到节约用水的重要性与迫切性。课后，笔者再将节水教育延伸到课外，开展一次"节约用水"的专题演讲比赛。在演讲比赛中，大家都各抒己见，有的提出有效的节水方案，有的发出环保倡议书，还有的誓做一名环保小卫士，呼吁大家珍惜和保护水资源……高素质的学生需要了解社会，走向社会。通过以上活动，学生的参与能力和认知能力得到了锻炼，环保意识和公德意识也得以养成。

笔者从多方面、多渠道进行评价，包括学生课前搜集资料的能力、语言表达能力、课后的调查与动手操作能力、专题演讲活动的成果展示能力等。多种评价方式相结合，有利于学生体验进步与成功，认识自我，建立自信并提高学生的综合应用能力。

教师是实施素质教育的主要力量，也是推进教育方式改革的先驱，为社会主义现代化建设培养高素质的人才更是我们教育工作者的责任和使命。

借力信息技术，提升小学数学教学实效性

汕头市澄海实验高级中学附属小学　陈韩芸

摘要： 现代信息技术，集文字、声音、动画、图形于一体，图形清晰、动态感强、速度快、信息量大。将其应用于教学中，能提高学生学习的兴趣和效果，有利于学生对所学内容的理解和掌握，弥补了传统教学方式的直观性、立体感和动态感等方面的不足，是实施素质教育，全面提高教学质量的有效途径。近几年来，借助现代信息技术辅助教学，更是给教育教学改革带来了新鲜的空气。本文从课前、课间、课后三个方面，谈谈通过信息技术在不同时间的应用，提高小学数学教学的实效性。

关键词： 小学数学；信息技术；课前；课间；课后；有效运用

一、信息技术在课前预习中的运用

在传统的教学中，信息技术常用于课堂的教学活动中，课前预习几乎没有用到，而在预习的过程中，很多学生只是停留在大致地浏览一遍的认知上，有的学生甚至没有课前预习的习惯。随着近几年信息技术的快速发展，加上"双减"政策的提出，在这种环境下，让学生继续保持较好的学习效果，这就要求教师要提高课堂的教学效率，学生如能在课前做好充分的预习，是提高课堂教学效率不可缺少的一个重要环节。

很多的学生没有掌握预习的方法，特别是低年级的学生，对于预习，他们无从下手，针对这种情况，可在课前通过小程序，设计推送一些简单的问题，让学生在课前带着问题，有目的、有针对性地在课前进行预习。如一年级上册"认识立体图形"一课中，因为低年级的学生在日常生活中见到的物体多数是立体的，但没有接触过"立体图形"这个概念，生活经验较简单、感性，需要在教师的引导下进一步抽象化，形成简单的几何概念。针对这种情况笔者通过问卷星这个小程序设计了几个简单的问题：图片依次出现牙膏包装盒、魔方、茶叶罐，问题是：你认识这种图形吗？你在生活中见过这种形状的物品吗？你知道这种图形的名称吗？你在生活中还见过哪些物品的形状和它相同？学生通过手机上的小程序在课前先进行填写，教师在手机上就能收集到学生填写的情况，然后根据学生填写的情况，了解学生课前预习的情况，设计出适合本班学生实际的教学过程，为提高课堂的教学效率做好铺垫。

二、信息技术在课堂教学活动中的运用

（一）创设情境，激发学习兴趣

特级教师于漪曾说："课的第一锤要敲在学生的心灵上，激发起他们思维的火花，或像磁石一样，把学生牢牢地吸引住。"的确，好的开头是成功的一半，在一节课的开始，如果教师能根据学生年龄的特点和实际情况，借助适当的多媒体手段，创设出精彩的、能激发学生学习兴趣的课堂开头，激发起学生的学习兴趣和求知欲望，使学生能主动积极地去接受新知识，这节课就成功了一半。

如在五年级下册"求不规则物体的体积"一课的教学中，笔者创设了这样的情境：播放动画配音故事《乌鸦喝水》。这几乎是每个学生从小就听到的非常熟悉的故事。故事一出现，配上语音和动画，马上就吸引了学生的注意力，同学们产生了强烈的好奇心，小时候只是把它当作故事听听而已，那这个故事和要上的课究竟有什么关系呢？激发起学生的兴趣，调动了学习的热情和探究的积极性。

（二）启发引导，击破教学难点

在数学课堂教学中，一些跟图形有关的教学内容，更加需要学生有较好的空间观念、想象能力，能够把看到的信息在大脑中形成图形。而小学阶段的学生，空间想象能力还较低，学习中会因为缺少与教学内容相关的辅助学习材料而无法展开想象，从而影响了对课堂教学难点的理解和掌握。针对这种情况，可以借助信息技术手段为学生展示多方位、多角度、多层次的观察空间，创设相应的情境，让学生体验抽象的事物直观化，从而突破教学难点。

如在教学五年级下册"探索图形"一课中，有这样一道题：图1是棱长1厘米的小正方体拼成的长方体，把它们的表面分别涂上颜色。三面、两面、一面涂色以及没有涂色的小正方体各有多少块？

这道题，对于大部分学生来说是一道难度较大的题目，解决时需要具备较好的空间想象能力。为了突破这个难点，笔者用希沃白板5中的几何交互工具实现模拟操作，根据需要进行放置、删除，也可以给小正方体各个面着色，对图形进行360°的旋转，进行直观演示。学生通过观看操作，能清晰地看到：长方体中每个面涂色的情况，什么位置的小正方体涂三个面，什么位置的小正方体涂两个面、一个面，小正方体在什么位置上没有涂色（见图2）。然后再利用电子白板分层移动进行直观演示（见图3），实现思维可视化。

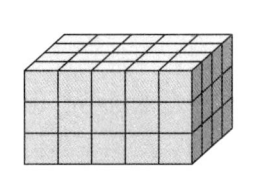

图1 探索图形：长方体涂色题 　　图2 用交互工具实现对图1题目的模拟操作 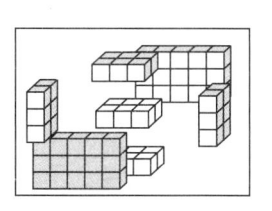　　3 用电子白板实现对图1题目的思维可视

通过上面的演示，化抽象为具象、变静态为动态，学生有所领悟，有所发现，能很快地找出涂色的面的规律，突破了本课的难点，强化了理解的效果，拓展了学生的思维，从而提高了课堂教学效率。

（三）优化练习，深化学生思维

练习是学生理解知识、掌握知识、形成知识技能的基本途径，又是运用知识发展技能的重要手段。学生在课堂上学习了新知识之后，需要通过练习才能加以巩固运用。传统的练习形式比较单一，枯燥无味，可以借助信息技术，将静态的练习变为动态，加上音效，设计一些小竞赛、小游戏等增加练习的趣味性，提高学生参与练习的积极性，让学生在轻松的气氛中掌握知识，深化对知识的理解。

如五年级上册"循环小数"一课中，学生学习了循环小数的意义之后，为了让学生更好地理解循环小数的意义，笔者利用希沃白板 5 中的课堂练习，设计小游戏"摘南瓜"。每个南瓜里面都有一个数，有的是循环小数，有的不是循环小数，学生点到循环小数就会发出"嘀"的声音，点错了就会发出"嘟"的声音，以竞赛的形式让学生到讲台上进行PK，整个过程具有竞争性和趣味性，课堂上充满掌声和加油声，让学生在玩的过程中轻松地掌握了知识。

还可以运用"爱种子"教学平台，设计一些选择题、判断题，让学生使用答题器作答，学生只要输出答案，平台上马上就能收集到学生答题的数据并进行统计，给出正确答案、正确率。教师能快速地了解到学生知识掌握的情况：哪些同学答对了，哪些同学答错了，哪个知识点掌握得不够扎实一目了然。教师根据学生的答题情况，及时地调整课堂教学内容和方向，做到精准施教。这种形式能够让学生在轻松的氛围中掌握知识，深得学生的喜爱，他们参与的热情和积极性都很高。

三、信息技术在课后巩固拓展中的运用

数学课堂教学中，基本的知识点、教学重难点，部分学习能力较弱的学生在课堂可能没法完全理解掌握，这些课后作业完成就有了难度，质量可想而知。所以面对这部分的学生，可以针对学习的重点和他们的实际情况，在课后为他们推送微课，好让他们在课后可以随时随地学习和巩固，查缺补漏，清理疑点。在学习了"长方体和正方体的体积"之后，可以把长方体和正方体体积计算公式的推导过程录成微课，让没理解掌握的学生课后再进行学习，反复地观看，直到理解。后面再配上基本练习加以强化，为学生继续学习，扫清知识障碍。

数学学习的目的就是在学生形成技能之后能够做到举一反三，因此课外拓展延伸是不可缺少的一个环节。课堂上教师会根据学生的实际情况设计一些拓展题的练习，但受教学时间、整体教学进度、学生个别差异的约束，往往达不到需要的目的。因此，我们可以在课外推送有关拓展练习的微课，让学有余力的学生在课后进行学习，满足学习能力较好的学生的需求。如在学习了"长方体和正方体的表面积"后，学生掌握了表面积的计算公式和方法，但由于这部分题型变化较多，不单单只是按公式直接求出长方体和正方体的表面

积。因此，课后设计了下面 3 道稍微提高的题目制作成微课，并为每道题配上详细的解题思路，让学生根据自己的实际情况在课后有选择地进行学习。

（1）一个正方体的棱长总和是 48 cm，它的表面积是多少平方厘米？

（2）把两个棱长 3 cm 的正方体木块拼成一个长方体，拼成的长方体的表面积是多少？

（3）两个长 8 cm、宽 5 cm、高 10 cm 的长方体茶叶罐，现在要用包装纸进行包装。怎样包装最省材料？

总之，在小学数学教学过程中适当、合理地运用信息技术，能提高学生的学习兴趣，培养学生的自主学习能力，拓展学生的思维，让不同层次的学生都能学到有价值的知识。对于培养良好的学习习惯，优化数学课堂教学，提高课堂教学效率，具有重要的现实意义。

参考文献

［1］郭斌. 妙用微课，提升数学学习力［J］. 小学教学设计（中旬刊），2019（9）：7.

［2］李六新. 信息技术在小学数学课堂教学中的应用［J］. 天津教育（下半月），2018（4）：171.

基于学科核心素养的小学数学作业设计例述

汕头市澄海实验高级中学附属小学　申广峰

摘要： 中小学数学作业在数学教学过程中发挥着重要的作用，是教学教研的重要一环。一段时间以来，中小学作业的"质"与"量"受全社会关注。"双减"政策的出台以及新课标的颁布，对作业设计质量提出了更高的要求。本文基于数感、数据意识、符号意识和几何直观四大数学学科核心素养，对小学数学作业设计展开例述。总的来说，作业设计要以学科核心素养为基础导向，力争让核心素养落地，为知识运用赋能，唯有如此才可做到减而不"简"，以质增效。

关键词： 数学；作业设计；核心素养；例述

中小学数学作业在数学教学过程中发挥着重要的作用，是教学教研的重要一环。其具有检测学生学习情况、反馈教师授课效果、实现教学目标和培养学生自制能力的作用。然而在具体的教学实践活动中，部分学校存在作业设计质量差、作业量大、作业设计缺乏系统性和整体性等问题，严重制约着学生核心素养的提高。中小学作业的"质"与"量"愈加受全社会关注。

为从根本上解决学校作业功能异化乱象，重塑作业的育人功能，提高中小学学生数学核心素养，2021年7月24日，中共中央办公厅、国务院办公厅印发了《关于进一步减轻义务教育阶段学生作业负担和校外培训负担的意见》，明确提出要全面压减作业总量和时长，满足学生多样化需求。因此，在"双减"的背景下，科学合理地设计作业成为保障教学质量的关键。随之而来，越来越多的教育工作者对作业设计展开更加精细的研究。

杨清认为，学校及教师应筑牢思想关，明确优化作业设计的意义，构建"计划—实施—反思"的作业闭环体系，以有效发挥作业的育人功能，减轻义务教育阶段学生作业负担。方建兰等学者从六个角度给出作业设计的新趋势，其中明确指出作业目标要从掌握知识技能转向学科核心素养，形成素养作业观，从而促进学生的全面、全程的发展。实践性作业越来越受到师生欢迎，原因在于实践性作业的设置有利于提高学生解决问题的能力以及应用能力，因此应合理布置实践性作业。为最大限度地发挥作业的作用，朱爱玲认为应基于课程设计小学数学作业，可对作业目标进行整合、对作业内容进行系统构建性设计和完善作业评价的反馈体系。贾红新认为家庭作业的设计要注重培养学生的创新意识，可鼓励学生从不同角度思考与解决问题，因此作业的解法应相对灵活。郭圣涛、赵小启等学者认为作业设计要以学生为主体，体现层次性，以做到因人施教。刘晓萍等学者认为一份高质量数学课后作业应做到发展学生的高阶数学思维。上述教育工作者或从价值观，或从方法论上给出关于优化作业设计的建议，总的来看，优化作业设计的目的之一是提高学生的学科核心素养。曹培英提出了小学数学学科核心素养的初步框架，分为两个层次，六项素养，可借用图1所示的空间三棱台模型展示。

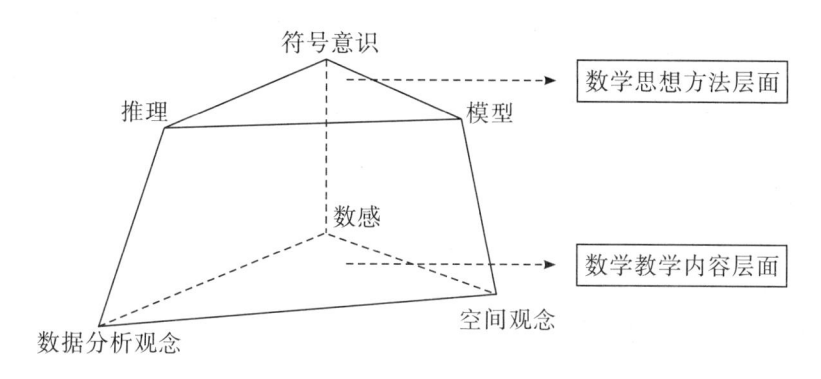

图1　小学数学学科核心素养的初步框架

本文将以人教版四年级数学教材为例，针对作业设计中如何体现学科核心素养展开论述。

一、精准把握教学目标，培养学生数感

数感的直观含义就是对数字的直觉，也可以理解为人与数之间的感情，其对于小学生的数学能力的提升至关重要。在四年级上册第一单元"大数的认识"中，一个重要的教学目标是"学生体会与理解一亿有多大"。为实现这一教学目标，可设置如下实践性作业（见图2）。

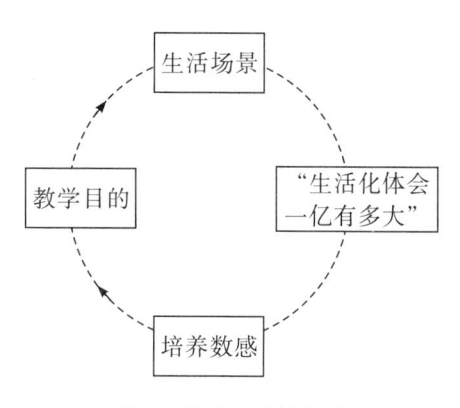

图2　作业1设计思路

作业1：请根据你的饮食情况，估计你每顿吃的米粒数，并完成表1。

表 1

每顿米粒数	每天米粒数	每月米粒数	每年米粒数	每十年米粒数	一亿颗米粒能吃几年？

上述作业通过对教学目标的精准把握，联系实际生活，以"每顿吃的米粒数"为切入点，最终估算"一亿米粒能吃几年"，学生借助时间的观念体会与理解了一个亿有多大。该作业体现了数学源于生活，同时将数学与生活实际联系在一起，使学生结合生活场景理解了一亿到底有多大，潜移默化间培养了学生的数感。

二、密切结合社会热点，筑牢数据意识

有学者指出，学生应该对数据产生亲切感，在实际生活想得到数据，懂得用数据，愿意亲近数据，从数据的背后分析出关键信息，摒弃干扰信息，这就要求学生有数据分析观念。尤其是在如今的大数据时代，数据分析素养是对人才的基本要求，因此在小学阶段培养数据分析观念十分必要。

在四年级上册第七单元"统计"中，一个重要的教学任务就是在掌握条形统计图的基础知识的基础上，培养学生的数据分析意识，锻炼学生的数据分析实践能力。为完成这一任务，可结合北京 2022 冬奥会，按照图 3 所展示的思路设置如下开放性寒假作业。

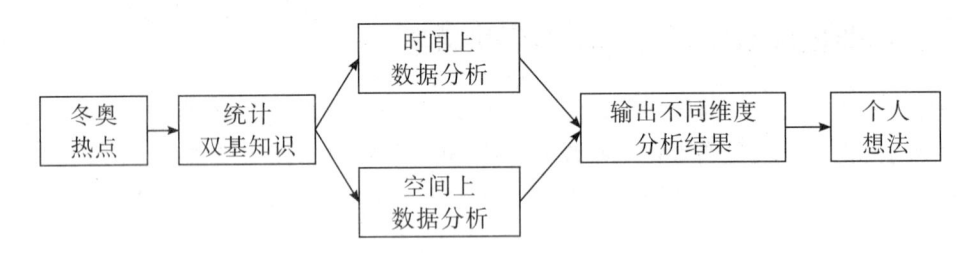

图 3 作业 2 设计思路

作业 2：同学们，北京 2022 冬奥会已经成功落幕，我国运动员奋勇拼搏，同心协力，取得了历史最好成绩。请通过资料搜集，完成以下任务：

（1）统计本届冬奥会我国奖牌在比赛大项间的分布情况。
（2）与挪威冬奥会相比，本届冬奥会我国的优势项目和短板项目分别是哪些？
（3）与往届冬奥会相比，我国运动员在哪些大项取得历史性突破？

本寒假作业加深了学生对统计双基知识的理解与掌握，提高了数据搜集、整理和分析能力，无形中提高了数据分析素养。

需要强调的是，数据分析不但要注重统计方法的选取而且分析的维度要全，同一批数据从不同的维度可以得出不同的结论。因此本作业中的第 2 问从空间上去分析，而第 3 问要求从时间上去分析，分析维度的拓宽进一步提升了学生数据分析素养。

三、合理抽象生活场景，助力树立符号意识

数学作为最抽象的一门学科，各种数学符号为数学学科的进步与发展提供了有力的工具，随之而来，符号意识成为数学学科重要的核心素养。符号意识主要是要求学生知道符号可以表示数，同时数量关系以及变化规律也可以用符号去表征，懂得运用符号推理和计算，并且理解得到的结论具有一般性。符号意识对于培养中小学生的抽象能力具有不可或缺的作用。

在四年级上册第四单元中，"速度×时间＝路程"这一数量关系是教学目标之一。为辅助实现这一教学目标，增强学生符号意识，可设计下列预习题目。

作业3：已知一辆汽车每小时行驶80千米，完成下列问题。

（1）请问小汽车的速度？

（2）列式计算小汽车3小时行驶的路程。

（3）列式计算小汽车5小时行驶的路程。

（4）你可以设计三个图形分别代表速度、时间、路程吗？并依据问题2、3尝试写出三个图形间的关系？

上述作业从一个实际问题出发，层层深入，先解决具体的问题，再根据具体问题总结出一般规律，最后用符号表征物理量，列出符号间的数量关系。学生在具体的生活场景中，经历了从特殊到一般的过程，体会了在走向一般的过程中，符号发挥了不可替代的作用，符号意识得到进一步加深。需要指出的是，符号意识的形成非一日之功，需要在平时的作业中加以强化。

四、准确理解数学概念，增强几何直观

《义务教育课程方案和课程标准（2022年版）》给出了几何直观定义，其包括感知各种几何图形，建立形与数的联系，几何直观的增强有助于把握问题的本质。要想精准感知各种几何图形，必须对各种几何图形的概念有清晰的认知、准确的理解，唯有如此，方可建立几何图形与几何元素数量间的联系。

在四年级下册第五单元"三角形"，一个重要的教学目标就是在理解各种三角形概念的基础上，掌握三角形的分类，进而增强几何直观。为实现这一培养目标，可设计如下所示培优作业题目。

作业4：沿着一个等边三角形上两条边的中点所连成的线段，折叠此等边三角形，折叠后的图形包含几个等边三角形？为什么？

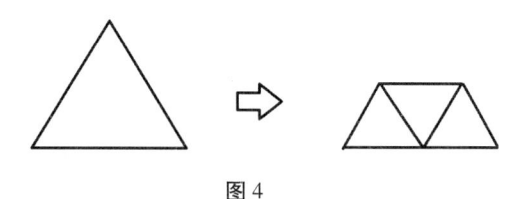

图4

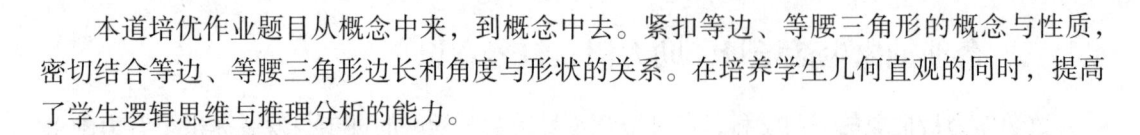

本道培优作业题目从概念中来，到概念中去。紧扣等边、等腰三角形的概念与性质，密切结合等边、等腰三角形边长和角度与形状的关系。在培养学生几何直观的同时，提高了学生逻辑思维与推理分析的能力。

五、总结与建议

"双减"政策的出台对教师队伍提出了更高的要求，具体在作业设计环节，在通过合理的设计让作业合理"瘦身"的同时，更要以数学学科核心素养为导向精心优化作业。学校及教师要筑牢思想关，明确优化作业设计的意义。备课组、教研组要齐心协力设计校本作业，构建完整的作业闭环体系。在作业设计及优化中，避免为了优化而优化，作业设计要落脚于提高学科核心素养。唯有如此，才可以做到减而不"简"，以质提效。

参考文献

[1] 马文杰，李恩瑞. 中小学数学作业基本设计原则：反思与重构 [J]. 教育导刊，2020（2）.

[2] 朱爱玲. 小学数学单元作业设计的三个维度 [J]. 教育与管理，2021（32）.

[3] 贾红新. 小学数学家庭作业设计的认识与思考 [J]. 河南教育（教师教育），2021（9）.

[4] 中共中央办公厅　国务院办公厅. 关于进一步减轻义务教育阶段学生作业负担和校外培训负担的意见 [EB/OL].（2021-07-24）[2022-2-15]. http://www.gov.cn/zhengce/2021-07/24.htm.

追求"教学评一致性"的教学设计与分析

"优化—沏茶问题" 教学设计

汕头市濠江区马滘实验小学　洪丽霞

教学内容

人教版义务教育教科书《数学》四年级上册第八单元第104页的内容及相关练习。

教学分析

本节课是"数学广角"中的内容，通过简单的生活事例"沏茶问题"，围绕核心问题"怎样安排比较合理并且省时间"进行小组探究、动手操作和合作交流，让学生从数学的角度经历在多种解决问题的方案中寻求最优方案的过程，初步体会运筹策略及其在解决实际问题中的应用，进而理解优化的数学思想，感受数学与生活的密切联系。适时渗透数学文化，分享有关时间的格言等，增强文化自信，让学生意识到合理安排时间的重要性。

学情分析

四年级的孩子对熟悉的生活事例有一定认识，清楚先做什么，后做什么，哪些事情可以同时做，但由于生活中的"沏茶问题"程序简化，多数学生只是经历部分沏茶步骤，亲手完整沏茶的经历比较少，对沏茶程序和顺序模糊，因此在教学过程中，要加强小组之间的合作交流，教师要适时点拨、引导，唤起学生的生活经验认知，初步形成寻找解决问题最优化方案的意识，在理清沏茶步骤中探究优化策略，感悟优化思想，提高学生解决问题的能力。

教学目标

（1）使学生在合理安排沏茶的问题中，学会用流程图的方式表示解决问题的方案，初步体会运筹思想在解决实际问题中的应用。

（2）让学生经历自主探究、动手操作和合作交流的过程，体验解决问题策略的多样性，并在寻求解决问题最优方案的过程中积累数学的基本活动经验，感悟优化、抽象和模型的数学思想。

（3）使学生初步形成从数学的角度发现、分析和解决问题的能力，增强应用意识和实践能力。

（4）感受数学在日常生活中的广泛应用，体会合理安排时间的重要性，养成珍惜时间的习惯。

教学重点
能根据实际情况合理安排时间，会用流程图表示解决问题的顺序。

教学难点
从解决问题的多种方案中寻找出最优方案；运用知识解决相关的实际问题。

教学准备
课件、沏茶步骤卡片、课堂学习单、课堂评价单、学习评价表等。

教学过程

一、创设情境，引发思考

（一）谈话引入，揭示课题

师：同学们，平常家里来了客人，你们是怎样招待客人的呢？

师：（播放课件）我们潮汕人热情好客，每当家里来了客人，总会泡杯工夫茶招待客人。沏茶就是泡茶。沏茶这件事蕴涵了很多的数学问题，下面我们一起去探究一下。（板书课题：沏茶问题）

（二）创设情境，引发思考

（1）创设情境：今天，李阿姨来小明家做客。妈妈对小明说："小明，帮妈妈烧壶水，给李阿姨沏杯茶。"

（2）沏茶的步骤有哪些？学生回答，教师在黑板上出示沏茶步骤卡片。

（3）这是沏茶的 6 个步骤，一共花了多长时间？

（4）怎样才能尽快让客人喝上茶？"尽快"是什么意思？怎样安排比较合理并且省时间？

> 设计意图：从学生的生活经验和知识基础出发创设问题情境，通过生活化、开放化的问题，循序渐进地引发学生思考、交流，引导学生用数学的思维去思考现实世界，感悟数学与生活的密切联系。

二、自主探究，感悟优化

（一）明确要求，组织合作

（1）课件出示"课堂学习单"：①想一想：沏茶的步骤中要先做什么，再做什么；怎样安排用的时间最短。②说一说：独立思考后，和小组伙伴说一说。③摆一摆：从学具袋里拿出沏茶步骤卡片，在方框里摆一摆沏茶的过程。④算一算：至少用了多少分钟。

（2）学生小组合作，设计沏茶方案。教师巡视、指导学生。

> 设计意图：有目的地设置"课堂学习单"，在核心问题的任务驱动下，放手让学生自主探究、动手操作和合作交流，在小组成员们的思维碰撞下，经历探究解决问题的最优方案的过程，积累数学的基本活动经验，学会用数学的思维去思考现实世界，学会用数学的语言去表达现实世界，逐步形成核心素养。

（二）展示汇报，交流想法

板演展示几种不同的方案并列式计算，学生汇报、交流想法。

（1）关注"省时"，理解深化。

根据学生的回答，教师适时点拨提问，如：为什么烧水时可以做其他事情？为什么不把找茶叶1分钟、洗茶杯2分钟算进去？

（2）关注"合理"，提升认识。

追问理解：①能否洗水壶的同时找茶叶？②能否接水的同时洗茶杯？

小结：在安排事情时，不仅要考虑省时，而且还要考虑合不合理。

> 设计意图：紧紧抓住"省时"和"合理"，充分调动学生的思维，引导学生通过师生交流、生生交流、教师评价和学生互评等，在思维交汇中经历在多种解决问题的方案中寻求最优方案的过程，体验到"沏茶问题"活动中按顺序操作的合理性和把可以同时做的事情同时做的省时性，初步体会到运筹策略及其在解决实际问题中的应用，感悟优化的数学思想。

（三）优化方案，绘制流程图

师生交流绘制、优化方案，指出：流程图能清楚直观地看出沏茶的顺序与所需的时间。

（四）尝试总结，抽象思维

师：做事情时怎样安排比较合理并且省时间？

学生交流想法。

师：做事情时，要合理安排做事的先后顺序，能同时做的事情尽量同时做。这就是优

化。这也就是我们今天所学内容。（补充课题：优化）

> 设计意图：及时对核心问题进行反思和总结，让思维和方法得到进一步提升，使学生理解抽象的数学思想。

（五）渗透文化，拓展关联

介绍数学家华罗庚以及《运筹学》。

> 设计意图：适时渗透数学文化，增强文化自信，也拓宽学生的视野，感悟到运筹学的重要作用。

三、学以致用，发展能力

（1）基本练习：完成课本第105页"做一做"第1题。
学生用画流程图设计一个方案，再列式计算。学生完成后展示汇报。
（2）变式练习：小兰帮妈妈做家务，需要做：用洗衣机洗衣服20分钟，扫地10分钟，拖地11分钟，晾衣服5分钟。小兰怎样才能尽快做完这些事？至少用了多少分钟？
①学生设计流程图，再计算出最短的时间。学生完成后展示汇报。
②观看小视频，加深理解。

> 设计意图：设置梯度练习，一方面让学生再次体会安排事情要"合理"且"省时"，巩固此类方案优化策略的思维模式；另一方面拓宽学生的思维，引导学生迁移旧知解决相关问题，提升学生的思维能力和解决问题的实践能力。利用小视频帮助学生直观理解"做家务"问题，建立形与数的联系，培养运用几何直观描述和分析问题的意识和习惯。另外，把沏茶问题发散到吃药、做家务等其他生活问题，回归生活，应用生活，感受生活与数学的紧密联系。

四、案例分享，启发引导

学生分享身边合理安排时间的优秀案例。

> 设计意图：引导学生分享身边合理安排时间的优秀案例，让学生感悟到把今天所学知识运用到生活中可以提高效率。

五、畅谈收获，总结评价

（1）师：同学们，通过这节课的学习，你有什么收获？
（2）分享格言：合理安排时间，就等于节约时间。
（3）填写"学习评价表"，交流、反思学习过程。

> 设计意图：通过反思、交流、总结，学生重温学习的过程，形成知识网络，加深活动体验和感悟数学思想；通过分享格言，让学生意识到合理安排时间的重要性，养成节约时间、珍惜时间的好习惯；设计学习评价表，让学生采用小组评和自评的形式评价学习过程，养成反思习惯，实现"教—学—评"一致性。

六、布置作业，拓展延伸

运用今天所学知识，合理安排自己回家后2个小时的学习和生活，设计一个最优方案。

> 设计意图：引导学生运用今天所学的知识合理、科学地安排自己的学习和生活，学以致用，增强解决问题的实践能力，提升综合核心素养。

板书设计

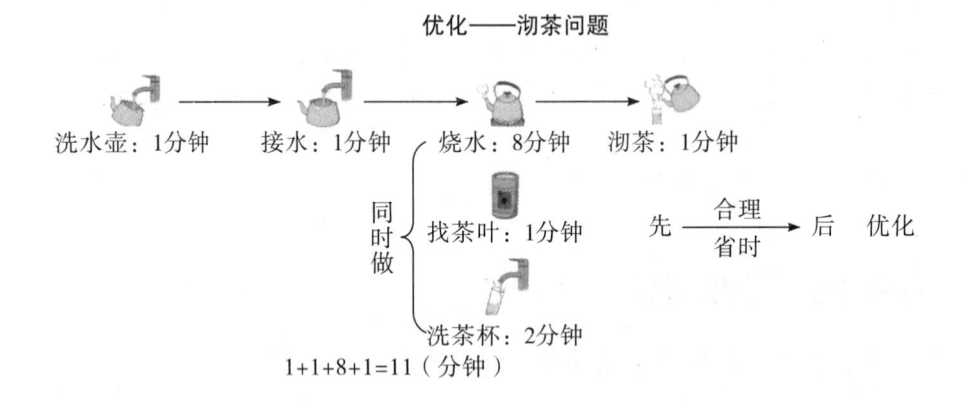

优化——沏茶问题

洗水壶：1分钟 → 接水：1分钟 → 烧水：8分钟 → 沏茶：1分钟

同时做：
  找茶叶：1分钟
  洗茶杯：2分钟

先 —合理省时→ 后　优化

1+1+8+1=11（分钟）

> 设计意图：板书呈现优化的流程图和思维过程，将具体的感性经验上升为理性的数学模型，使学生在发展思维能力的同时理解抽象、模型的数学思想。

教学反思

1. 创设有效的数学活动，促进知识的掌握

《义务教育数学课程标准（2022年版）》指出：学生的学习应是一个主动的过程，动手实践、自主探索、合作交流等是学习数学的重要方式。在这节课中，通过有目的地设置"课堂学习单"，在核心问题"怎样安排比较合理并且省时间"的任务驱动下，放手让学生小组合作"想一想""说一说""摆一摆"和"算一算"；再通过展示交流、尝试总结和解决问题等，让学生经历探究解决问题的最优方案的过程，学会用流程图的方式表示解决问题的方案，积累数学的基本活动经验，充分体现"三会"的数学育人观。

2. 设计有效的探究问题，促进方法的形成

在这节课中，通过提出生活化、开放化的问题"沏茶的步骤有哪些""怎样才能尽快让客人喝上茶"，最后围绕核心问题"怎样安排比较合理并且省时间"，引导学生用数学的思维去思考现实世界；在交流沏茶方案时，紧紧抓住"合理"和"省时"这两个思考关键，适时点拨提问"为什么烧水时可以做其他事情呢？为什么不把找茶叶1分钟、洗茶杯2分钟算进去？能否洗水壶的同时找茶叶？为什么？能否接水的同时洗茶杯？"等，通过有效地探究问题，引导学生逐步体验优化的策略和方法；最后及时对核心问题进行反思和总结，促进学生对优化思想和模型思想的理解和应用。

3. 落实有效的说理活动，助力思维的发展

在课堂学习中，注重引发学生积极思考，给予学生充分表达想法的时间和空间，通过有效的说理活动，让学生经历用数学的思维思考实际问题的过程，形成重论据、有条理、合乎逻辑的思维品质；经历用数学语言表达解决实际问题的思路和方法的过程，形成数学的表达与交流能力，发展思维能力、应用意识与实践能力。

4. 采用有效的课堂评价，促进素养的落地

这节课中，设计"课堂评价单"和"学习评价表"，鼓励学生自我监控学习的过程和结果，让学生在课堂上实现自我学习、自我检测、自我评价和小组评价等，养成反思的习惯，培养学生的批判性思维，实现新课标提出的"教学评一致性"的教学设计目标。

"圆的周长"教学设计

汕头市澄海实验高级中学附属小学　林丽娇

教学内容

人教版义务教育教科书《数学》六年级上册第 62～63 页教学内容，以及第 64 页"做一做"第 1 题。

教学分析

本节课属于图形与几何知识的教学，是人教版六年级上册第四单元的教学内容，这部分内容是学生在认识了直线图形（长方形、正方形、平行四边形、三角形、梯形）周长和面积计算，并初步认识了圆的基础上进行教学的。它是学生初步研究曲线图形的基本方法的开始，同时为今后学习圆的面积、圆柱、圆锥等知识积累经验与方法。

学情分析

学生在三年级上册学习长方形、正方形周长计算，能找到多种方法测量物体的周长。圆是日常生活中常见的图形，但圆是曲线图形，圆周率这个概念也较为抽象，探索圆周率的含义以及推导圆周长计算公式是教学难点，学生不易理解。

源于学生学习问题的起点，基于问题设计了有序的学习任务序列（见图1）。

调查发现：大部分学生对圆周长的描述，还是用"边"一词进行描述，对于周长的计算学生能说出计算公式，但至于"圆周率"的含义，90% 以上的学生不知道。可见，从学习直线图形到曲线图形的知识，是认识发展的进阶，学习内容、研究问题的方法都很重要。因此，教学圆的周长可通过在预习中探索，在交流中理解，在操作中验证，在质疑中提高，多方互动帮助学生解决问题，感悟转化数学思想方法。

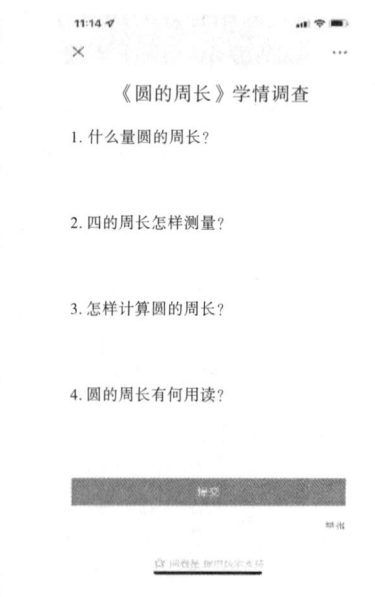

图1　学情调查

教学目的

（1）理解圆的周长和圆周率的意义，掌握圆周长的计算公式，能运用圆周长的知识解决一些简单的实际问题。

（2）通过操作、探究、猜想、验证等活动，让学生亲历圆周长计算公式的过程，培养学生的推理意识，渗透转化思想和极限思想。

（3）能应用圆的周长公式解决生活问题，体会数学与生活的联系，感受数学文化的魅力。

教学重点

理解并掌握圆的周长的计算方法，能运用公式解决实际问题。

教学难点

理解圆周率的意义，圆的周长公式的推导，感悟转化的数学思想。

教学准备

课件，皮尺、细绳、直尺、圆片若干个，小剪刀，计算器。

教学过程

一、创设情境，引出课题

创设情境——喜羊羊与灰太狼赛跑

（课件出示情境图）

师：今天，喜羊羊与灰太狼要举行一场跑步比赛，灰太狼画了两条比赛路线，灰太狼跑圆形路线，喜羊羊跑正方形路线，这比赛公平吗？为什么？

生：不公平，圆形路线比较短，正方形路线比较长。

……

师：看公不公平，就得确定这两条路线是不是一样长。怎么确定两条路线是否一样长呢？

生：求出圆的周长，求出正方形的周长。

师：正方形的周长怎么计算呢？（课件演示要求喜羊羊所走的路程）

生：正方形的周长 = 边长 ×4，$C = 4a$。

师：灰太狼所走的路程（课件演示），是求圆形的什么？

生：周长。

师：对，这节课我们一起来探究圆的周长是怎样计算的。（板书课题：圆的周长）

> 设计意图：故事情节引发新的数学问题，激发学生主动参与新知探索，创设良好的学习氛围。

二、实践推导，探究新知

（一）理解圆周长的意义

师：圆的周长指的是什么？学生指一指。

师：什么叫作圆的周长呢？现在谁用数学语言来描述一下？

生：圆的边的长度，叫作圆的周长。

……

小结：围成圆的曲线的长叫作圆的周长。

师：请你摸一摸你手中的圆周，边摸边用语言描述圆的周长。

（二）探索圆周长的测量方法

提问：用直尺来测量这个圆的周长可以吗？（教具比一比）

生：不可以。

师：为什么？

生：因为圆的周长是一条曲线。

师：请各小组想一想、议一议，如何利用手中的工具测量圆的周长？

小组合作探究。

小组汇报。（信息技术支持：学生汇报及操作同屏到黑板）

小组1：可以拿卷尺或皮尺直接绕圆一周进行测量。

师：我们给这个方法起个名字叫直接测量法。

小组2：在圆上标记好起点，把起点对准直尺的0刻度线，再把圆在直尺上滚动一周，这时，起点所对的刻度线就是圆的周长。

评价：办法真好。把曲线变成直线。

板书：曲 ——转化—— 直。

师：我们给这个方法起个名字叫滚动法。（板书：滚动法）

（视频演示：滚动法）

师：为了减少误差，采用滚动法时要注意什么事项？

生：定好起点，滚动均匀，一周回到起点。

小组3：先将一根绳做好标记，绕圆一周，再拉直测量出它的长度，绳的长就是这个圆的周长。

师：这种方法好在哪里？

生：把曲线变成直线。

师：我们给这个方法起个名字叫绕绳法。

（视频演示：绕绳法）

师：为了减少误差，采用绕绳法时要注意什么事项？

生：绳子需无弹性的，绳子要与圆贴合，绳子拉直再测量。

师：滚动法、绕绳法都是将曲线的长度转化为可直接测量的线段的长度，我们把这种方法叫作化曲为直，这是一种转化的思想方法。（板书：转化——化曲为直）

> 设计意图：自主思考、合作探究，探索问题解决方法，感受解决问题策略的多样性，渗透转化思想方法。

（三）理解圆周率的意义及圆的周长计算公式

1. 探究圆的周长的决定因素

师：（课件出示）我们澄海奥飞广场是什么形呀？（圆形）想知道奥飞广场的周长能用刚才的方法测量吗？

生：不能。

师：说明绕绳法、滚动法有一定的局限性。那么有更简便的方法来计算出圆的周长呢？猜想一下，圆的周长和它的什么有关系呢？

生1：直径。

生2：半径。

师：（课件出示：几个直径不同的圆）说说看，你发现了什么？

生：圆的直径越长，圆的周长越长。

……

师：对，圆的周长与它的直径有关系。

师：那么，猜想一下，圆周长与直径间到底存在着怎样的关系呢？

生：3倍的关系。

……

2. 探究圆的周长与直径的关系

师：为了验证猜想，我们须动手操作，通过实验来验证（见图2）。

师：开始实验操作之前，我们一起来看看学习单，明确实验操作要求（见图3）。

49

图2 小组活动　　　　　　　　　图3 圆的周长学习单

师：下面，开始实验。（希沃计时器计时6分钟）

小组开展实验操作活动，教师巡视过程中及时进行指导。

小组汇报。

师：谁来说说你们发现了什么？

生：圆的周长与它的直径的比值，大约都是3。

……

师：从实验数据可见，周长与它直径的关系是3倍多一点的关系。

师：下面我们来看一看小博士和我们发现的规律一样吗？

（信息技术支持：演示3个大小不同的圆转一圈的路程是直径的三倍多一点）

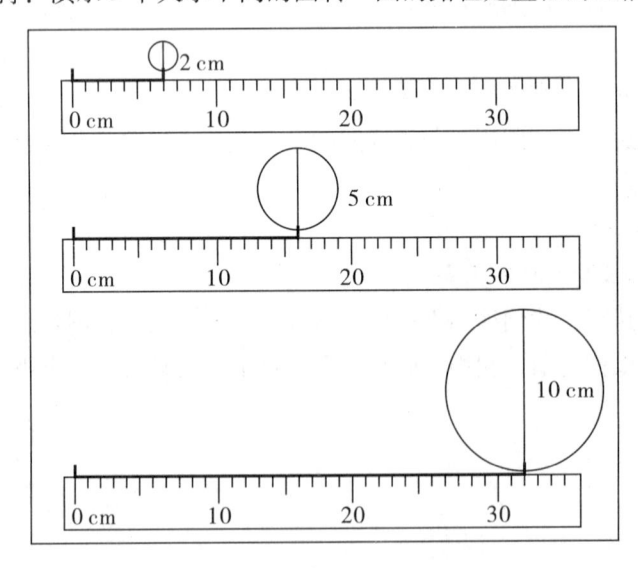

图4 演示圆的周长与直径的关系

> 设计意图：以核心素养为导向，通过实验，在合作实践操作中主动生成知识，培养了学生的合作意识，感受做中学的乐趣。

3. 认识圆周率，介绍祖冲之

师：实际上，圆的周长除以它直径所得的商是一个固定的数，我们把它叫作圆周率，（板书：圆的周长÷圆的直径＝圆周率）用字母"π"来表示，读作"pai"。

师：有关圆周率的知识你们知道哪些呢？下面老师把这些知识整理一下。（音频介绍祖冲之与圆周率）

师：圆周率是一个无限不循环小数。为了计算方便，人们只取它的近似值，$\pi \approx 3.14$。（课件出示）

板书：$\pi \approx 3.14$。

> 设计意图：在探究新知的过程中，通过介绍数学家和天文学家祖冲之，不仅让学生了解关于圆周率的来历，还渗透爱国主义教育，增强民族自豪感。

4. 总结圆的周长公式

师：根据圆的周长÷圆的直径＝圆周率，可以推导出圆的周长＝圆周率×圆的直径。

师：用字母"C"表示圆的周长，这个公式用字母写成：$C=\pi d$。（板书：$C=\pi d$）

师：又因为圆的直径是它的半径的2倍，所以这个公式还可以写成$C=2\pi r$。（板书：$C=2\pi r$）

> 设计意图：教学过程成为学生探索、研究的过程，从观察猜测→实践操作→总结规律，学生亲历想象、体验、感受、概括，在探究中发现知识、理解知识、应用知识，感悟"化曲为直"的思想方法，提升数学核心素养。

三、拓展练习，实践应用

师：非常好，我们已知道怎么算圆的周长，下面让我们做一组练习题。

（一）列式计算：教材第64页"做一做"第1题（见图5）

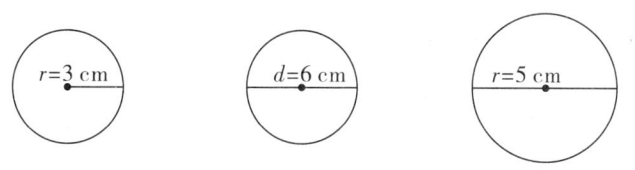

图5 "做一做"列式计算

学生口头说公式和列式。

（二）谁的法官当得最称职（信息技术支持：希沃互动课堂）

（1） $\pi = 3.14$。（   ）

（2） 大圆的圆周率大于小圆的圆周率。（   ）

（3） 半径是 3 cm 的圆的周长是：$3.14 \times 3 = 9.42$（cm）。（   ）

（三）解决问题（信息技术支持：希沃授课助手展示学生答题情况）

师：圆周长计算公式，在我们生活中经常看到。

大厅内挂着一个大钟，它秒针长 50 厘米，这个秒针针尖转动一周的距离是多少厘米？

师：要求秒针针尖转动一周的距离实际上是要求秒针针尖转动一周的周长。

师：要求圆的周长，题目告诉了什么？

生：秒针的长度，就是圆的半径。

（四）解决喜羊羊与灰太狼赛跑的问题

师：下面我们来算算跑道的长度，看看喜羊羊与灰太狼的比赛公不公平？

（移动圆形跑道与正方形跑道重叠）见图 6，要想求出圆的周长，必须知道什么条件？

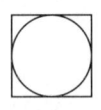

图 6　喜羊羊与灰太狼的比赛轨道

生：必须知道圆的直径或半径。

师：那么图中已知什么？

生：直径。

师：直径也就是正方形的边长。

师：通过解决问题，发现喜羊羊与灰太狼的比赛公平吗？

生：不公平。

师：数学就在我们身边，希望同学们会用数学的眼光观察现实世界，会用数学的思维思考现实世界，会用数学的语言表达现实世界。

> 设计意图：练习设计层次性强，使学生由浅入深巩固所学的知识，并与课堂开始的问题情境呼应，培养学生发现问题、提出问题、解决问题、应用知识的能力。

四、畅谈收获，分享成功

师：同学们，老师从你们每个人的脸上都看到了收获的快乐和成功的喜悦，谁来说一说。

学生谈这节课的收获和心情。

设计意图：在交流中，不断完整知识体系的自我建构，激发学生学好数学的热情，提升学生的数学素养。

五、作业布置

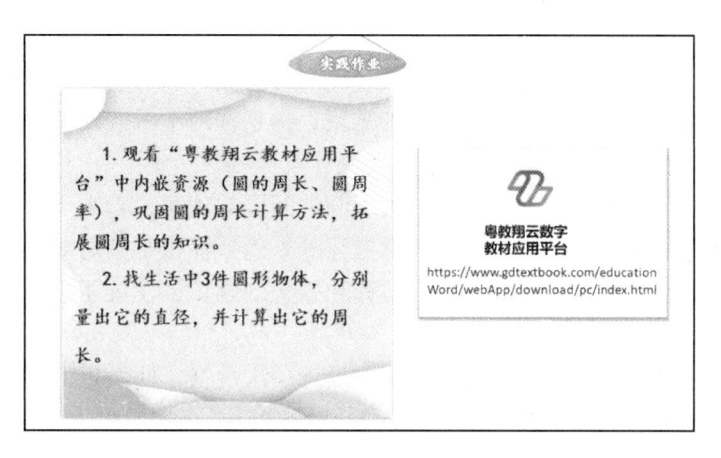

图7 作业布置

设计意图：微课助力，课后进一步巩固所学知识；实践性作业，学生走出课堂，走向生活，提质增效。

板书设计

圆的周长
围成圆的曲线的长是圆的周长。　　　　　　曲　　转化　　直 　　　　　　　　　　　　　　　　　　　　滚动法　绕绳法 圆的周长÷圆的直径＝圆周率（π≈3.14） 　　$C \div d = \pi$ 圆的周长＝直径×圆周率 　　$C = \pi d$　　　　　　　　$d = 2\pi r$ 　　$C = 2\pi r$

设计意图：板书突出本节课的知识重点，体现数学思想方法，使学生一目了然，印象深刻。

教学反思

周长计算公式、圆周率"π"的知识内容的掌握和研究方法的渗透，是学习的重难点。因此，教学设计中笔者着力于在学生掌握基本知识的同时，促进他们学习方法的养成，通过独立思考、自主探究、合作交流，探索问题解决的方法，让学生学会分析、分工、分享，主动生成知识，提升学生的数学素养。

1. 创设情境，激发兴趣

创设喜羊羊与灰太狼赛跑情境，引出需要探究的问题：圆的周长，培养学生提出数学问题的能力，激发学生主动解决数学问题的欲望，为新课的学习创设良好的学习氛围。

2. 基于问题设计教学活动，在活动中实现有效学习

课前通过教学问卷调查，了解学生对关于圆的问题的理解，着眼于学生数学眼光、数学语言、数学思维的基点，设计了有序的学习任务系列：什么是圆的周长？圆的周长可能与什么有关系？鼓励学生大胆猜想，培养估算和猜想的意识，发展了推理能力，锻炼了数学表达与思维能力。

由易到难设计练习，发展学生思维。练习设计层次性强，使学生由浅入深掌握并不断巩固所学圆周长的知识，并与课堂开始问题的情境呼应，培养学生发现问题、提出问题、解决问题、应用知识的能力，而且满足不同层次学生的需要，使不同学生在学习数学的过程中都有所提高，有所发展。

3. 介绍祖冲之，渗透数学文化和转化数学思想

学生在动手实验得出圆的周长与直径的比值后，介绍祖冲之与圆周率，使学生产生共鸣，同时，渗透数学文化和转化数学思想方法，调动学生学习数学的兴趣和爱好，丰富学生情感体验，激发爱国热情，增强民族自豪感。

4. 信息技术的有效助力

信息技术助力数学课堂，动态演示喜羊羊与灰太狼赛跑情境，演示圆周长与直径关系，使用希沃白板授课助手投屏功能，直播学生小组探究汇报（演示滚动法与绕绳法），展示小组学习记录，希沃互动课堂开展答题、评价，实现精准教学。

5. "粤教翔云数字教材应用平台"助力实践作业，减负提质增效

应用"粤教翔云数字教材应用平台"对接视频资源，课后进一步巩固所学知识，拓展数学文化素养；落实"双减"政策，布置实践性作业，提质增效。

"口算除法"教学设计

汕头市潮阳实验学校 侯铕洵

教学内容

小学数学《生本学材》三年级下册第三单元第 15～16 页内容。

教学分析

本课时是人教版教材三年级下册第三单元"除数是一位数的除法"的起始课，本单元在整数乘、除法教学中具有承上启下的作用。其中，"口算除法"是在学生掌握了表内乘、除法和一位数乘整十、整百数的口算的基础上展开教学的，目标是让学生经历口算除法的探索过程，理解算理，掌握一般的口算方法，从而进一步提高学生的计算能力，为学习后续的笔算除法和除法的估算奠定知识基础、思维基础和活动经验基础。

在"除数是一位数的除法"这一教学单元，《生本学材》充分考虑了知识的内在关联性和综合性，对现行教科书的口算除法例题进行了系统性的整合。这一举措突出了口算除法的核心本质，即将其转化为表内除法，从而在教学上保持了运算的一致性。

在内容安排上，《生本学材》尊重学生的认知发展规律，体现出数学教育"由简到繁"的合理顺序，尤其注重学生对算理的理解，努力搭建算理与算法之间的桥梁，以强化两者的内在联系。

此外，《生本学材》还致力于培养学生的核心素养，包括归纳、推理和运算等方面的能力。通过系统性的教学内容和方式，该学材致力于促进学生的全面发展，为其未来的数学学习奠定坚实基础。

学情分析

知识经验：根据学生的知识经验，他们已经具备了与除数是一位数的口算除法相关的口算经验，包括表内除法和一位数乘整十、整百数的口算。在开始本单元学习之前，大部分学生已经能够正确计算整十（百）数除以一位数的题目。这些经验为学生学习除数是一位数的口算除法奠定了良好的基础。

学习经验：学生已具备初步的表达能力，能够运用各种表征形式（图示、符号、文字等）来展示自己的思考过程。同时，学生还能够与同伴有效地交流自己的观点和想法，促进彼此之间的理解和进步。

教学目标

（1）关联已有知识，经历探索"除数是一位数的口算除法"的算理和算法的过程，感悟口算除法的运算本质。

（2）借助直观图，在表内除法的基础上迁移到除数是一位数的口算除法，激活已有的口算经验，在理解算理的基础上掌握"除数是一位数的口算除法"的方法。

（3）注重将整十数除以一位数类比到整百、整千……以及多位数除以一位数，通过观察、联想、计算、概括等方式提高数学表达能力、推理能力和运算能力。

（4）在计算过程中，经历从具体到一般算法的抽象概括过程，发展归纳、推理、运算的核心素养。

教学重点

教学重点：理解算理，掌握除数是一位数的口算方法。

教学难点

学会用关联、迁移、对比的方法进行数学学习。

教学准备

课件、学习单、卡片。

教学过程

一、学起于思，思源于疑

（1）黑板出示课题和核心问题，揭示本节课的学习任务。

（2）大屏幕出示情境：把60张彩色手工纸平均分给3个人，每人得到几张？

学生列式解答：60÷3=20（张）。

追问：都已经会算了，为什么还要学，你们还想研究什么？

> 设计意图：在课前，我们通过学情调查了解到，大部分学生已经掌握了像60÷3这样的基本算术运算。然而，这仅仅是计算结果的层面，我们还需要深入探讨这节课的核心内容和值得进一步研究的问题。为了激发学生们的思考，我们采用了反问的方式，引导他们借助过去的学习经验来反思这节课的学习目标。通过这种方式，学生们能够主动面对自己的困惑，进而激发他们的独立思考和质疑精神。

二、多元表征，思维可视

（1）课前布置学生独立思考完成探究一：把60张彩色手工纸平均分给3个人，每人得到几张？你是怎么算的？请把你的思考过程表示出来。

（2）展开小组及全班交流，引导学生在同伴想法中寻找不同表征方式之间的联系，归纳方法。

（3）小结：口算除数是一位数的除法算式要用表内除法来计算。（板书：表内除法）

> 设计意图：课前，学生应在已有的知识与经验基础上，通过独立的深入思考，进行自主探究。在这个过程中，学生需要明确算理，并能够采用多种表征方式来展现自己的思考过程。通过细致的观察和比较，学生应找到不同表征方式之间的内在联系，从而总结出口算除数是一位数的除法的一般方法。这样，学生不仅能掌握新知识，还能感受到知识与知识之间的关联性。

三、迁移联想，发展素养

（1）过渡：在计数器上，如果把这6颗珠子放在百位上，用 $6 \div 3 = 2$ 可以帮助我们计算出哪一道除数是一位数的口算除法？它表示什么？

（2）探究二：用 $6 \div 3 = 2$ 还可以帮助我们口算出哪些除数是一位数的口算除法？请你试着写一写。

①学生自主完成探究二，师巡视指导，收集较有代表性的算式。

②汇总整理收集到的算式，指导生说出自己的思考过程。

预设：$6\,000 \div 3 = 2\,000$、$60\,000 \div 3 = 20\,000$、$66 \div 3 = 22$、$666 \div 3 = 222$、$660 \div 3 = 220$……

③追问：$369 \div 3 = \underline{}$ 也用到了 $6 \div 3 = 2$，它表示什么？它还用到哪些表内除法算式？猜一猜老师写的除法算式是否也用到了 $6 \div 3 = 2$？

④归纳小结：口算除数是一位数的除法算式可以转换为表内除法来计算。

> 设计意图：放手让学生思考，允许不同思维的学生有不同的想法。在这个过程中，充分调动了学生已有的计算知识和经验，主动探索除数是一位数的除法的算理和算法。学生通过观察、猜想、计算、交流、验算等方式，不断尝试写出用 $6 \div 3 = 2$ 口算的除法算式，从而培养学生的推理能力、运算能力。

四、打通关系，构建网络

（1）下面这两组算式，在计算时分别用到哪些表内除法算式，它们分别表示什么？

350÷5＝　　　　　　　　400÷5＝
3 500÷5＝　　　　　　　4 000÷5＝

（2）仔细观察下面这两组算式，说说你在计算时有什么发现？组织小组合作完成"探究三"后交流汇报。

35÷5＝7　　　　　　　　40÷5＝8
350÷5＝70　　　　　　　400÷5＝80
3 500÷5＝700　　　　　　4 000÷5＝800

设计意图：设置这一环节的目标主要在于：首先，希望学生能够通过细致的观察和对比，深入探索出算式之间的内在计算规律，从而有效提升他们的口算能力。其次，考虑到学生在面对算式组时，虽然可能对其中的规律有所感知，但由于缺乏规范、完整的数学语言表达训练，往往难以准确、清晰地表达出来。因此，设计这一环节的另一目的，就是希望为学生提供一个亲历规律探索、发现、思考和表达的机会，确保不同层次的学生都能从中获得各自所需的成长与进步。

五、灵活应用，拓展延伸

（1）运用今天所学的知识，计算下列算式，比比谁算得快。

90÷3＝　　　　200÷5＝　　　　240÷8＝　　　　268÷2＝
2 800÷7＝　　　64÷2＝　　　　200÷7≈　　　　500÷7≈

（2）谈谈你今天的收获。

（3）畅谈在以后的学习中6÷3＝2还可以帮助我们计算出哪些算式？

板书设计

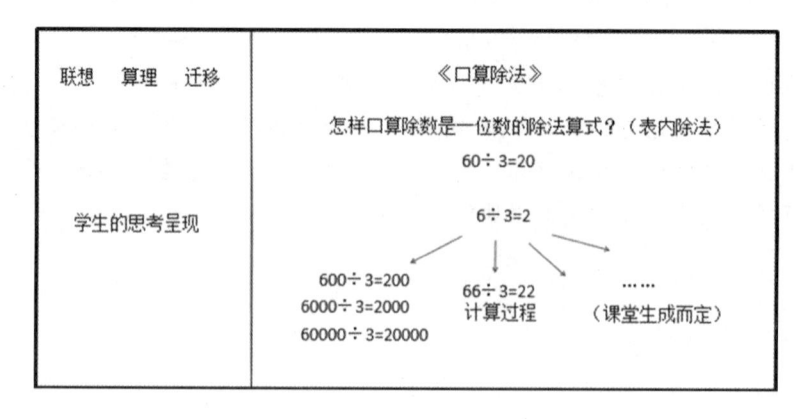

联想　算理　迁移	《口算除法》
	怎样口算除数是一位数的除法算式？（表内除法）
	60÷3＝20
学生的思考呈现	6÷3＝2
	600÷3＝200　　66÷3＝22　　…… 6000÷3＝2000　　计算过程　　（课堂生成而定） 60000÷3＝20000

教学反思

本节课教学知识点看起来很简单，大部分学生已经有了一定的计算基础，所以这节课学生要学什么？怎么学？学到什么程度？是我们要思考的问题。反思我们的日常教学，有几种现象值得我们思考。

（1）现象一：重算法，轻算理。

在通常的执教过程中，教师们往往会采取情境引入的方法，以算式 $60 \div 3$ 为例，询问学生计算过程。学生能够轻易回答出：通过去掉被除数末尾的 0，进行计算，因为 $6 \div 3 = 2$，所以 $60 \div 3 = 20$。在得到大多数学生的认同后，教师会总结这一算法。接下来，会进行一系列的练习以巩固这一算法。

这种现象在计算教学中相当常见。许多学生在课前已经具备了一定的计算基础，因此教师们可能认为无须进行过多的教学。然而，学生所掌握的多是计算的方法，而背后的算理及与算法的联系却很少被构建起来。教师在教学中往往忽略了算理的表征过程。这种重算法、轻算理的教学方式导致方法和能力之间的割裂。

（2）现象二：重模仿，轻本质。

在上课过程中，学生已经掌握了 $60 \div 3$ 的计算方法。随后，教师进一步提问：既然你们已经知道如何计算 $60 \div 3$，那么 $600 \div 3$、$6\,000 \div 3$ 又该如何计算呢？学生纷纷响应，与教师积极互动，课堂气氛十分活跃。

然而，这种表面的热闹并不代表学生真正理解了知识的本质。学生只是简单地模仿教师的例子，而没有深入理解除法的本质和运算规律。这样的教学方式对学生的长远发展并无益处。因此，教师在教学过程中应该注重引导学生深入理解知识，而不仅仅是停留在表面的模仿和操练。

（3）现象三：重当下，轻联系。

在数学课上，尤其是计算课，不少教师发现，一旦完成算理与算法的讲解，学生似乎就掌握了相关知识。然而，随之而来的应试练习、重复的题型和练习，使得课堂变得枯燥乏味，学生的学习积极性难以被调动起来。

为了解决这一问题，我们应该重视培养学生的关联思维，帮助他们建立牢固的知识链，强化知识的联系与应用。具体来说，我们可以鼓励学生积极探索，从已有的知识入手，自主探寻知识的前因后续。这样的教学方法顺应学情，能使学生展开丰富而有意义的计算经历，积累活动经验。这样不仅可以避免单一、无趣的课堂，还能使学生更好地理解和应用所学知识。

"数学思考" 教学设计

汕头市龙湖区金晖小学　辜春苗

教学内容

人教版义务教育教科书《数学》六年级下册第100页的例1及做一做的练习题。

教学分析

六年级下册教材的"数学思考"是让学生回顾所学的各种数学思想方法，并能运用数学思想方法解决问题。本案例是教学"数学思考"中的例1，例1体现了找规律对解决问题的重要性。解决此类问题的常用策略是，由最简单的情况入手，有序思考，找出规律，进行合情推理。

学情分析

人教版小学数学教材，从一年级下册开始，每一册都安排了一个单元"数学广角"的内容。"数学广角"中渗透了排列、组合、集合、等量代换、逻辑推理、统筹优化、数学编码、抽屉原理等方面的数学思想方法。六年级的学生在日常生活和学习中已积累了一定的数学思考方法，但具体的解决问题的策略还不明确。

教学目标

（1）通过引导学生观察、探究、记录、归纳，使学生理解点与点之间连线段的内在规律，掌握正确计算线段数的方法。

（2）能运用规律解决较复杂的数学问题，渗透"化难为易"的数学思想方法，进一步积累解决问题的策略方法，培养学生归纳推理，探索规律的能力。

（3）使学生在体验中感受数学的魅力和数学思维的乐趣，激发进一步学习的欲望。

教学重点

掌握正确计算线段数的方法。

教学难点

运用规律解决实际问题。

教学准备

课件、学习卡、直尺或三角板等。

教学过程

一、数学欣赏，激发兴趣

（1）视频播放音乐并出示鸟巢设计图。

同学们，这是哪里呀？你认识吗？有没有去过？设计师用点和线设计了鸟巢这座美丽而雄伟的建筑。今天我们一起来探究数学思考中的点与线段之间的规律。

板书课题：数学思考。

> 设计意图：从学生熟悉的情境出发，让学生感受生活中无处不在的数学，同时渗透爱国主义教育。

（2）谈话设疑。

师：课前我们先来做个游戏，挑战一下自己，有信心吗？

请拿出课前老师发给你们的卡片1，我们知道每两个点能连成一条线段，卡片上有8个点，一共可以连成几条线段？

（3）学生动手连一连。

（4）讨论汇报。

师：你们有什么发现？

学生说说想法。

师：哪个答案是对的？看来这个问题有点难哦！（板书：难）不急！等咱们学习新知识后再做评判。接下来，看谁学习得认真，思考得深刻，谁就能判断得准确。加油，孩子们！

> 设计意图：故意设疑为难学生，激发学生的探究欲望。

二、逐层探究，发现规律

（1）从简到繁，经历连线全过程。

师：刚才我们用8个点来连线，觉得比较复杂。咱们先从两个点开始，依次增加点数，来找找规律。

师：我们知道两个点可以连成一条线段。为了方便记录，咱们将这两个点分别命名为点 A 和点 B（如图 1 所示，动态连接 AB）。

点数	 A———B
增加条数/条	
总条数/条	1

图 1　AB 两点连线的线段数

师：请同学们拿出课前老师发给你们的卡片 2，动手将这条线段连出来。

学生操作。

师：如果增加 1 个点，用点 C 标示，现在有几个点？

生：现在有 3 个点。

师：观察图形，增加几条线段？

生：增加 2 条线段，课件动态呈现线段 AC 和 BC。

师：同学们想想，只增加了一个点，为什么会增加 2 条线段呢？

课件继续动态展示：在原来的基础上增加了两条线段。

师：那么 3 个点就连了几条线段？

生：3 条线段。

师：请同学完整有序地说一说 C 点分别与谁连，连成了哪些线段？这样一共有几条线段？

学生汇报。

师：为了方便发现规律，我们一起来记录同学们的发现。（如图 2 所示）

点数	 A———B	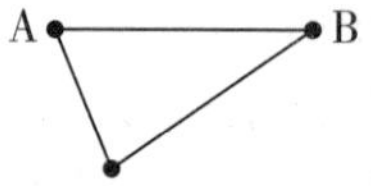 A△B
增加条数/条		2
总条数/条	1	3

图 2　A、B、C 三点连线的线段数

师：现在再增加 1 个点 D（课件同步出现点 D）现在有几个点？猜猜又会增加几条线段呢？

生：我发现 4 个点可以连出 6 条线段。

课件呈现连线的动态图,如图3所示:

点数	 · A　　　　· B	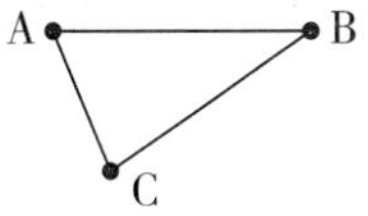 图形（3点）	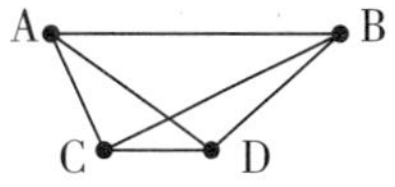 图形（4点）
增加条数/条		2	3
总条数/条	1	3	6

图3　A、B、C、D四点连线的线段数

师:谁能有序说说点 D 分别与哪些点相连,又连成几条线段?
生:连成三条线段,即 AD、BD、CD。
师:思考一下,5个点的话可以连出多少条线段?为什么?
根据学生回答,课件同步演示,如图4所示:

点数	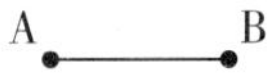 · A　· B	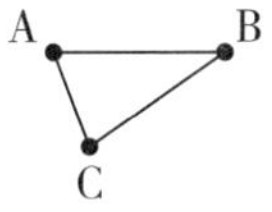 图形（3点）	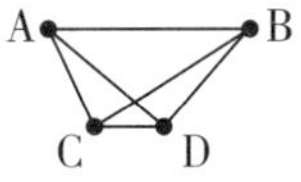 图形（4点）	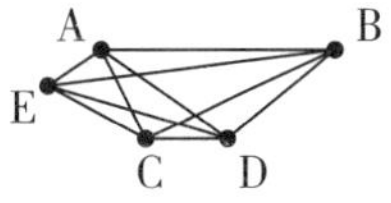 图形（5点）
增加条数/条		2	3	4
总条数/条	1	3	6	10

图4　A、B、C、D、E五点连线的线段数

师:大家有没有兴趣继续探究?假设是6个点可以连多少条线段呢?请同学们在卡片2中动手连一连,再把相应的数据填写好。

(投影学生作业后,课件演示连线过程,补充表格中6个点的图与数据)

> 设计意图:学生在动手操作的过程中初步发现规律,渗透化难为易的转化思想,同时让学生感受数形结合的思想。

(2)引导观察,探索增加线段与点数的关系。
师:观察这张表格,你发现了什么?
学生汇报。
师:那么,这其中有什么规律呢?(每次增加的线段数与点数有什么关系?)

出示表1，支撑理解：

表1 增加线段与点数的关系

点数/个	2	3	4	5	6	7	8
新增条数/条	—	2	3	4	5	6	7
线段数/条	1	3	6	10	15	21	—

师：当3个点时，增加几条线段？

生：增加了2条。

师：当4个点时，增加了多少条线段？点数是5时呢？6时呢？谁发现了其中的奥秘？学生汇报。

小结：我们从表1中发现，每次增加的线段总比前面一次多1条。

（3）进一步引导，提炼总线段数的计算方法。

①教师引导，逐步探究总线段数的算式。

师：刚才咱们发现6个点可以连15条线段，那8个点可以连多少条线段呢？

（尝试让学生回答：第7个点时，可用跟前面的6个点连成6条，15+6就21条，第8个点时，可以跟前面的7个点连成7条，就有28条。）

师：回顾一下前面的推算的过程，从3个点起，可以连多少条线段？你有什么发现？

生：2个点可以连1条线段，增加到3个点，就增加了2条线段，一共可以连出3条，所以3个点就可以连出3条线段。

教师板书：3个点连成线段的条数：1+2=3（条）。

师：那4个点共连了6条线段，这又可以怎么计算呢？

根据学生回答，板书：4个点连成线段的条数：1+2+3=6（条）。

师：同学们按照这个方法，你能根据上面的推理列出5个点连成线段数的算式吗？

学生说说想法，板书：5个点连成线段数：1+2+3+4=10（条）。

师：谁能说说4表示什么？

②交流讨论，寻找规律。

师：请观察这些算式，你发现了什么？

生1：我发现计算总线段数就是从1开始加2，加3，加4，到第5个点时可增加4条线段。

生2：我发现连3个点的总线段数是1+2，连4个点的总线段数是1+2+3，连5个点的总线段数是1+2+3+4，它们都是从1开始加的。

生3：求3个点可以连成的总线段数，就是从1加到2；求4个点的总线段数，就是从1开始依次加到3，以此类推，第7个点时可增加6条线段，第8个点时可增加7条线段。

师：你能用一句话总结吗？

生：每次增加一个点时，增加的线段数比点数少1。

设计意图：在这个过程中，教师充分相信学生，把探究知识的主动权交给学生，学生在探索的过程中，逐步明晰算理。

③归纳提炼，应用规律解决问题。

打开课本第 100 页，请你把算式写在横线上。

学生自主完成，教师巡视，说说是怎么想的。

（4）进一步总结提升，呼应课前游戏的设疑。

①师：前面的游戏已经有了答案，8 个点，每两点连成一条线段，就可以连成 28 条线段。看来，利用咱们刚才发现的这个规律，可以轻松地解决计算点数较多时连成的总线段数。（板书：易）

②师：敢不敢挑战更多点数？请计算出 12 个点、20 个点能连多少条线段？

学生独立完成，点名板演。

（课件出示）12 个点共连线段数：$1+2+3+4+5+6+7+8+9+10+11=66$（条）。

追问：最后的加数 11 表示什么？

师指导简便计算：$1+10$，$2+9$，10 个数 5 组，再加 11 共 6 组 11。

（课件出示）20 个点连成的线段数：$1+2+3+4+5$ 一直加到 19，可写为：$1+2+3+\cdots+17+18+19$。

说说计算方法（$1+18$，$2+17$ 共 10 组 19）。

师：你能应用上面的规律，说一说 n 个点可以连成多少条线段呢？

生：$1+2+3+\cdots+(n-1)$。

设计意图：由易到难，由少到多，学生在教师的引导下自主构建知识，找到规律，形成模型。

三、还原生活，解决问题

（1）下面这个问题，你们会解决吗？

（课件出示）10 个人一起打乒乓球，每 2 人打一场，想想他们一共要打多少场球？

师：独立思考，并在小组内交流讨论。

小组合作交流，学生汇报。

设计意图：通过变式练习，进一步巩固学生对模型的理解，锻炼了学生的思维能力，提高核心素养。

（2）完成课本 100 页做一做的练习。

（3）完成课本 103 页第 2 题。

四、全课总结

（1）视频播放音乐和图片，学生欣赏并感受数学的美。

（2）教师总结：这节课咱们在解决问题的过程中，运用了化难为易的数学思考方法：通过举例，观察和分析，找出规律，归纳出结论，是我们以后研究问题的重要方法。希望同学们也能用这样的思考方法去探究，解决生活中更多的数学问题。

五、布置作业

完成练习十八第 2 和第 3 题。

板书设计

数学思考（一）

3 个点连成线段的条数：$1+2=3$（条）
4 个点连成线段的条数：$1+2+3=6$（条）
5 个点连成线段的条数：$1+2+3+4=10$（条）
6 个点连成线段的条数：$1+2+3+4+5=15$（条）
……
n 个点连成线段的条数：$1+2+3+\cdots+(n-1)$

化难为易

教学反思

"数学思考"是人教版六年级下册第六单元总复习的内容。在本套教材的各册内容中都设置了独立的单元，即"数学广角"，其中渗透了排列、组合、集合、等量代换、逻辑推理、统筹优化、数学编码、抽屉原理等方面的数学思想方法。本节课是教材中的例 1，例 1 体现了找规律对解决问题的重要性。这里的规律的一般化的表述是：以平面上几个点为端点，可以连多少条线段。这种以几何形态显现的问题，便于学生动手操作，通过画图，由简到繁，发现规律。解决这类问题常用的策略是：由最简单的情况入手，找出规律，以简驭繁。这也是解决数学问题比较常用的策略之一。笔者认为编排在这里的目的，不仅是让学生掌握这几个题的解法，更重要的是在学生心中渗透数学的思想方法，去解决实际生活中复杂的数学问题。同时也积累一些解决问题的策略。因为解决问题的方法是多种多样的，策略也是需要不断积累的，但不管解决什么数学问题，特别是这样复杂的数学问题，我们一定要注意其中的数学思想。所以在教学设计中，笔者意在让学生多总结，多归纳，并谈自己的感想。

1. 让学生经历"数学化"的过程

"创设情境—建立模型—解释应用"是新课程倡导的课堂教学模式，本节课笔者运用这一模式，设计了丰富多彩的数学活动，让学生经历"找规律数线段"的探究过程，再回归生活加以应用，提高学生灵活解题的能力。让学生经历"数学化"的过程，学会思考数学问题的方法，培养学生的数学思维能力。

2. 给学生提供探究的空间

笔者以"探究活动"贯穿整节课，让学生自己动手操作，通过画一画、猜一猜、数一数、比一比、说一说，激发学生的学习兴趣，加深对所学内容的理解。让学生在活动中体验，在体验中领悟，由具体到抽象、由易到难，自然过渡、水到渠成。

3. 注重学生的思维提升

本节课的教学，有意识地培养学生化难为易的数学思想。导入环节时巧设连线游戏，紧扣教材例题，同时又让学生饶有兴趣。整个过程都在逐步地让学生去体会化难为易的数学思想，懂得运用一定的规律去解决较复杂的数学问题。

"确定起跑线"教学设计

汕头金中华侨试验区学校 温少真

教学内容

人教版义务教育教科书《数学》六年级上册第80~81页的内容。

教学分析

"确定起跑线"是小学数学六年级上册第五单元《圆》的实践性内容，是在学生掌握了圆的概念和周长等知识的基础上设计的一节"综合与实践"课。教材以400米跑道为背景，呈现起跑时的情景，引导学生发现问题：为什么400米跑运动员要站在不同的起跑线？起跑线的位置又是怎么确定的？使学生通过对起跑线位置的关注与思考，进一步提出更多的数学问题。这一活动包含了学生对图形的认识、测量、计算、推理、分析、归纳等多方面的知识与技能的综合运用。

学情分析

在学习本课之前，学生已经掌握了圆的周长的概念和圆周长的计算方法，六年级的学生对于400米椭圆式田径运动场跑道也并不陌生，在学校的校运会上也进行过跑步比赛，具有一定的活动经验。他们知道在400米跑道上进行200米、400米赛跑等不同项目的比赛时，不同跑道上的运动员的起跑位置是不同的，但此前没有用数学的思维去思考为什么有的比赛起跑线相同，有的起跑线不相同，这为新知的学习提供了很好的内驱力。

教学目标

（1）通过数学活动了解田径场环形跑道的结构，学会综合运用圆的周长等知识来计算并确定环形跑道的起跑线的方法。

（2）通过观察、比较、分析、归纳以及独立思考与合作交流等活动提高解决实际问题的能力。

（3）体会探索的乐趣，感受数学知识在生活中的广泛应用。

教学重点

了解田径场跑道的结构，通过对跑道周长的计算，解决确定起跑线的问题。

教学难点

起跑线之间关系的推理。

教学准备

计算器、学习单。

教学过程

一、激趣引入，提出问题

师：我们学校下周要举办校运会，你知道最盛大的世界性的运动会是什么吗？奥运会！在 2021 年的夏天，刚过去的这个暑假举办的东京奥运会中，给你留下最深印象的是什么项目？

师：苏炳添以 9 秒 83 的小组第一成绩站在了奥运会 100 米跑的决赛跑道上，刷新了亚洲的纪录，打破了黄种人的极限，让我们一起来回顾比赛的精彩瞬间。

播放中国选手苏炳添晋级 100 米决赛的比赛视频。

师：除了苏炳添，还有一位女运动员也令我们骄傲，她的名字是王春雨，她参加的比赛项目是女子 800 米跑，我们一起来回顾王春雨在小组赛中的精彩表现。

播放王春雨晋级 800 米决赛的比赛视频。

师：再次回顾这些比赛的精彩瞬间，还是让人感到非常的振奋。看了这两场比赛，你有什么发现？有什么想法？

课件出示两场跑步比赛的起跑图片。

发现：100 米跑运动员站在同一起跑线，而 800 米跑运动员站在不同起跑线。

师：为什么苏炳添参加的 100 米跑站在同一起跑线上，而王春雨参加 800 米跑却不是站在同一起跑线？

师：起跑线不同，终点线相同吗？每个运动员跑的距离相同吗？

引导学生发现 100 米比赛是在直道上进行，起点相同，终点相同，每个人跑的路程也相同。而 800 米比赛如果起点相同，终点相同，则外圈的运动员跑的路程长，内圈的路程短，不公平。所以，要使终点相同，外圈的运动员的起跑线要向前移一些。

师：为了比赛公平，外圈的起跑线究竟要向前移动多少呢？这就是我们今天要研究的问题"确定起跑线"。（板书课题）

二、观察交流，分析问题

师：要研究在跑道中如何确定起跑线这个问题，我们必须先来研究跑道的结构，才能确定研究的思路。

课件出示 400 米环形跑道平面图，向学生介绍：最里面的为第一道，依次为第二道，第三道……

活动（一）观察 400 米环形跑道平面图（见图 1），了解跑道结构。

1. 小组交流，思考以下问题（学习单）

每一条跑道可以看作是由哪几部分组成的？

内外跑道的差异是怎样形成的？

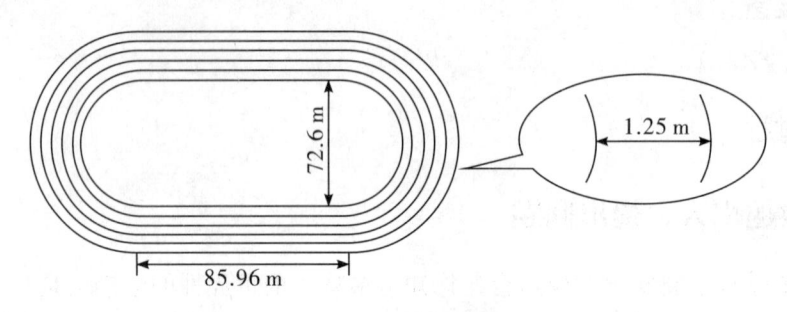

图 1　400 米环形跑道平面图

学生通过观察交流，得出结论：

（1）每条跑道都可以看成两条直道和两条半圆形弯道组成，两个半圆形组成一个圆。所以一圈跑道的长度等于两条直道和一个圆的长度的和。

即：跑道一圈长度 = 2 条直道长度 + 一个圆的周长（板书）。

（2）虽然直道长度相同，但弯道组成的圆形直径不同，圆的周长也就不同。所以内、外圈跑道的长度不一样的关键是因为圆的周长不一样。

2. 小组讨论：怎样找出相邻两个跑道的差距

明确主要有以下两种思路：

（1）分别把每条跑道的长度算出来，也就是计算 2 个直道长度与一个圆周长的总和，再相减，就是相邻两条跑道的差距。

（2）因为跑道的长度与直道无关，只要计算出各圆的周长，再算出相邻两圆的周长相差多少米，就是相邻跑道的差距。

问：你认为哪种方法更简洁？

三、自主探究，解决问题

活动（二）：计算跑道的长度，发现规律。

1. 计算第一跑道的长度

师：猜一猜，我们平时说的 400 米运动场指的是哪一条跑道的长度？

结合课件介绍：比赛时，运动员一般都压线跑，所以赛道的长度不是按运动员跑在跑道中间计算，而是就按跑道的内侧线计算。所以我们计算第一跑道的长度指的是第一条线的长度。

课件给出数据，从图中你能得到什么信息？

第一跑道的直道是85.96米，直径72.6米，怎样计算第一跑道的周长？（π取3.14159）用计算器计算。

生：跑道一圈的长度＝2条直道的长度＋一个圆的周长。

两条直道：85.96×2＝171.92（米）。

两条弯道（一个圆的周长）：72.6×3.14159≈228.07（米）。

全长：171.92＋228.07≈400（米）。

师：我们平时说的400米跑道指的是第一跑道的长度，你猜对了吗？

生确认第一跑道一圈的长度就是400米，师在课件上标注第一跑道的起跑线。

2. 计算第二跑道的长度

师：我们继续研究第二条跑道，同样跑400米，第二跑道的起跑线到底应该向前移动多少米呢？

给出数据：跑道宽1.25米，怎样计算第二圈跑道的周长？

师：通过前面的分析，我们知道因为直道的长度是一样的，所以关键是计算出两段弯道也就是一个圆的周长，第二弯道的直径是多少？引导学生发现第二跑道弯道的直径是第一跑道的直径加上两条跑道宽，即：72.6＋1.25×2。

方法一：两条直道：85.96×2＝171.92（米）。

两条弯道：（72.6＋1.25×2）×3.14159≈235.93（米）。

全长：171.92＋235.93≈407.85（米）。

相邻跑道差：407.85－400＝7.85（米）。

方法二：只计算弯道差。

（72.6＋1.25×2）×3.14159－3.14159×72.6≈7.85（米）。

观察方法二，在计算上有什么简便的方法吗？引导学生发现运用乘法分配律可以使计算简便。

　　（72.6＋1.25×2）×3.14159－3.14159×72.6

　＝72.6×3.14159＋1.25×2×3.14159－72.6×3.14159

　＝1.25×2×3.14159

　≈7.85（米）

师：所以第二跑道的起跑线要向前移动7.85米，这样，他们跑到终点时的路程才相同，都是400米。师在课件上标注第二跑道的起跑线。

3. 计算各赛道的长度，并把所得的数据填在表1中（学习单）

表1　学习单：各赛道的长度

	1	2	3	4	5	6	7	8
直径/m	72.6	75.1						
圆周长/m	228.08	235.93						
跑道全长/m	400	407.85						

4. 汇报分析，发现规律

指名汇报：从表中你发现了什么？

引导学生从相邻跑道的直径、圆周长、跑道全长三个方面进行比较，发现相邻跑道直径相差 2.5 米，是两个道宽的长度，圆周长相差 7.85 米即两个道宽×π，所以跑道全长相差就是两个道宽×π。

师：大家通过计算可以发现 400 米跑相邻两个跑道长度大约相差 7.85 米，所以相邻跑道外圈起跑线应比内圈起跑线前移 7.85 米。（师依次标出各起跑线的位置）

5. 形成结论，解决问题

师：那么是不是所有的运动场 400 米跑的起跑线都是依次向前移 7.85 米呢？

师：如果我们计算圆的周长时直接用 π 表示，一起来观察求第二第三跑道长度差的算式，你有什么发现？

$(72.6+1.25×2)π-72.6π$ 　　　$(75.1+1.25×2)π-75.1π$

$=72.6π+1.25×2×π-72.6π$　　　$=75.1π+1.25×2×π-75.1π$

$=72.6π-72.6π+1.25×2×π$　　　$=75.1π-75.1π+1.25×2×π$

$=1.25×2×π$　　　　　　　　　　$=1.25×2×π$

（相邻跑道长度相差都是"2π×跑道宽"）

师：由此可以看出：起跑线的确定与什么关系最为密切？

生：与跑道的宽度关系最为密切。

小结：同学们经过努力终于找到了确定起跑线的秘密！只要知道了跑道的宽度，就能确定起跑线的位置。相邻跑道起跑线相差都是"跑道宽×2×π"。

四、知识迁移，学以致用

1. 练一练

小学运动场的跑道宽一般比成人比赛的跑道宽要窄些，如果我们学校要开校运会，你能计算出相邻两条跑道的起跑线该相差多少米吗？（学习单）

（1）在 400 米的环形赛道上举行 400 米跑项目比赛，跑道宽为 1 米，起跑线该依次提前多少米？如果跑道宽是 1.2 米呢？（π 取 3.14 计算）

（2）在 400 米的环形赛道上举行 200 米跑项目比赛，道宽 1.25 米，该如何确定起跑线？（π 取 3.14 计算）

2. 知识拓展

介绍 800 米跑等长跑的比赛规则。

五、回顾总结，体验收获

引导学生回顾学习过程，提炼经验。

（1）发现问题：为了使比赛公平，外圈跑道的起跑线要向前移动。

（2）分析问题：起跑线向前移动的距离是两个相邻跑道的差。

（3）解决问题：计算发现，400米跑相邻跑道的差＝2π×跑道宽，所以相邻跑道外圈的起跑线要比内圈提前2π×跑道宽的距离。

（4）学以致用：起跑线的确定要根据比赛的项目、比赛场地、比赛规则和跑道宽来实际确定。

教师寄语：希望同学们能热爱运动，锻炼身体，在学习的跑道上也要学习运动员的拼搏精神，克服学习上和生活中的困难，身体和学习都棒棒的！

六、布置作业

以数学日记、手抄报或小论文的形式将"确定起跑线"的研究过程记录下来，一周后在班里交流展示。

板书设计

确定起跑线

每条跑道的长度 = 两个直道的长度 + 圆的周长

（72.6 + 1.25 × 2）π － 72.6π

＝ 72.6π － 72.6π + 1.25 × 2 × π

＝ 1.25 × 2 × π……（相邻跑道起跑线相差都是"跑道宽×2×π"）

400米跑相邻跑道的差 ＝ 2π × 跑道宽

教学反思

通过对教材和学生学情的分析，本节课的设计思路确定为从发现问题、分析问题、解决问题三个方面进行引导，从多个方面培养学生的数学能力，同时让学生体会到数学在体育领域中的运用，激发学生学习数学的兴趣，提高学生的数学素养。

1. 激趣引入，发现问题

由于上这节课的时间节点刚好是东京奥运会结束不久，我国田径健儿苏炳添、王春雨等在奥运赛场取得了令人瞩目的成绩，笔者和学生一起回顾比赛的精彩过程，比赛的激动人心时刻与主持人激昂的解说一下子把学生的情绪调动了起来，也适时进行爱国主义教育。

六年级学生对在400米椭圆式田径运动场跑道进行比赛的场景并不陌生，但此前却没有用数学眼光去观察过跑道中有什么数学问题，没有用数学的思维去思考为什么有的比赛起跑线相同，有的起跑线不相同。通过两张不同起跑情况的图片对比，引导学生发现并提出数学问题，把生活中的问题放在数学课堂上进行研究。

2. 观察交流，分析问题

为了让学生掌握解决问题的方法，提高解决问题的能力，明确解决问题首先要有方向，有思路。笔者设计活动（一）：观察400米环形跑道平面图，了解跑道结构。学生通过观察、交流、讨论，了解跑道的结构，并理解内外跑道的差异原因，明确只要分别把相邻跑道的长度算出来，再相减，就是相邻两条跑道的差距。而因为跑道的长度与直道无关，也可以只计算出相邻两圆的周长相差多少米，就是相邻跑道的差距，从而明确了解决如何确定起跑线这一问题的思路。

3. 自主探究，解决问题

有了以上的分析，笔者接着设计活动（二）：计算跑道的长度。基于学生的经验，有一个问题必须帮助学生理解。在实际生活中，学生的经验是跑在赛道的中间，那么各跑道有多长到底指的是什么位置，怎样计算跑道的长度。笔者帮助学生明确：比赛时，运动员一般都压内侧线跑，赛道的长度一般按跑道的内侧线计算，不是按运动员跑在跑道中间计算。所以我们计算跑道的长度实际上计算的是该跑道的内侧线。

为了分散难点，在计算各跑道长度上笔者设计了三个层次，一是先计算第一跑道的长度；二是再计算第二跑道的长度，这一环节的难点是第二跑道的直径应该是第一跑道的直径加上两条道宽；三是有了前面的基础再放手让学生完成课本第 81 页的表格。

通过数据汇报分析，从表格中发现规律，又再次让学生列综合式，从算式上发现规律：相邻跑道长度相差 $= 2\pi \times$ 跑道宽。找到了确定起跑线的秘密，解决了问题。

4. 知识迁移，学以致用

发现了确定起跑线的方法后，结合实际比赛场地和比赛项目，进一步拓宽学生的视野，激发学习兴趣，提高解决问题的能力。

整节课立足于新课标理念，充分发挥学生的主体地位，引导学生综合运用所学知识解决生活中的实际问题；学生不仅加深了对数学知识的理解，也提升了解决问题的能力，同时帮助学生总结提炼经验，发展逻辑思维能力，提升综合素养。

"用7、8的乘法口诀求商"教学设计

汕头市濠江区钱塘小学　吴瑞英

教学内容

人教版义务教育教科书《数学》二年级下册第37~38页例1相关内容及做一做、练习八的第1~3题。

教学分析

"用7、8的口诀求商"属于"数与代数"这一内容领域的知识。课程标准要求：能熟练地口算20以内的加减法和表内乘除法。

本课时内容是在学生能够比较熟练地掌握用2~6的乘法口诀求商的基础上学习的，它既是前面已经学过的用乘法口诀求商知识的拓展和延伸，也是后面学习多位数乘除法的基础。在知识内容和学习方法上起着承上启下的作用。教材在编排上分3个层次，首先将第一组学生所做的56面旗子用矩形模型（几排几列的直观图）呈现出来，为学生沟通乘除法之间的关系提供了具体形象的支撑；其次，用乘法算式表征一共有多少面旗子，激活学生用乘法口诀求积的已有知识，确定用哪句乘法口诀计算，为用乘法口诀求商奠定基础；最后，呈现两个有联系的除法算式，让学生利用知识的迁移进行求商的计算，并感受用同一句乘法口诀计算3个算式的道理，让学生进一步感悟乘除法之间的关系。

学情分析

教材根据儿童的认知规律，将用乘法口诀求商分为两段学习。在第一阶段，即学习用2~6的乘法口诀求商，着重让学生掌握用口诀求商的一般方法；在第二阶段即学习用7~9的乘法口诀求商，着重让学生在熟练掌握用口诀求商一般方法的基础上，能熟练应用乘法口诀得出除法算式的商。

教学目标

（1）让学生经历用7、8的乘法口诀求商的过程，掌握用乘法口诀求商的一般方法，形成用乘法口诀求商的计算技能。

（2）让学生在探究用7、8的乘法口诀求商的过程中，理解用口诀求商的算理，培养学生的迁移、比较、推理能力。

（3）借助矩形模型，在解决问题的过程中让学生体会用同一句乘法口诀可以计算3道算式以及乘除法之间的关系。

（4）在合作探究中培养学生的合作意识，提高学生的探索能力，感受数学的应用价值。

教学重点

理解用乘法口诀求商的算理，掌握用乘法口诀求商的一般方法。

教学难点

体会乘除法之间的联系，提升运算能力。

教学准备

算式卡，多媒体课件。

教学过程

一、激趣导入，回顾旧知

师：同学们，我们的好朋友小精灵给我们带来了好消息。我们来听听：（播放小精灵邀请的音频）今天我们一起加入闯关活动，这里面既有我们以前学过的知识，也有需要我们学习的新本领。如果你能顺利闯关就将晋升为"神算手"。大家敢接受挑战吗？好！我们出发吧！

【第一关】计算健身房

1. 对口令

师：（出示卡通小狗手偶）小朋友们，你看小狗"闹闹"来看大家了，它想跟你们比一比，看谁乘法口诀背得更熟练。

（手偶和同学们对口令背口诀）

2. 抢答

师："闹闹"还给大家带来一些口算卡片，我们一起来算一算，好不好？

（出示口算卡，学生抢答）

6×7

设计意图：通过对旧知识的复习巩固，为后面展开除法的学习做好铺垫。

3．揭示课题

板书：用7、8的乘法口诀求商。

二、合作学习，探究新知

【第二关】智慧加油站

1．引导观察，提取信息（出示主题图：欢乐的节日）

（1）师："六·一"儿童节快到了，同学们为了庆祝自己的节日，他们正在教师的指导下精心地布置着教室。让我们一起来看看他们正在做什么准备吧！

（2）思考1：仔细观察画面，你发现了哪些与准备工作有关的数学信息？

（3）活动1：学生从主题图中找信息，并描述出来：做了一些小旗要挂在教室里；做了49颗星，平均分给7个小组。

2．根据信息，提出问题

（1）思考2：根据这些数学信息，你能提出什么问题呢？

（2）活动2：学生依据主题图中找出相关信息，可能提出以下问题：

①一共做了多少面小旗？②每组分了几颗星星？

> 设计意图：充分利用主题图，让学生经历从情境中发现信息、提出问题的过程。既激发学生的学习兴趣，又为新知的构建搭建了桥梁。

3．类比迁移，建构方法

（1）思考3：要解决"一共做了多少面小旗？"的问题需要哪些信息？请看画面。（出示小旗矩阵图，见图1）

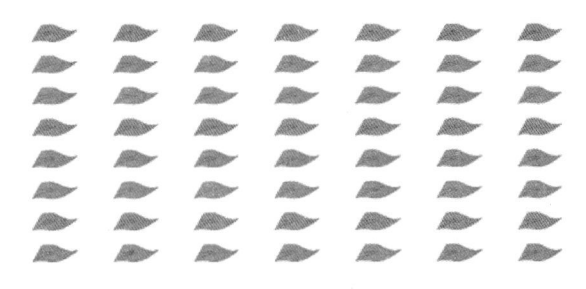

图1 小旗矩阵图

活动3：学生从小旗矩阵模型中找出相关信息：有8行旗子，每行7面。

师：怎样解决"一共做了多少面小旗"呢？

生列出算式解答。如：$7 \times 8 = 56$ 或 $8 \times 7 = 56$。（板书：$7 \times 8 = 56$）

师：你为什么用乘法解决？想一想，解决时用了哪句口诀。（板书：口诀：七八五十六）

（2）合作探究，理解算理。

①探究 56÷8＝？

师：做了 56 面旗子，如果要挂 8 行，每行挂几面呢？请你独立思考，并把解答的想法记录在练习纸上。

师：你是如何思考并解答的？请同桌之间互相说一说。

师：谁愿意给大家讲一讲你的思考？

师：为什么用除法算式解决？你是怎么想的？（板书：56÷8＝7）

师：为什么想到"七八五十六"这句口诀？

学生交流，预设：56÷8＝？除数是 8，就想八的乘法口诀，因为被除数是 56，所以就想（　　）八五十六，因为"七八五十六"，所以 56÷8＝7。［板书：想：（七）八五十六］

引导学生观察情境图，发现每行 7 面进行验证。

②探究 56÷7＝？

师：做了 56 面旗子，如果每行挂 7 面，可以解决什么问题？

师：要解决可以挂几行的问题你又是怎么思考的呢？先独立思考，再和同桌交流自己的想法。交流内容为：用什么方法解决？为什么？用到哪句口诀？为什么？

学生汇报想法，预设：56÷7＝？除数是 7，就想七的乘法口诀，因为被除数是 56，所以就想七（　　）五十六，因为"七八五十六"，所以 56÷7＝8。［板书：想：七（八）五十六］

（3）比较。

师：对比两个问题的解决，你有什么发现？

小结：刚才我们在解决这两个问题时，都是平均分的问题用除法解决的，在解决商是几的问题时，先看除数，除数是几，就想几的口诀。因为它们的被除数相同，只是除数和商的位置交换了，所以用到的都是"七八五十六"，这句口诀可以计算 3 道算式的结果，看来乘法口诀真的很厉害啊！

4．解决"星星"的问题

师：刚才大家还提到了关于星星的问题，让我们一起回到这幅主题图来看一看，这个问题你会独立解决吗？请你列式算一算。

课件出示：做了 49 颗星星，平均分给 7 个小组。每组分了多少颗？

师：谁愿意先来分享一下你的想法和结果？

师：为什么也用除法算呢？用的是哪句口诀？你是怎么想的？

学生汇报［板书：49÷7＝7　想：七（七）四十九］

师：为什么这句口诀只能解决一道除法算式？

小结：在计算除法的时候，要先看除数，除数是几就想几的乘法口诀，再看被除数是几，就想哪句乘法口诀。

师：还有哪些乘法口诀只能写一道除法算式？

设计意图：通过解决主题图中的三个情境问题，引导学生经历用7、8的乘法口诀求商方法的形成过程。在比较中让学生更好地理解乘法与除法的联系，体会一道乘法算式有的能写出两道除法算式，有的只能写出一道除法算式。同时教师在教学中把课堂还给学生，多引导学生利用知识进行迁移、类比、独立思考探究。

三、实践应用，内化提升

师：同学们真厉害！接下来请大家继续发挥自己的聪明才智去参加"挑战神算手"的闯关游戏。

【第三关】挑战"神算手"

1. 基础应用

(1) 运用规律，巧计算。（教材第38页"做一做"第1题）

$7 \times 4 =$	$8 \times 2 =$	$8 \times 6 =$
$28 \div 4 =$	$16 \div 2 =$	$48 \div 6 =$
$28 \div 7 =$	$16 \div 8 =$	$48 \div 8 =$

(2) 猜一猜卡片下面是几，并说一说你用的哪个口诀。（教材第38页"做一做"第2题）

$5 \times \square =$ $356 \times \square =$ $4249 \div 7 = \square$

$32 \div 8 = \square$ $24 \div 8 = \square$ $8 \times \square = 64$

2. 游戏提升

(1) 抛球。（变式教材第38页"做一做"第3题）

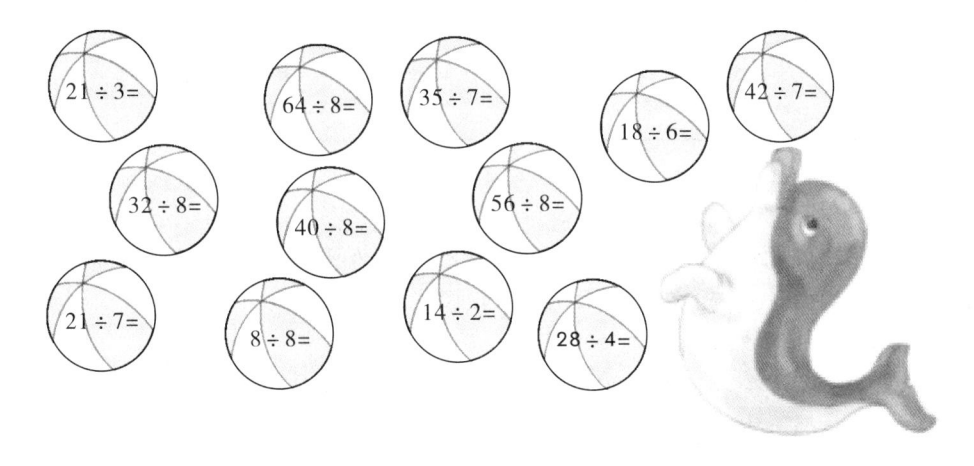

图2 抛球游戏

(2) 送小鸟回家。

卡片分房子和小鸟两类，房子卡片上有4、5、6、7、8等数字，小鸟卡片有算式，让学生算好商后走到相应的房子旁边。

（3）拓展延伸。

剩下 7 号和 8 号房子没有小鸟飞进去，哪些小鸟能住进来？请分别说出商是 7 和 8 的除法算式。

> 设计意图：计算是为了应用，在闯关游戏设计中，既有基础训练也有综合运用，体现了层次性、多样性、趣味性。练习分为两个层次，旨在让学生在活动中应用，在游戏中理解，巩固求商的方法，形成一定的运算能力。

四、全课总结，畅谈收获

师：今天我们这节课学习了什么？你有什么收获？

师：我们在计算除法算式的时候，先看的是除数，除数是几，再看被除数是几，就想哪句乘法口诀，这就是用乘法口诀求商的方法。有些乘法口诀只能写一道除法算式，因为写出的除数和商相同。

板书设计

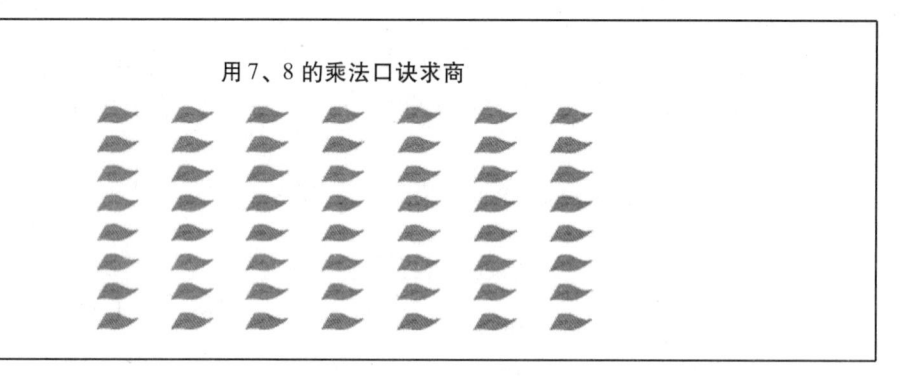

用 7、8 的乘法口诀求商

教学反思

这节课采用"问题情境—建立模型—实践应用"的学习方式，让学生在获得数学基础知识和基础技能的同时，获得数学基本思想，积累基本活动经验。

1. 巧设问题情境，激发探究欲望

设计中，创设"六·一"儿童节问题情境，让学生通过观察、交流，发现数学信息，生成问题，用迁移的方法探索出"用 7、8 的乘法口诀求商"的一般方法，在探索中感受数学的趣味，体验成功的喜悦。

2. 借助矩形模型，理解乘除法间的关系

教学中，通过将旗子摆成 8 行 7 列的矩形模型，引导学生从两个维度观察旗子：从部分到整体，解决"一共做了多少面小旗"；从整体到部分，解决"56 面旗，挂 8 行，每行几面?""56面旗，每行挂7面，可以挂几行?"。学生借助矩形模型，在观察比较中建立乘除法间关系的表象，在解决问题过程中体会乘除法之间的关系。

3. 贯穿闯关游戏，提高学习兴趣

玩是孩子的天性。课堂中以"挑战神算手"的闯关游戏贯穿整节课，把练习设计成对口令、抢答等形式，将枯燥的计算变得活泼有趣，激发学生的学习兴趣，使学生爱学、乐学，在游戏中提高学生应用口诀进行计算的熟练程度，培养学生思维的灵活性和发散性。

"认识时分"教学设计

汕头市濠江区民生学校　林佳欣

教学内容

人教版义务教育教科书《数学》二年级上册第七单元第 90 页例 1。

教学分析

"认识时分"属于"数与代数"中常见量的内容板块。本内容是在一年级上册认识钟面和整时的基础上，让学生进一步认识时间单位"分"，学会从钟面上读出"多少分"，初步认识时和分的关系，它为学生下节课学习几时几分和以后学习时、分、秒的认识及相关计算打下基础，起着承上启下的重要作用。

学情分析

新课标明确指出："教师教学应该以学生的认知发展水平和已有的经验为基础。"所以为了更好地了解学情，笔者设计了《课前小测验》。根据数据统计得出：①95.6%的学生能初步认识钟面，辨别分针和时针；②91.1%的学生能较好地辨别整时，知道分针指向12，时针指向几，就是几时；③80%的学生能精准认读整时，表述出认读整时的方法，20%的学生还不能很好地认读出整时。

由此可见，通过一年级的学习，学生对钟面和整时虽然有了一定的认识，但对于低年级的学生来说时间观念还是比较抽象，不像长度、质量单位那样容易有量态的感性认识。所以在教学中，笔者主要从学生熟悉的生活经验出发，让他们在丰富多样的生活情境中体验时间的长短。

教学目标

（1）结合直观演示和操作，认识时和分，知道时针走 1 大格是 1 时，分针走 1 小格是 1 分，分针走 1 大格是 5 分，1 时 =60 分。

（2）通过观察思考、自主探究、动手操作等活动，培养观察、操作、推理等能力和量感，并有机渗透——对应、迁移类推、抽象等数学思想。

（3）在合作交流中，能较好地理解他人的思考方法和结论；通过充分的活动体验，建立时间观念，养成珍惜时间的习惯。

教学重点

认识时间单位时和分,知道 1 时 = 60 分。

教学难点

理解 1 时 = 60 分。

教学准备

课前测验单、课件、小闹钟、学习评价表等。

教学过程

一、创设情境,激发兴趣

1. 猜谜引入

小小骏马不停蹄,日日夜夜不休息。

蹄声嗒嗒似战鼓,提醒人们争朝夕。(猜一日常用品)

引导学生说出谜底:钟表。

提问:生活中随处可以看到各种各样的钟表,钟表可以告诉我们什么呢?(时间)

2. 出示例1情境图,谈话引入

美好的一天又开始了,同学们都精神抖擞地开始上第一节课。你知道钟表上现在是什么时间吗?

根据学生的回答,适时揭示课题:要想知道时间,就要学会看钟表,认识时和分。(出示课题:认识时分)

> 设计意图:美国心理学家布鲁纳认为:"学习的最好刺激是学生对所学材料的兴趣。"为此,笔者利用了学生喜欢的猜谜游戏,激发学生的学习兴趣,引出课题,初步感知时间与生活的密切联系和认识时间单位的必要性。

二、观察操作,建立量感

1. 进一步认识钟面

(1)让学生拿出准备的小闹钟,仔细观察钟面上有什么?

学生通过观察,得出:钟面上又粗又短的是时针,较长的是分针,又细又长的是秒针,有12个数,有12个大格。

(2)课件展示钟面,提问:1个大格里有几个小格呢?利用课件闪动格子数,引导学生观察,一起数一数发现:每个大格有5个小格,共有60小格。

设计意图：通过观察、交流，引导学生进一步认识钟面，为接下来的学习做好认知储备，同时也培养学生的观察能力。

2. 认识时、分

（1）认识时。

课件展示 12 时和 1 时两个钟面，让学生说出钟面上的时间。

师：你怎么看出来的？（分针指着 12，时针也指着 12，是 12 时；分针指着 12，时针指着 1，是 1 时）

师：你知道钟面上的大格有什么作用吗？其实时针是通过走过多少大格来计时的。那你知道时针是朝着哪个方向走的吗？（拨钟演示）我们把这个方向叫作顺时针方向。

师：下面让我们来看看怎么通过时针辨认时间。

师：从 12 时到 1 时，时间经过了几小时？

教师再拨钟演示从 12 时到 1 时，引导学生观察、得出：时针走一大格是 1 时。（板书）

让学生在小闹钟上分别拨出 2 时到 3 时和 1 时到 3 时，并提问：从 2 时到 3 时，时针走过了几大格，走了几时呢？从 1 时到 3 时，时针走了几大格，又走了几时呢？

引导学生拨钟、观察、交流、归纳得出：时针走了几大格，就是走了几时。

设计意图：在这个环节中，让学生带着问题，小组合作动手"拨一拨"，在"做中学"、在"学中思"，初步建立时间量感，发展推理能力，培养抽象思维。

（2）认识分。

师：时针通过走大格来计时，那分针呢？引导学生明白：分针通过走小格来计时。

课件演示、闪动分针，分针走 1 小格是 1 分。（出示）那走 2 小格是几分？引导学生跟着一起数，一直数到 5，发现分针刚好走了一大格，得出：分针走 1 大格是 5 分。（板书）

教师继续演示课件，引导学生接着数分针走动到第 2 大格是 10 分，然后让学生填写教材第 90 页钟面上剩余的空格，并提问：你是怎样数的呢？引导学生交流得出：可以 5 个 5 个的数，这样正好是 5 的乘法口诀。

追问：分针从数 12 顺时针走了一圈（教师手势比画），分针一共走了几小格？刚好是几分呢？学生很容易得出分针走了 60 小格，也就是走了 60 分。

设计意图：借助课件的动态演示，引导学生"看一看""数一数""填一填"和"说一说"，引导学生直观认识时间单位"分"，明白运用 5 的乘法口诀能很快地算出钟面上每个大格对应的是几分，初步感知分钟走一圈是 60 分，再次建立时间量感，渗透一一对应和迁移类推的数学思想。

（3）认识时与分的关系。

课件播放钟面从12时走到12时30分，提问：时针和分针发生了什么变化？引导学生观察交流得出：时针和分针同时在走，时针走得慢些，分针走得快些。分针走了半圈，走了6大格，也就是走了30分。30分也可说成半小时。

继续演示分针再走了半圈，追问：分针又走了几大格，走了几小格，走了几小时，这时是几时？

引导学生观察得出：分针又走了6大格，走了30小格，走了半小时，这时是1时。

再追问：从12时走到1时，分针转了几圈，共转过了多少小格，是多少分钟？是几时？引导学生循序渐进、直观认识：1时 = 60分。（板书）

再让学生在小组中拨钟验证，观察交流时针和分针的变化，加深认识。

> 设计意图：通过层层的体验，让学生直观感知1小时内钟面上时针和分针的位置变化和二者反映出的时间上的变化，发展学生的时间量感。

三、深入体验，内化量感

1. 体验1分

1分钟背乘法口诀能背到几的口诀。

学生闭眼休息1分钟，并在心中默数，看看1分钟内能数到几。

2. 体验1小时

（1）谈话：刚才我们体验了1分钟有多长，你知道1小时有多长吗？比如我们学校下午第一节课是40分钟，大课间活动20分钟，合起来刚好是1小时。

（2）一场篮球比赛大约是1小时。

> 设计意图：通过设计丰富多样的活动，让学生亲身体验感受1分钟、1小时有多长、可以做多少事情、可以怎样估量等，唤起学生对"时、分"长短的真实感受，从而内化于心，建立正确的时间表象，不断积累量感，使形成的"量感"逐步精确化、精准化。

四、练习巩固，强化量感

（1）填一填：

①钟面上有（   ）个大格，（   ）个小格。

②分针走1小格是（   ）分，走1大格是（   ）分。

③时针走1大格是（   ）时；分针正好走了（   ）圈，分钟走了（   ）大格，是（   ）分。

④1 时 =（　　）分。

(2) 拨一拨：9 时，9 时 30 分，10 时，10 时 30 分。

(3) 播放音乐，学生估测半分钟、1 分钟，觉得时间到了就站起来，看看估得准不准。（课件同步展示计时器计时停止画面）

> 设计意图：让学生回顾本课知识点，在动手操作中运用知识，培养学生对时间的估测能力，加深对时间计量单位"分"的感受，不断强化量感。

五、反思回顾，助力感悟

师：通过这一节课的学习，你有什么收获呢？

请学生完成学习评价表。

总结语：世界上最宝贵的是时间，我们要珍惜时间，合理地安排时间，做时间的小主人。

> 设计意图：引导学生总结，梳理知识形成思维网络，不但使学生认识时、分，而且懂得了操作实践和合作交流是一种重要的学习方法，同时渗透珍惜时间的思想教育。

六、课后延伸，拓展量感

请你回家试试看：1 小时可以做哪些事情，和小伙伴分享一下。

板书设计

认识时分

时针走 1 大格是 1 时

分针走 1 小格是 1 分

分针走 1 大格是 5 分

1 时 = 60 分

> 设计意图：整个板书设计，力求体现知识性和简洁性，完善学生认知结构的同时，突出重点，突破难点，使学生记忆深刻。

教学反思

在本课的教学中，通过安排丰富多样的活动，让学生多次观察、思考交流、动手操作、亲身体验、估测推理，唤起学生对"时间量"的长短的真实感，化抽象为直观，循序渐进、层层深入地培养学生的时间观念，建立、发展时间量感，从而发展学生的抽象思维能力。

（1）学生在现实情境中体验数学与生活的联系。教学时先创设了一个愉快的学习氛围，并从已有的知识出发来学习本节课的知识。先激发学生的学习兴趣，接着引导学生观察钟面，回忆旧知，通过"你发现了什么？"，激发学生进一步观察，从而自然而然地进入新知的学习探究。

（2）让学生通过观察、操作、探索来获取知识。教学时，给学生充分观察、探索、交流的时间，让学生通过自己的努力去发现、掌握知识。如让学生看看钟面上有些什么，进而认识钟面；让学生操作、观察时针和分针的转动情况，进而发现时与分的关系："1 时 = 60 分"。

（3）注重知识的铺垫与渗透。数学知识是前后连贯的。有的是一节课知识的联系，有的是学段之间的联系。在本节课的教学中注重这一方面。例如，在数从 12 到几有几大格或几小格时，引导学生用数的方法，为后面认识钟表上的时间打下基础。

（4）实践作业设计符合"双减"要求，同时让学生在亲身体验中加深对"时"的真实感受，拓展、强化了学生的量感。

"三角形边的关系"教学设计

汕头市濠江区民生学校　陈捷佳

教学内容

人教版义务教育教科书《数学》四年级下册第五单元第62页例4。

教学分析

"三角形边的关系"属于"图形与几何"领域的内容，是在学生初步认识三角形、三角形的稳定性等特征的基础上进行学习的。既是前面所学知识的应用，又是进一步理解三角形的组成，完善三角形的认识体系的必要过程。为后续三角形的分类和多边形的内角和的学习做铺垫，同时也发展学生的空间观念、几何直观和推理能力。

学情分析

本节课要求学生通过观察、操作，了解三角形任意两边之和大于第三边。四年级学生之前已学习长方形和正方形等几何相关知识，积累了一些研究"图形与几何"的知识和经验，有探究学习的初步尝试，具备了一定的抽象思维能力和动手操作能力。但学生较习惯单个量之间的比较，本节课要用两个量的和与第三个量进行比较，学生不易把握，需给予足够的实践空间和思考余地。

教学目标

（1）通过观察、操作、探索，发现三角形任意两边的和大于第三边的特征，并能用其解释生活中的现象。

（2）在探索过程中，提高观察、操作和推理能力，形成空间观念和初步的几何直观；渗透建模思想，体会数形结合等数学思想在探究过程中的作用。

（3）在合作与交流过程中，发展语言表达能力；体验探究学习的快乐，感受数学与现实生活的密切联系。

教学重点

理解三角形任意两边的和大于第三边。

突破方法：教师引导，学生动手操作，自主发现三角形边的关系。

教学难点

三角形边的关系的探究过程。
突破方法：结合列表、数形结合等方法，引导学生独立思考、合作交流、解决问题。

教学准备

学习任务单、学习评价表、若干长短不一的小棒、三角形教具、多媒体课件、几何画板。

教学过程

一、猜谜激趣，引发猜想

（1）出示谜面：形状似座山，稳定性能坚。三竿首尾连，学问不简单。（打一几何平面图形：三角形）

（2）回顾三角形的定义。

（3）操作活动：出示两组小棒并附上小棒长度：10 cm、20 cm、25 cm 和 10 cm、12.5 cm、25 cm，让学生围三角形。（一组能围成，另一组不能围成）

师：请你猜一猜，能否围成三角形跟三角形的什么有关系呢？

预设：能否围成三角形和三角形边的长短有关。

师：你的猜想是否正确呢？今天就让我们一起来探索——三角形边的关系。（板书课题）

> 设计意图：通过猜谜游戏，引出三角形，回顾三角形的定义，旨在为后面的探究活动做好铺垫，让学生明确摆三角形要首尾相接。再通过两组小棒围三角形的操作活动，引发学生大胆猜想，让学生带着自己的猜想积极投入到学习活动中来。

二、实验操作，验证猜想

（一）实验一：摆一摆

（1）明确实验内容和要求，完成《学习任务单》实验一。

（2）汇报交流。

①展示不能围成三角形的两种情况。

预设：小棒长度为 4 cm、5 cm、10 cm 和 4 cm、6 cm、10 cm 不能围成三角形。

师：在摆的过程中，你有发现为什么这两组不能围成三角形吗？

预设1：一组短了，围起来有缺口；一组刚好相等，变成一条了。

预设2：4 cm 和 5 cm 长的小棒合起来摆在 10 cm 小棒上短了，不能首尾相接；4 cm 和 6 cm 长的小棒合起来虽然能和 10 cm 小棒首尾相接，但重合成一条线段。

引导学生用规范的数学语言表示出它们的长度关系：当两条线段的和小于或等于第三条线段时不能围成三角形。（课件动态直观演示）

师：你能用数学式子表示吗？

预设：$4+5<10$，$4+6=10$。

②展示能围成三角形的情况。

预设：小棒长度为 4 cm、5 cm、6 cm 和 5 cm、6 cm、10 cm 能围成三角形。

师：能围成的三角形三条边之间有什么关系？

预设：当两条线段的和大于第三条时能围成三角形。

追问：这两组不能围成三角形的小棒中，也有两根小棒的长度和大于第三根，如 $4+10>5$，$5+10>4$，为什么就围不成三角形呢？

> 设计意图：本环节让学生借助小棒，通过自己动手操作，从 4 根小棒中任选 3 根摆三角形来验证自己的猜想，使学生获得丰富的直观经验。并结合动态课件的演示，引导学生用数学语言来表达自己的发现，感悟图形特征抽象的过程。但学生对三角形边的关系的发现还不完整，所以通过追问，引发知识冲突。通过问题的引导，学生对必须"任意两条线段的和大于第三条线段才能围成三角形"有一个初步的感知，为下面的"算一算"埋下思维的种子。

（二）实验二：算一算

（1）完成学习任务单实验二，把能围成三角形和不能围成三角形的所有长度关系都记录出来。

（2）展示汇报，引导学生规范表述：三角形任意两边的和大于第三边。

> 设计意图：对于"任意"的含义，学生较难理解。所以本环节让学生亲历数学抽象的过程，计算出所有的长度关系，通过观察、对比，学生能自然而然地发现三角形任意两边的和大于第三边，从而突破教学难点，让学生感受到数学的严谨性，体会数形结合思想在探究过程中的作用，提升科学素养。

（三）实验三：画一画

（1）师：只用这几个三角形就足以验证了吗？当然不是，问题的研究需要大量的数据来证明。请每位同学画一个三角形，分别量出三边长度，写出三边关系再次验证。

（2）教师利用几何画板进一步验证。

（3）得出结论：三角形任意两边的和大于第三边。

（4）板书小结：用字母 a、b、c 表示三角形三边关系。

设计意图：本环节让学生画图再次验证，但三角形的个数仍旧有限，所以设计利用几何画板进一步验证，让学生通过大量的数据证明，更加直观地理解只要是三角形，都具有任意两边的和大于第三边的特征，感悟从特殊到一般的问题研究方法，为学生构建一种结构严谨、逻辑严密的数学思维模式。同时发展学生的符号意识。

三、巩固深化，拓展应用

（1）巩固练习：请你快速判断下面的4组纸条哪些能围成三角形，哪些不能。
①6、7、8。②4、5、9。③3、6、10。④8、11、11。
提炼方法：判断较短两边的和是否大于最长边。
（2）生活数学：小猪来小猴家做客，哪条路最近？为什么？（见图1）

图1 生活数学：求最近的路线

（3）（选做）拓展提升：机灵兔想要做一个三角形木架，它从木料店选择了一根长3 dm和一根长6 dm的木料，它想再选一根时，却不知怎么选才能刚好做成三角形木架，你能帮帮它吗？（取整分米数）

设计意图：第1题回归教材例4，提炼方法，渗透建模思想；第2题用三角形三边关系解释生活现象，提高应用意识；第3题设计帮机灵狗选木料的情境，拓展提升，渗透区间概念，感受极限思想。设计分层次练习，不仅能及时巩固知识，还能有效拓展学生的思维，满足不同层次的学生需求。

四、反思回顾，助力感悟

回顾反思本节课，你有哪些收获？在探究过程中有哪些优点和不足？

设计意图：引导学生除了回顾所学知识之外，更应注意自身在学习活动中操作、思考、交流等方面的表现。

五、实践作业，体会价值

利用 GPS 导航软件，运用今天所学的知识，设计一条从你家到学校的最近路线。

设计意图：让学生体会数学的价值，感受数学来源于生活，又服务于生活。

板书设计

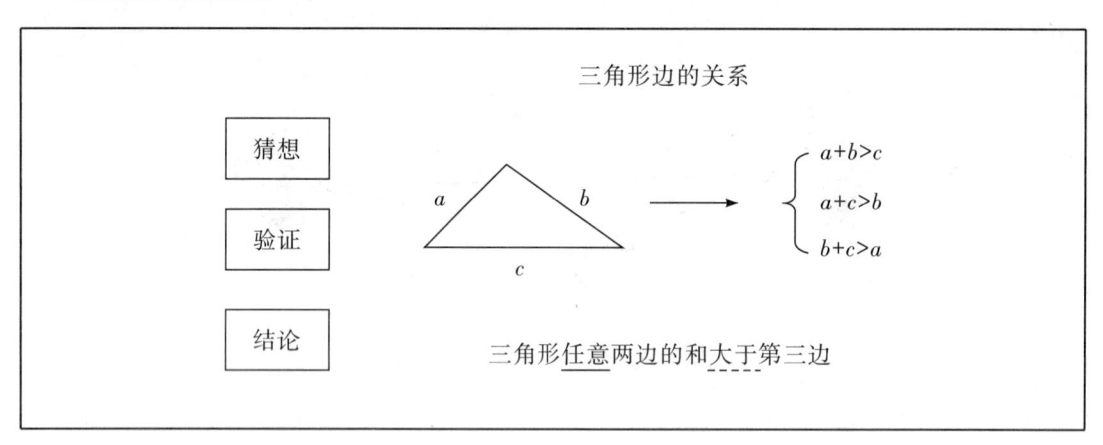

三角形边的关系

猜想　　验证　　结论

$$\begin{cases} a+b>c \\ a+c>b \\ b+c>a \end{cases}$$

三角形任意两边的和大于第三边

教学反思

基于对教材的理解以及四年级学生的学情，本节课的教学设计力求让学生充分去观察、操作、猜想、推理和表达，积累数学活动的经验，感悟数学思想，立足数学核心素养，让学生更深层次地学会探究数学。

1. 尊重学生的已有经验，动手操作解决问题

四年级学生对于几何图形的认识并不是一张白纸，而是有一定的探究经验。本节课笔者尊重学生的已有经验，大胆放手，设计了"摆一摆、算一算、画一画"三个实验活动，层层递进、深入，引导学生沿着"猜想—操作—发现—验证—再验证"的过程，发现三角形边的关系，养成其独立思考和合作交流的意愿，提高其观察、操作、推理和概括能力，形成空间观念和初步的几何直观，渗透建模思想，体验数据分析、数形结合思想在探究过程中的作用。

2. 借助信息化手段辅助本节课的探究型学习活动

本节课笔者为学生搭建一个启发思考、多重交互、自主探究、协作学习的课堂学习平

台。利用 PPT 课件和希沃交互电子白板进行师生互动、生生互动，根据学生的不同认知及时呈现学生的思考结论，在不断的互动交流中推动学生深入思考，发展学生的几何直观和空间观念。学生汇报实验结果时，利用手机进行投屏，使汇报学生的想法能被其他同学直观地看见，更好地理解。还利用了几何画板软件对大量三角形三边关系进行演算，让学生感悟从特殊到一般的问题研究方法，增强学生探究问题的严谨性。

3. 结合新课标、"双减"政策，让学生体会到数学的价值

本节课力求为学生营造一个勇于质疑、自主探究、轻松愉悦的学习氛围，让学生主动参与数学活动，提高课堂的学习效率。结合新课标和"双减"政策，设计分层练习和实践性作业，体现数学的价值，让学生感受到数学与生活之间的密切联系，提高学生的实践能力，发展学生的核心素养。

"体积和体积单位"教学设计

汕头市濠江区赤港小学 林丽琼

教学内容

人教版义务教育教科书《数学》五年级下册第三单元第27~28页内容。

教学分析

在学习"体积和体积单位"之前，教材安排了长方体、正方体的认识，长方体、正方体的表面积等知识，它们是本课时学习的基础。同时，"体积和体积单位"又是小学阶段进一步学习容积、学习圆柱和圆锥等几何形体体积的基础，是逐步发展学生关于客观事物、几何形体大小关系等空间观念，培养学生量感的重要环节。

学情分析

五年级学生的思维较之前有了一定的发展，但还处于以形象思维能力为主，逐步向抽象思维过渡的阶段。第一次出现的"空间""体积"概念，对五年级学生来说比较抽象，但在生活中关于"物体的大小"经验丰富，因此组织丰富的体验活动能激活学生这一生活经验，让新知建构在生活之上，有效帮助学生建立体积概念、形成体积单位量感。

教学目标

（1）通过一系列实践体验活动，建立体积的概念，认识常用的体积单位；能选择用合适的体积单位估算常见的物体的体积。

（2）在丰富的体验活动中，培养观察、动手操作和合作学习等能力，渗透迁移类推的数学思想，进一步发展空间观念、培养量感。

（3）在解决实际的体积问题中，发展数学应用意识和创新意识，感知数学与生活的紧密联系，激发学习兴趣。

教学重点

理解体积的含义，初步建立1立方米、1立方分米、1立方厘米的空间概念。

教学难点

建立体积是 1 立方米、1 立方分米、1 立方厘米的大小的表象，能正确应用体积单位估算常见物体的体积。

教学准备

教具：希沃教学课件、棱长 1 米的三棱架 1 个、一些生活物品。

学具：同样的杯子 2 个、大小不一的鹅卵石若干块、橡皮泥、生活物品、1 立方厘米和 1 立方分米正方体模型各 1 个。

教学过程

一、感悟体积，建立体积概念

1. 创设情境，初步感知体积

分享"孩童小脚穿大鞋"的小视频，问："老师也想穿穿孩子的鞋，你有什么想法吗？"（生谈想法）

师引导：孩子的鞋子空间小，而大人的脚占据的空间大。这脚占空间，那人占空间吗？课桌、书本呢？

2. 实验操作，理解物体的体积

师：让我们来做个小实验，感受物体占有一定的空间。老师为每组同学准备的一瓶水，两个同样的杯子，几块鹅卵石，你能用这些物品做一个小实验，证明物体占有一定的空间吗？

出示实验要求：①先商量操作的方法步骤，再进行实验；②观察，说说你发现了什么？

学生实验操作，教师巡视，然后让小组展示汇报。

预设：

小组 1：一个杯子里盛半杯水，放入鹅卵石，鹅卵石下沉，水位上升。

师：水位为什么会上升呢？（本来是水的空间，让鹅卵石给"挤占"了，所以水位上升。）

拓展实验：如果放入大小不同的鹅卵石，会有什么结果？

生：水上升的高度会不一样。石头大的，水位上升高，石头小的，水位上升就低。

师：为什么放入大小不同的鹅卵石，水位上升的高度不一样？

小组 2：两个同样大小的杯子，先往一个杯子里倒满水，取一块鹅卵石放入另一个杯子，再把第一个杯子里的水倒入第二个杯子，发现：第二个杯子里石头占据了一些空间，所以装不下第一个杯子所有的水。

引导：如果石头大小不一样会有什么结果？

3. 回顾提炼，建立体积概念

课件出示学生实验的两种流程图。

师：通过刚才的实验你发现了什么？

生：物体占有一定的空间，物体大占据的空间就大，物体小占据的空间就小。

师：这里所有的物体都占空间吗？这栋楼占空间吗？地球呢？宇宙呢？

师：空气占空间吗？

课件出示吹气球的图片，感悟空气也有体积。

小结：物体都占有一定的空间，我们就把物体所占空间的大小叫物体的体积。（板书体积概念）

4. 表述体积，内化体积概念

师：谁能说说什么是课本的体积？课本和课桌，谁的体积大？谁的体积小？

比一比：现场的物品谁比谁的体积大？

> 设计意图："孩童小脚穿大鞋"的视频唤起学生类似经历的记忆，再思考"老师能否穿孩子的鞋？"引起学生对空间大小的思考，活跃了课堂气氛，激发了学习兴趣。并以此为探究的生长点，组织小实验，学生深刻地认识到"物体占有一定的空间"，教师进一步拓宽认识，进而自然地建立起体积的概念，再通过表述、比较物体的体积，学生由浅入深地掌握了体积的概念。

二、多维感知，形成体积单位表象

1. 感悟统一体积单位的必要性

师：刚才，我们通过观察比较了物体的体积，接下来我们再来比较长方体的体积。

出示：两个含有相同体积单位但大小不同的长方体。

师：谁的体积大，为什么？

再出示：两个体积单位不同且数量不同的两个长方体。

师：它们的体积谁大谁小呢？

追问：为什么2个比4个大呢？

明确：比较体积时，不能只数数量，还要建立一个统一的标准，也就是说要用到统一的体积单位。

> 设计意图：先比较统一标准的一组长方体，再比较不同标准的一组长方体，引起认知冲突，感悟统一体积度量单位的必要性。

2. 多维度感知，认识体积单位

师：有了体积单位我们就可以度量物体的体积。引导学生通过长度、面积单位联想体积单位会有哪些？课件依次演示一条线段→线段围成正方形→正方形围成正方体。揭示课题：体积和体积单位。

师：常用的体积单位有哪些，大小是怎么规定的？大家打开课本第28页，阅读了解。

学生自学后汇报阅读所得，教师适时板书相应的体积单位，并指导 cm³、dm³ 和 m³ 的写法、读法。

（1）感知1立方厘米。

师：1立方厘米究竟多大呢？我们的学具中就有，请找出来。

①量一量：测量体积1立方厘米的正方体的棱长以作验证。

②捏一捏：学生用橡皮泥捏一个体积大约1立方厘米的物体。

师：把你捏的物体举起来向大家展示一下，再和1立方厘米的小正方体放一起比一比。

③找一找：生活中接近1立方厘米的物体。

④估一估：一支笔的体积大约是多少立方厘米。

（2）感知1立方分米。

①比一比：1立方分米有多大呢？你能用手比划出来吗？（尝试比画）

②量一量：这有1个正方体，体积就是1立方分米，你有方法证明它的体积是1立方分米吗？

再请学生用双手捧住它，感受大小，再合理比画出1立方分米的大小。

③找一找：生活接近1立方分米的物体。

④估一估：纸箱的体积。

（3）感知1立方米。

师：现在老师想测量录播室的体积，用"立方厘米"或"立方分米"合适吗？

生：都不合适。测量体积比较大的物体应该用立方米比较合适。

师：1立方米的体积究竟有多大呢？

①比一比：先读一读1立方米大小的规定，想象1立方米有多大，然后小组同学合作比画出1立方米的空间大小。

②钻一钻：

师用三根1米长的塑料管，借助墙角搭了一个1立方米的空间。问：大家看一看，你有什么感受？（很大）

请几名同学钻到这个框架中。

师：1立方米的空间能容纳十来个同学。真是不小！

③找一找：生活中哪些物体接近1立方米。

设计意图：由长度、面积单位迁移到体积单位，并借助课件动态演示线—面—体的演变过程，渗透三类单位的纵向联系与区别。再由抽象到具体认识体积单位，先自学课本了解体积单位，再通过一系列丰富、有层次的体验活动，引导学生进行观察、比较、操作、估算、直观想象等，多维度地体验、感知、认识了体积单位的大小，形成了正确的体积单位表象，培养了学生的量感，也培养了学生的动手操作、观察和合作学习等能力，渗透了迁移类推的数学思想。同时，捏橡皮泥的操作活动也渗透体积守恒原理。

3. 小结提升

刚才我们认识了物体所占空间的大小就是物体的体积，并亲身感受了每个体积单位的大小。请说出每个体积单位大小的规定，教师同时在黑板上粘上 1 立方厘米和 1 立方分米的正方体，并和墙角 1 立方米的空间对比，再一次感受体积单位的大小。

设计意图：借助正方体实物再一次深刻比较、认识三个体积单位的大小。

三、巩固拓展，内化量感

师：三个体积单位差距很大，我们在测量物体的时候要根据物体的大小选择合适的体积单位。

（1）选择合适的单位（课本第 32 页的第 4 题）。

（2）做课本第 28 页"做一做"第 1 题，说说有什么不同？

（3）课件出示用 $1cm^3$ 的小正方体拼成的立体图形，说出它们的体积各是多少。

师：在体积单位统一的情况下，我们只要数一数有几个这样的小正方体就是它的体积了。

（4）在学习单上填上合适的计量单位。

小红数学日记：我们的教室占地面积约是 60（　　）。我的身高只有 1.4（　　），所以被安排在第一排，我座位的前方有一个体积约 1（　　）的讲台，上面放着一个体积约为 1（　　）的粉笔盒，里面放了不少粉笔，一支粉笔的体积约为 7（　　）。教室前面有一块面积约 5（　　）的黑板，黑板中间嵌有一台体积约 200（　　）的一体机。

设计意图：练习 1 是基本练习；练习 3 引导学生认识体积的度量方法即将若干个体积单位累加，同时渗透体积守恒原理；练习 2、4 进一步引导学生从纵向和横向比较长度、面积、体积单位，强化学生的量感。

四、课堂总结，提升量感

回顾一下我们这节课学习了哪些知识？说说这节课你有什么收获？

设计意图：课堂总结帮助学生梳理本节课学习所得，加深认识，提升对体积和体积单位的认识。

五、实践作业，深化量感

在家里找三个大小悬殊的物体，选择合适的体积单位估测这些物体的体积。

设计意图：作业引导学生观察发现生活中物体体积的大小，运用体积单位估测生活中不同大小物体的体积，深化学生对体积单位的认识，提升量感，培养学生用数学的眼光去观察生活，避免机械化、枯燥的作业训练，落实"双减"精神。

板书设计

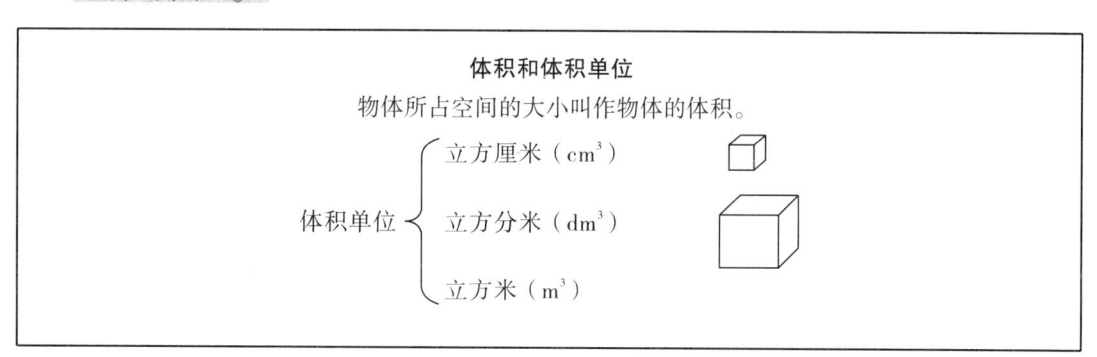

体积和体积单位

物体所占空间的大小叫作物体的体积。

体积单位 ⎰ 立方厘米（cm³）
　　　　 ⎨ 立方分米（dm³）
　　　　 ⎩ 立方米（m³）

教学反思

本节课主要有体积和体积单位两方面教学内容。为帮助学生建立体积的概念，形成正确的体积单位表象，让学生量感的培养落到实处，教师注重联系学生的生活实际，以丰富的实践活动，多维度地观察、体验、感知、认识物体的体积和体积单位。主要体现了以下几个特点。

1. 激活经验，自主生长

课的伊始，以"孩童小脚穿大鞋"的视频唤起学生对物体大小的感知经验，以"老师也想穿孩子的鞋"激发学生对空间大小的思考，并以此为生长点，组织课堂小实验，学生在操作中感知、理解了"物体占有一定的空间"，从而抽象出"体积单位"概念。

2. 多元素材，有效支撑

本课教学，教师为学生提供丰富的活动材料，多元的素材为学生的实验操作、观察、感知和思考提供了支撑，学生在具体的情境中直观地比较，有助于纠正学生一些错误或模糊的认知，逐步形成正确、清晰的表象，也为学生今后的度量提供了参照。

3. 多维体验，落实培养

体验是发展量感的重要方式，可以将抽象的量变得直观、具体，体验越充分学生对量的感知就越深刻。本课教学通过丰富的体验活动，循序渐进地调动学生多种感官参与，逐步形成体积和体积单位的概念和表象，从而落实学生量感的培养。如体积单位教学通过捏一捏、比一比、找一找、钻一钻、估一估等活动，让学生充分观察、体验和感知三个体积单位的大小，形成正确的表象，培养了学生的量感。

4. 思辨内化，提升认识

量感的发展需要思维去内化，思维的参与使感性认识上升到理性认识，进而建立不同量的清晰概念。如学习体积时，教师注重让学生在实验中观察思考"你发现了什么"，促使学生进行观察与思考，深刻体悟和建立起体积的概念。

"圆的整理和复习"教学设计

汕头市濠江区青篮小学　黄锦丽

教学内容

人教版义务教育教科书《数学》六年级上册第77页"整理和复习"。

教学分析

本节课是在学生学习了"圆"整个单元知识的基础上进行教学的，学生已经掌握了本单元的相关概念和计算公式，能熟练地计算圆的周长和面积，但对于各知识点之间的联系、知识的重、难点还存在一些易错、易混之处。因此，复习重点应将本单元所学知识系统、全面地进行梳理，帮助学生更好地掌握相关的概念、计算方法以及一些重要的数学思想，进一步发展学生的空间观念，提高学生运用知识解决实际问题的能力。

学情分析

美国教育心理学家奥苏贝尔曾说："影响学生的最主要原因是学生已经知道了什么，我们应当根据学生原有的知识状况去进行教学"。因此，这就要求教师应静下心来认真思考并做好摸查，找出知识的重点、难点和学生易错、易混之处，确定哪些知识需要重点复习，再结合本节课的复习内容精心设计出符合学生实际的教学方案和习题，使整理复习课更具有针对性、系统性、全面性。

为落实国家"双减"政策相关要求，确保"双减"落地生根。课堂上则借助信息技术，不断探索新型学习方式，实现多信息技术与学科教育教学深度融合，构建高效课堂，努力实现"增效、提质、减负"的要求。

教学目标

（1）回顾整理圆的直径、半径、周长和面积的意义；熟练地运用圆的周长和面积等知识解决生活中的实际问题。

（2）回顾圆周长、圆面积的推导过程，构建知识网络，体会"化曲为直"和"化圆为方"等数学思想。

（3）经历自主回顾、梳理、归纳、总结知识的过程，学会整理知识，提高归纳总结概括能力和解决问题的能力。

（4）在交流中丰富学习经验，体验圆的周长和面积的推导过程的联系与区别，感受数学魅力，获得数学学习的乐趣。

教学重点

回顾圆周长、圆面积的计算公式及推导过程。

教学难点

整体把握有关圆的知识，构建知识网络。

教学准备

希沃授课助手软件、多媒体课件。

教学过程

一、联系实际，引入课题

师：这个单元的知识和什么有关？

生：圆。

师：说到圆，你能想到什么？

生1：圆的特点。

生2：圆的一些计算公式。

……

师：想得很好。那谁又能完整地、有条理地从头来说起呢？（生可能会沉默，也可能有人举手）

师：把手放下来，有一些同学愿意来尝试一下，但是大部分同学觉得有困难。看来，学过的知识有必要回头看一看。这节课我们就来整理和复习圆的知识。（同步板书：圆的整理和复习）

> 设计意图：新课开始，通过提问，明确目标，激发学生自主整理复习的兴趣。

二、回忆整理，形成网络

1. 看书回顾

（1）师：看课本第57~58页内容，在"圆的认识"这部分中，你知道了什么？

（同步板书：看书回顾）

（2）学生看书后汇报交流。

（3）小结。

（4）继续看课本第 62 页至第 75 页，回顾圆的其他知识点。

> 设计意图：组织学生看书回顾，学生在一个明确的目标引导下，通过思维再现、记忆提炼，有了初步的记忆表象。

2. 联想知识

师：看到 d，你能想到什么？（同步板书：联想知识）

学生汇报交流，教师适当补充。（同步板书：r、c、s、o）

（1）联想 r。

师：看到 d，你能想到 r 的哪些知识？

学生汇报交流，教师适当补充。（同步板书：概念、关系、计算公式）

（2）联想 c、s、o。

师：看到 d，你能想到 c、s、o 的哪些知识？（出示小组活动要求：从圆心、周长、面积中选择一个内容进行联想，把联想到的内容在小组中说一说）

学生小组活动，教师巡视指导。

小组发表意见，学生交流，共同梳理圆心、周长、面积等知识点。

师：我们在学习过程中是怎样推导圆周长计算公式的？在研究过程中我们发现了什么？（同步板书：推导方法）

师：大家回忆一下，我们是怎样推导出圆面积计算公式的？（课件演示圆面积推导过程）

> 设计意图：通过联想知识，学生经历自主回顾、梳理、归纳、总结知识的过程，学会了整理知识，并在相互交流、相互补充过程中逐步完善知识网络。

3. 分类整理

师：通过刚才的复习，我们已经在头脑中形成了更清晰的知识网络，你能不能用一张思维导图揭示知识间的联系呢？（同步板书：分类整理）

（学生修改课前绘制的作品，教师挑选部分作品拍照上传，并让学生说说设计想法）

……

（1）展示整理结果，构建比较合理的知识结构网络。

（2）学生读一读，熟记有关圆的知识。

（3）同桌议一议：我们来看，通过 d，能想到这么多的知识，那我们换一个点出发，你能把图上所有的知识都联想到吗？

设计意图：让学生修改课前预习时绘制的思维导图，用学生"作品"构建知识网络，并利用希沃授课助手现场拍照上传，与同学共享交流、梳理旧知，使知识梳理和构建的过程更加深刻。

三、运用知识，练习提升

师：梳理完了这些知识，那现在我们就运用这些知识解决生活中的实际问题。（同步板书：练习提升）

1. 判断题

(1) 半圆的周长就是圆周长的一半。（　　）

(2) 周长相等的长方形、正方形和圆形，圆的面积最大。（　　）

(3) 半径是2厘米的圆，周长和面积相等。（　　）

(4) 大圆的圆周率比小圆的圆周率大。（　　）

(5) 如果大圆半径是小圆的3倍，那么大圆面积是小圆的9倍。（　　）

2. 选择题

(1) 一个钟面上的时针长5 cm，从上午8时到下午2时，时针尖端走了（　　）cm。

A. $3.14 \times 5 \times \frac{1}{2}$　　　　B. $2 \times 3.14 \times 5 \times \frac{1}{2}$　　　　C. $2 \times 3.14 \times 5 \times 6$

(2) 图1是一面我国唐代外圆内方的铜镜，铜镜的直径是24 cm。外面的圆与内部的正方形之间的面积是（　　）cm^2。

A. 1.14×24^2

B. $1.14 \times (24 \div 2)^2$

C. $0.86 \times (24 \div 2)^2$

图1　唐代铜镜

3. 解决问题

黄老师家有一张圆形餐桌，桌面的直径是2 m。

(1) 这张餐桌的周长是多少m？面积是多少m^2？

(2) 如果一个人就餐的位置需要0.5 m宽，那么这张餐桌大约能坐几个人？

(3) 黄老师想在这张餐桌的中央放一个半径是0.5 m的圆形转盘，剩下的桌面面积是多少？

设计意图：将重点、难点知识以及学生容易混淆、容易出错的内容设计成判断题，引导学生通过辨析，进一步深入理解圆周长的一半、半圆周长、圆周率等概念；选择题和解决问题的解答需要综合运用本单元学习到的知识，既巩固所学知识，提高学生解决实际问题的能力，又让学生感受数学与生活的密切联系。

四、回顾梳理，全课总结

通过这节课的学习，你有什么收获？你觉得自己表现怎样？

> 设计意图：通过生生间、师生间的交流、总结，使学生重温学习的过程，加深学习体验。

五、布置作业

搜集圆在日常生活和传统文化中还有哪些应用，并制作成手抄报。

> 设计意图：此作业设置富于趣味性、开放性和创造性，充分尊重学生的个性，通过手抄报的形式，一方面让学生体会生活与学习的密切联系，另一方面又能让教师在日常生活和传统文化中评价学生的学习情况，落实国家"双减"政策相关要求。

板书设计

圆的整理和复习	
看书回顾	概念
联想知识	关系
分类整理	计算公式
练习提升	推导方法：化曲为直、化圆为方

> 设计意图：板书设计直观形象、重点突出；提炼复习方法，体现数学思想。

教学反思

"双减"政策落地，如何减轻学生的作业负担，实现减负增效，成为教学变革中关注的焦点。在这场变革中，如何构建高效课堂，实现减了作业反而提高能力，成为我们每一位数学教师孜孜不倦追求的目标。为落实国家"双减"政策相关要求，笔者做了一些尝试：

1. 自主整理建构，形成知识网络

圆的整理复习不仅要起到一个回顾知识点的作用，更重要的是要将这一单元的内容进行梳理，找出知识之间的内在联系，完善知识体系。教学时，让学生自主整理知识，并对形式各异的整理结果进行互助评价甚至争辩，引发学生对圆的知识的重新构建，从而完善知识体系。同时，借助圆形和几个字母，学生经历"看书回顾—联想知识—分类整理—与同学共享交流"的过程，笔者及时进行补充、调整、同步板书，将学习过程中师生共同创造的知识要点清晰展示在学生面前。这种图画式、形象化的板书设计，突出重点，使知识梳理和构建的过程更加深刻。

2. 回放推导过程，提炼数学思想

当学生回顾、汇报圆的周长和面积的推导过程时，笔者借助希沃白板5辅助教学，帮助学生回忆圆的周长和面积公式的推导过程。课件形象生动地再现圆周长、圆面积公式的推导过程。学生更加深刻地理解圆的周长和面积的推导过程的联系与区别。在此基础上，笔者及时提炼和概括"化曲为直""化圆为方"等数学思想，帮助学生掌握科学的方法，促使学生善于用数学的方法思考问题。

3. 精心设计作业，实现减负增效

为贯彻落实国家"双减"政策相关要求，本节课安排的基本训练练习，一是针对知识的重点、难点进行设计；二是针对学生的掌握情况，练在薄弱处、疑惑中。练习的设计也不再局限于书本上的习题，而是适当补充一些综合性、发展性的练习，紧密联系学生生活实际，设计具有综合性的问题，不仅能提高学生的分析、解决问题的能力，又让学生体会到数学来自于生活，又应用于生活。

4. 运用信息技术，提高学习效果

本节课中，笔者运用多媒体课件创设生活情境、展示图片，激发学习兴趣；让学生修改课前预习时绘制的思维导图，用学生"作品"构建知识网络，并利用"希沃授课助手"现场拍照上传，与同学共享交流、梳理旧知，使知识梳理和构建的过程更加深刻；运用"希沃授课助手"软件把学生的练习情况拍照上传到电脑屏幕上，方便展示和分享，提高学习效果。

"平行四边形的面积"教学设计

汕头市外马路第三小学 吴 芸

教学内容

人教版义务教育教科书《数学》五年级上册第六单元第 85~87 页例1及练习十九。

教学分析

"平行四边形的面积"是人教版小学数学五年级上册第六单元"多边形的面积"中的第一课时，是在学生熟练掌握并运用长方形、正方形面积计算公式和认识、理解平行四边形的特点的基础上进行教学。本节主要让学生亲身经历平行四边形的面积计算公式推导过程，学会运用平行四边形面积计算公式求面积、进而解决问题。由于求图形面积在现实生活中有着广泛的应用，同时平行四边形的面积计算也是后续学习推导三角形、梯形面积计算公式和组合图形面积计算的重要基础，因此本节课的学习在整个小学数学教学中占据着非常重要的地位。

学情分析

五年级学生在之前的长方形、正方形面积计算公式推导和不规则图形面积计算的学习中，已初步接触转化等数学思想。现阶段他们也已具备一定的知识迁移能力，在之前的学习中也有小组合作、自主探究、交流讨论的体验，为本节课的学习提供较好的技能基础。此外，五年级学生已具备较好的计算能力，基本掌握整数和小数的乘、除法计算，为本节课运用平行四边形面积计算公式解决实际问题奠定良好的计算基础。

教学目标

1. 通过学生动手实践、合作探索，推导并掌握平行四边形面积计算公式，能正确运用公式计算平行四边形面积。
2. 通过观察、比较、剪拼、探究、发现和交流，让学生经历平行四边形面积计算公式的推导全过程，渗透转化思想，发展学生的空间观念。
3. 通过发现局限性—大胆猜想—动手探究—交流发现—验证猜想这一系列活动，激发学生学习兴趣，发展学生合作探究、讨论交流的学习能力。

4. 培养学生探索精神，使学生获得积极的情感体验，让学生感受到数学与生活的紧密联系以及数学知识的有效价值。

教学重点

探索并掌握平行四边形的面积计算公式，能正确计算平行四边形的面积。

教学难点

理解平行四边形面积计算公式的推导过程，体会转化思想。

教学准备

教具：PPT，投影仪，一张底 20 cm、高 15 cm 的平行四边形卡纸，一个可伸缩变形的长方形框架。

学具：每生一张底 20 cm、高 15 cm 的平行四边形卡纸，剪刀，铅笔，三角板和直尺。

教学过程

一、温故知新，感受转化

（1）抢答游戏。

复习学过的图形以及平行四边形的特点（见图1、图2）。

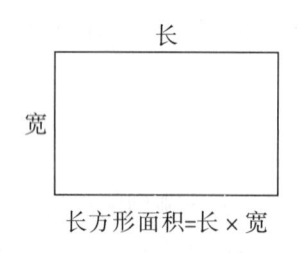

图 1　复习长方形的相关知识　　　图 2　平行四边形特点

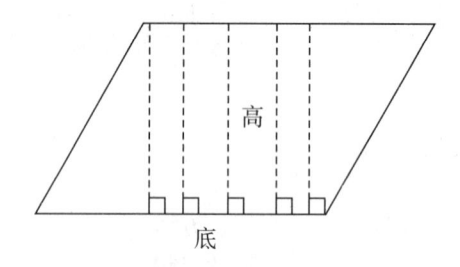

> 设计意图：通过抢答游戏，既快速点燃学生的参与热情，又让学生回顾长方形各边的名称和面积计算公式、平行四边形各边的名称和平行四边形的特点，为接下来的新课做好知识铺垫。

（2）师：接下来，请同学们数一数，这两个图形的面积分别是多少？追问：你是怎样数的？

生：将左边的三格移到右边，就拼成了一个大长方形，面积就是 15 平方厘米。

师：非常棒，思路很清晰。把左边多出来的这部分图形，切割平移到右边，这种方法叫作"割补法"（见图3）。（板书：割补法）运用割补法我们可以把一个不认识的图形，

转化成我们学过的图形，转化以后，形状发生了改变，但面积不变。这是一种很重要的数学思想——转化思想。（板书：转化）

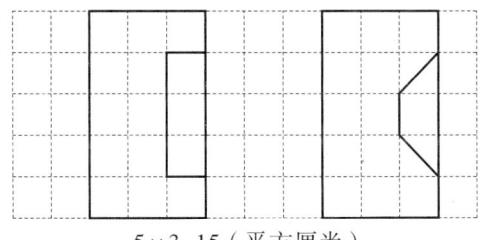

5×3=15（平方厘米）

图3　割补法

设计意图：通过在方格纸上数一数两个不规则图形的面积，引导学生回顾"割补法"的运用，初步掌握平移方法，渗透转化思想，为新知的学习提供思想和方法上的准备。

二、情境引入，激发猜想

1. 展示风景图，创设旅游情境，引出购买手工地毯问题

师：大家看看，这两个图形，认识吗？（一个是长方形，一个是平行四边形）我想选择大的那块地毯送给朋友，你们觉得哪块大？（生答）

设计意图：以同学们喜闻乐见的旅游创设情境，展示呼伦贝尔大草原的风景图，让学生感受祖国大好风光的同时激发学习兴趣，引发思考。

2. 利用方格，初步探究

（1）师：要想比较这两块地毯谁大谁小，我们需要知道这两个图形的面积，再进行比较（见图4）。刚刚我们用数方格的方法得到了一个图形的面积，现在我们把这两个图形也放进方格纸，一起来数一数它们的面积是多少？（PPT）

师：这两个图形的面积分别是多少？你是怎样数的？

师：通过数方格，我们发现长方形和平行四边形的面积都是 24 m^2，这两块地毯一样大。

（2）师：下面，请同学们打开课本 87 页，仔细观察方格图中的两个图形，填写表格。

在方格纸上数一数，然后填写下表。
（一个方格代表1m²，不满一格的都按半格计算。）

猜想：平行四边形的面积=底×高？

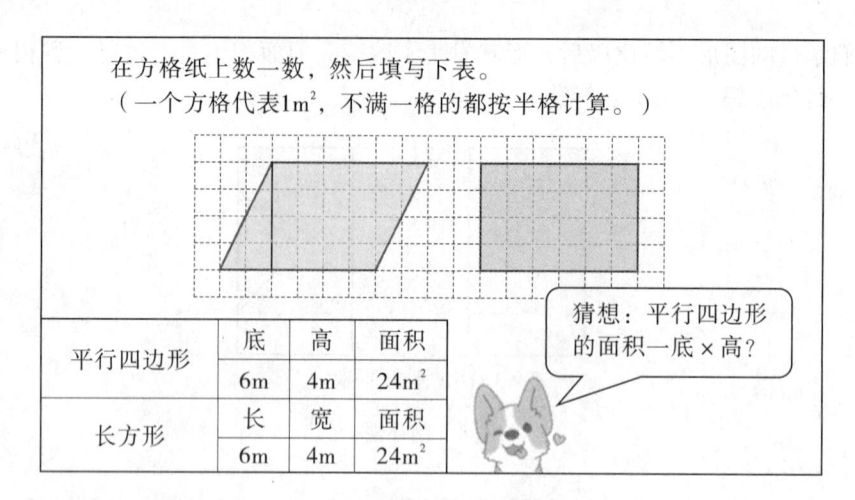

平行四边形	底	高	面积
	6m	4m	24m²
长方形	长	宽	面积
	6m	4m	24m²

图4　比较两块地毯面积大小

（3）师：仔细观察表中数据，你发现了什么？

生：我发现长方形的长和平行四边形的底相等，长方形的宽和平行四边形的高相等，长方形和平行四边形的面积都是 24 m²。

师：我们发现平行四边形的面积和长方形的面积有密切的联系，我们再大胆猜想一下：平行四边形的面积与它的底和高有什么关系？为什么这样猜想？

3. 设疑猜想，揭示课题

师：2021年汕头举办亚青会，现在我想知道其中一个平行四边形田径场的面积，大家觉得还能不能用数方格这个方法？有没有合适的方格纸？（没有）那能不能用我们刚刚猜想的底乘高来计算？它适用于所有的平行四边形吗？这正是我们这节课要探究的内容。（板书课题）

> 设计意图：把旅游情境中的生活问题转化为数学问题，让学生感受到知识来源于生活，从而认识到学好数学的必要性。在此环节，利用数方格的方法，学生能比较直观快速地得到平行四边形和长方形的面积。接着引导学生仔细观察这两个图形，发现它们之间的联系以及数方格的局限性，对平行四边形的面积计算方法进行大胆猜想，不仅为下面的探究奠定基础，还培养了学生的问题意识和猜想能力。

三、深入探究，验证猜想

1. 动手实践，合作探究

（1）师：下面，就请同学们拿出课前准备的学具包来验证我们的猜想，我们需要用到平行四边形、剪刀、三角板、铅笔，准备好了吗？

探究前思考：能不能利用手中的工具将平行四边形转化为我们学过的图形？怎么转化？

（2）师：我们来读一读接下来要做什么？（见图5）

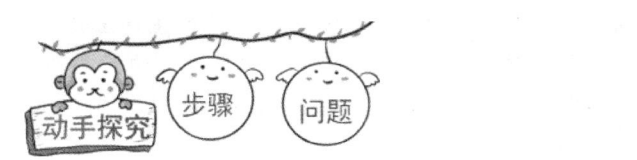

（1）同桌合作，动手操作，为了剪拼规范，请大家用铅笔和三角板先画一画，再剪一剪，拼一拼；
（2）结合剪拼过程，思考以下问题：
①你是怎样剪拼的？你是沿着什么剪的？
②通过剪拼，你将平行四边形转化成了什么图形？
③剪拼后的图形和原来的平行四边形相比，你有什么发现？
（3）把你的剪拼方法以及你对这3个问题的思考和其他小组进行交流。

图5　动手探究

设计意图：学生是数学学习的主人，教师是数学学习的组织者、引导者和合作者。引导学生通过探究前思考、动手剪拼、合作讨论等一系列实践活动，亲身经历探索平行四边形面积计算方法的过程，从而初步感悟转化前后两个图形之间的联系，为后面平行四边形面积计算公式的提炼奠定基础。

2．汇报交流，展示成果

师：学生分享探究成果，一个人演示，一个人讲解，讲解要说清楚你们的剪拼过程（见图6）。（生上台演示不同剪拼方法，师结合三个问题引导）

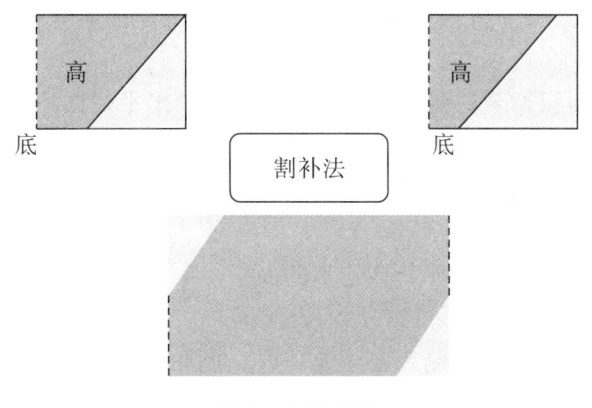

图6　交流成果

> 设计意图：在汇报交流这一环节中，继续最大限度地发挥学生的主体作用，让学生大胆上台展示他们的探究成果，这里会出现不同的剪拼方法，通过学生的分享展示，不仅锻炼了孩子们的口头表达能力，还让他们体验到数学活动充满创造性和多样性，在探索中培养和拓宽数学思维。

3. 小组讨论，发现公式

（1）师：我们运用割补法将平行四边形转化成长方形，转化后的长方形与原来的平行四边形存在什么关系呢？请同学们思考并讨论（见图7）。

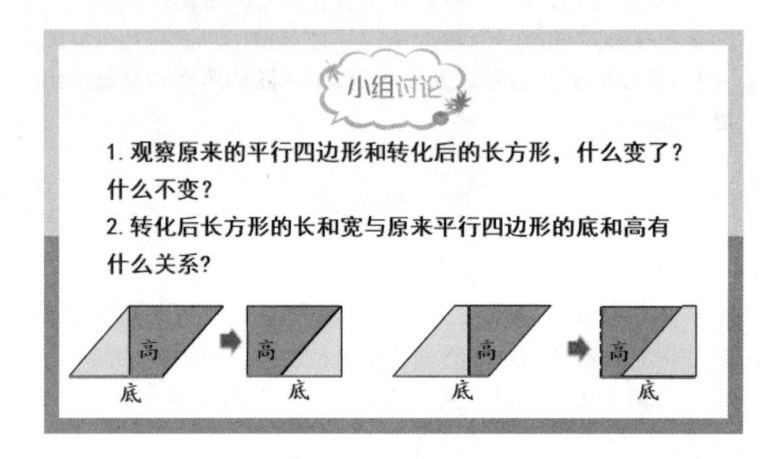

图7 小组讨论

（2）请同学分享，师引导。

生1：平行四边形转化成长方形后，形状发生改变，面积没变。因为剪下来的三角形平移到了另一侧，所以这两个图形的面积是相等的。

生2：长方形的长与平行四边形的底相等，长方形的宽与平行四边形的高相等。（PPT）

生3：长方形的面积等于长乘宽，我们就可以推导出平行四边形的面积等于底乘高。（师板书）

（3）师：从这个公式中可以看出，要求平行四边形的面积，必须知道什么条件？（平行四边形的底和高）

（4）师：如果用字母 S 表示平行四边形的面积，字母 a 表示底，字母 h 表示高，那么平行四边形的面积计算公式可以怎样表示？（$S=ah$）

（5）师：这个公式和我们的猜想是不是一样？同学们真厉害，通过探究验证了猜想，掌声送给自己！

设计意图：在学生展示多种剪拼方法后，教师抛出新的问题，鼓励学生根据手中转化后的长方形，和原来平行四边形对比思考，一步一步找出等量关系，再推导归纳出平行四边形的面积计算公式，由此验证了一开始的猜想，这一过程环环相扣，层层递进，让学生理解更佳，印象更深。

四、运用公式，解决问题

运用平行四边形的面积公式可以解决实际问题（见图8）。

学生独立完成后教师规范书写格式。

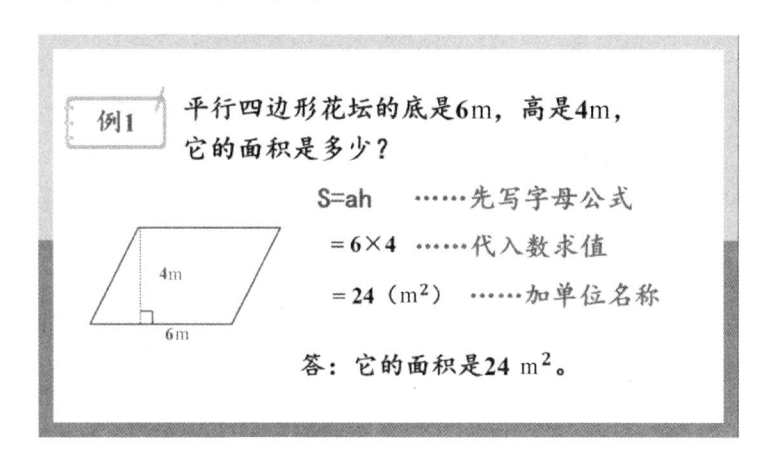

例1 平行四边形花坛的底是6m，高是4m，它的面积是多少？

$S = ah$ ……先写字母公式

$= 6 \times 4$ ……代入数求值

$= 24 \ (m^2)$ ……加单位名称

答：它的面积是24 m^2。

图8 教学例1

设计意图：推导出平行四边形的面积计算公式后，出示例1题目，现学现用，学生可以快速巩固公式，运用公式求出平行四边形的面积，获得成功的体验。

五、实践应用，拓展延伸

（1）师：老师旅游时去了当地一个著名的景点，接下来我们通过通关集卡的方式来趁热打铁，每通过一关，将获得一张旅游风光卡，每张卡上附带说明，看谁能猜出这个地方是哪里。[见图9(a)~(c)]

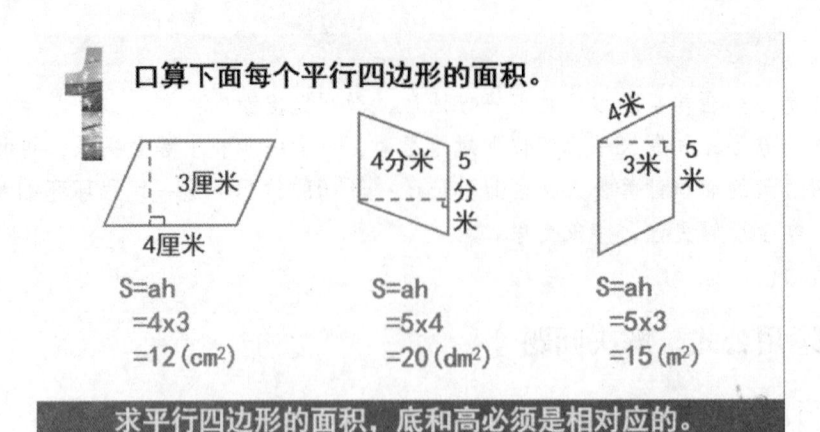

1 口算下面每个平行四边形的面积。

| | 3厘米 / 4厘米 | 4分米 / 5分米 | 4米 / 3米 / 5米 |

S=ah
=4×3
=12（cm²）

S=ah
=5×4
=20（dm²）

S=ah
=5×3
=15（m²）

求平行四边形的面积，底和高必须是相对应的。

（a）

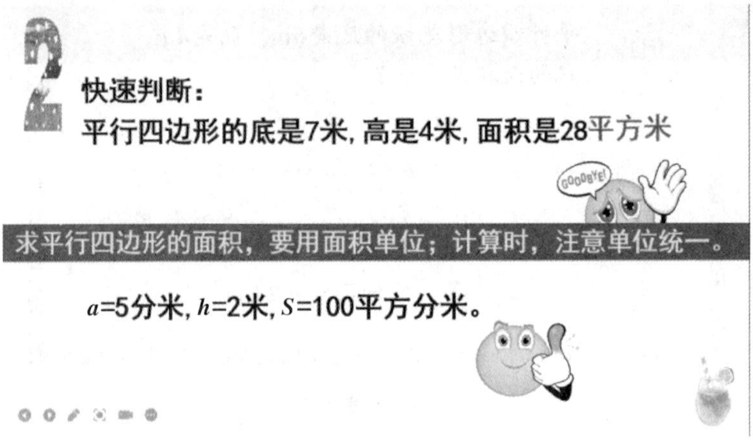

2 快速判断：
平行四边形的底是7米，高是4米，面积是28平方米

求平行四边形的面积，要用面积单位；计算时，注意单位统一。

a=5分米，h=2米，S=100平方分米。

（b）

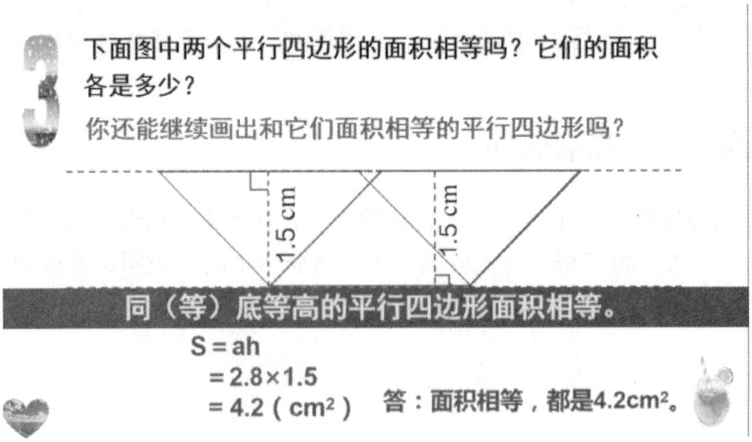

3 下面图中两个平行四边形的面积相等吗？它们的面积各是多少？
你还能继续画出和它们面积相等的平行四边形吗？

1.5 cm   1.5 cm

同（等）底等高的平行四边形面积相等。

S = ah
= 2.8×1.5
= 4.2（cm²）   答：面积相等，都是4.2cm²。

（c）

图9 计算平行四边形面积

（2）（出示旅游风光卡）师：有没有同学猜出这个地方叫什么？对了，它就是呼伦湖，内蒙古最大的湖泊，像海一样的湖，呼伦贝尔这个名字正是来源于呼伦湖和贝尔湖。大家看，这里的景色美不美？（美）祖国的大好河山如此美丽，我们不仅要热爱它，还要用行动保护它，让我们的家园更加美好。大家再仔细看呼伦湖的形状，大致像一个什么图形？（平行四边形）运用我们今天学习的知识，我们就能求出呼伦湖的面积大约是多少。

> 设计意图：通过闯关集卡的练习游戏，激发学生解决实际问题的兴趣。

六、回顾新知，总结归纳

（1）师：回顾这节课，你们学会了什么？

（2）师总结：今天，我们运用割补法将一个平行四边形转化成长方形，推导出了平行四边形的面积 = 底×高，用字母表示是 $S=ah$。计算面积时，关键要看高，底和高必须是互相垂直的，同时求面积要用面积单位，计算时，注意单位统一。另外，我们还知道了同（等）底等高的平行四边形面积相等。

七、课后延伸，解决问题

我是设计师

学校准备建一个面积是36平方米的平行四边形花圃（底和高都是整米数），如果你是设计师，你会如何设计？

图10 设计花圃

板书设计

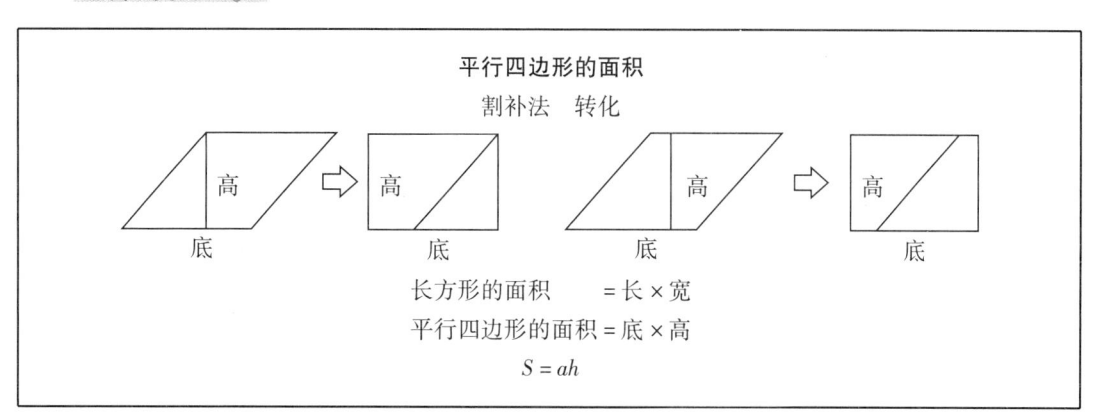

平行四边形的面积

割补法　转化

长方形的面积　　 = 长×宽
平行四边形的面积 = 底×高
$S = ah$

教学反思

（1）在本课设计中，教师先通过抢答游戏回顾复习旧知，再以去内蒙古呼伦贝尔大草原旅游创设情境，展示美丽的草原风光，激发学生兴趣。接着抛出问题，启发学生对比平行四边形和长方形的面积，通过数方格求面积→对比存在局限性→提出猜想→动手探究→交流推导→验证猜想这一过程，让学生实践出真知，亲身经历面积计算公式推导的全过程。在这个过程中，笔者力争践行以教师为引导者，学生为主人翁的教学理念，利用"转化"的数学思想，变教师的"讲"为"导"，变学生被动地接受知识为主动地探索求知，让每个孩子都积极主动地参与到平行四边形面积计算公式的推导过程中，真正成为学习的主人。

（2）平行四边形面积计算公式的掌握，除了通过一系列的推导过程认知外，还要设计层层递进的课堂训练趁热打铁，巩固提升。因此笔者设计了闯关集卡的练习游戏，既夯实四基又生动有趣，从"基础题→易错题→拓展题"，由易到难，由浅及深，层层递进，逐步提高，让学生在闯关中加强平行四边形面积计算公式的运用，在练习中培养学生迁移的思维和解决问题的能力。在闯关练习游戏的最后，揭开呼伦湖的神秘面纱，同时由呼伦湖的形似平行四边形，点明题目，首尾呼应。

（3）总结时教师强调转化思想在本节课中的重要作用，并通过开放性作业的设计，由课内学习到课后巩固，让学生感受学习数学的价值，提高他们解决实际问题的能力，培养他们的数学核心素养。

落实"双减"要求的优质作业设计与分析

发展学生数感　培养三会学生
——"100以内数的认识"单元作业设计案例

汕头市潮阳实验学校　许燕琼

一、基本信息

人教版一年级第二学期第四单元"100以内数的认识"。

二、单元分析

（一）课标要求

《义务教育数学课程标准（2022年版）》第一学段中明确要求学生：

（1）在实际情境中感悟并理解万以内数的意义，理解数位的含义，知道用算盘可以表示多位数。

（2）了解符号<、=、>的含义，会比较万以内数的大小；通过数的大小比较，感悟相等和不等关系。

（3）在具体情境中，了解四则运算的意义，感悟运算之间的关系。

（4）探索加法和减法的算理与算法，会整数加减法。

（5）探索乘法和除法的算理与算法，会简单的整数乘除法。

（6）在解决生活情境问题的过程中，体会数和运算的意义，形成初步的符号意识、数感、运算能力和推理意识。

（二）教材分析

1. 认数教学的第二阶段

一年级第一学期，学生认识20以内的数，这是认数教学的第一阶段；一年级第二学期，认数范围由20以内扩展到100以内，这是认数教学的第二阶段；二年级第一学期，认数范围扩展到万以内，这是认数教学的第三阶段。本单元处于数概念教学的第二阶段，将拓展学生对"计数单位"的认识，并进一步感知、理解"十进制""位值制"两个基本概念。

2. 学习重难点

本单元学习的重点是100以内数的含义和读写方法。这一方面是因为数的含义及其读写方法所涉及的数位概念、组成方法等知识是学生理解数的顺序和大小，并形成相应数感的前提和基础。另一方面，对于学生今后学习 1 000 以内的数、万以内的数、大数、科学计数法等数学知识积累基本活动经验。

本单元学习的难点是用"多一些""少一些""多得多""少得多"等方式描述数的大小关系。因为正确使用上述词语描述数的大小关系，不仅需要学生有良好的数感，而且需要学生在具体情境中恰当把握数的相对大小，并做出合理灵活的选择。

（三）学情分析

1. 学生的知识基础

学生有着较为丰富的生活经验和知识经验：其一，生活中经常看到、用到 100 以内的数，如学号、日期、页码、身高和体重等；其二，学生之前已经学习过"20 以内的数的认识"，经历了按照物体个数一个一个数的过程，遇到更大的数也能数出来，对于数数、读数、写数和比较大小等已经有了丰富的经验。

此外，一年级数学课上有测量的知识，经常用两位数表示测量的结果，并进行大小比较，学生对 100 以内的数非常熟悉，基本消除了作为新知识点的陌生感。

2. 学生的学习困惑

虽然学生对 100 以内的数有一定了解，但并不深刻，主要体现在以下 4 个方面：其一，部分学生对"十进制计数法的位值原则"的理解并不深刻，甚至认为"22 中两个 2 表示的含义相同"。其二，在数数过程中，一些学生数到拐弯数时，不能准确说出下一个整十数是多少；此外，部分学生对 2 个 2 个数，5 个 5 个数，10 个 10 个数还不熟练。其三，学生能用 <、=、> 符号表示数的大小关系，而对"多一些""少一些""多得多""少得多"等表达方式对数的大小关系的描述存在困惑。其四，学生能正确口算整十数加、减一位数，但对算理的理解还需提升。

三、单元作业目标

基于上述课标要求，教材分析及学情分析，确定本单元的作业目标为：

（1）考查学生对正确数出 100 以内的物体的个数，知道这些数是由几个十和几个一组成的，100 以内数的顺序，会比较 100 以内数的大小等知识的掌握。

（2）巩固学生对个位和十位的意义的理解，提高学生正确、熟练地读、写 100 以内的数的能力。

（3）结合生活实际，使学生感受 100 以内数的意义，会用 100 以内的数表示日常生活中的事物，进一步促进学生数感的形成。

（4）学生结合具体事物，感受并巩固 100 以内数的意义，会用 100 以内的数表示日常生活中的事物，并进行简单的估计和交流，体会到"数"和"生活"之间的关系，从而促进数感的发展。

（5）学生在自主探索中体会有序思考的重要性，逐步学会用数学的思维思考现实世界；通过合作沟通，培养学生系统地表达想法的习惯与意识，并能运用数学语言来表述真实世界，体会数学之"好玩"。

四、单元作业设计思路

（一）设计说明

1. 作业类型

根据"双减"政策的要求，一二年级不布置家庭书面作业，因此本次编制根据作业完成的形式分为课题作业和操作作业。

2. 作业概览

一年级下册第四单元"100 以内数的认识"的单元教学时间较长，因此针对第 1~4 课时，我们设计阶段性课堂作业。主要针对本单元"数的认识"部分，包括"数数、数的组成、读数、写数、数的顺序、比较大小"这些内容而设计。

3. 作业编制

在作业编制过程中，其内容来源主要分为：创编、选编和改编，本次编制中主要采用创编和改编两种方式。

4. 作业难度（见图 1）

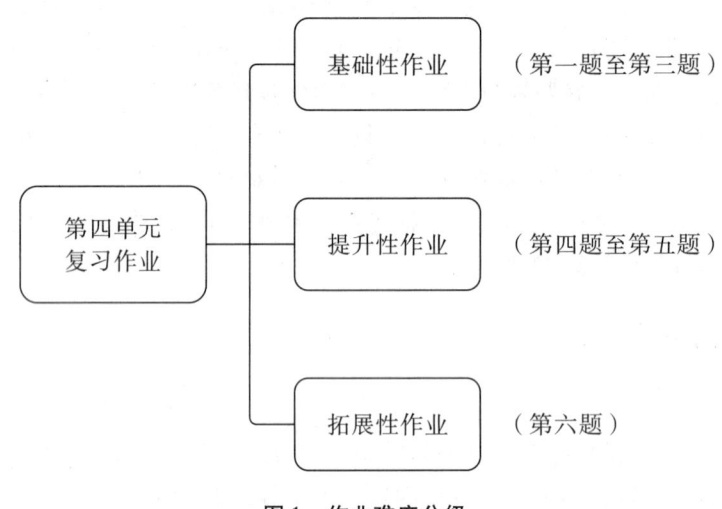

```
                    ┌─ 基础性作业 ──（第一题至第三题）
第四单元复习作业 ────┼─ 提升性作业 ──（第四题至第五题）
                    └─ 拓展性作业 ──（第六题）
```

图 1 作业难度分级

5. 作业时间

本次作业编制中，活动作业在校内或家内完成，用时合理，不会加重学生的学业负担。

（二）作业编制特点

1. 重视学生数感的培养

培养学生的数感是义务教育阶段数学教育的重要任务之一，本次作业编制具体从以下两个方面来培养学生的数感。

（1）提供大量直观的学习资源。

数字是抽象的概念，将数的符号与视觉材料相联系，对学生而言，建立心理表象最重要。本次作业编制为了让学生建立数感，提供了较丰富的教学资源。

（2）提供丰富的认数工具。

为了帮助学生深入地认识数，除了用"计数器"等可以展示数的结构的教具外，还运用"小棒"等来构建数与数之间的外部结构，这样就可以换一个角度，以另一种方式来认识"数"，帮助学生建立数之间的逻辑关系、体验自然数个数的无限性。例如，第一大题第1小题和第二大题让学生在数轴上连一连给数"成形"，将数与形紧密结合起来，从"形"的角度来进一步感知数，逐步培养学生的数感。

2. 彰显立德树人价值

本次作业编制精心选取、凝练和设计了丰富的、新颖的、贴近现实生活和育人价值的现实材料，引入明明一家的生活故事，将应用背景有机链接起来，既考查了学生对"100以内数的认识"的掌握情况，又达到了育人目标。

3. 借力实践活动，培养"三会"学生

数学课程标准要求通过数学学习，学生逐步会用数学的眼光观察现实世界，会用数学的思维思考现实世界，会用数学的语言表达现实世界。在这一单元中，对数的认识从20以内扩展到100以内，数目增大增加，内容更加丰富，抽象性也更加突出。为了使学生能够在掌握数概念的同时，培养"三会"的核心素养，本次作业编制加强了学生的观察、操作等实践活动，通过让学生"观察""做""说"等过程，能够更好地理解和运用数学知识，培养运用知识能力。

例如第五题的"妈妈购物"活动，通过让学生观察身边的数感受现实世界中数的意义，学会用数学的眼光观察现实世界。另外，作业中设置了"田忌赛马"实战活动，可以和爸爸妈妈玩，和同学玩，在巩固数知识的同时，培养了学生用数学语言表达现实世界的核心素养。相较于传统的书面练习，学生一做本单元整理复习作业，就喜欢看、喜欢做、喜欢想。

五、作业内容及设计意图

以教学目标为导向，致力于"教—学—评"的一致性，为更好地发展学生的核心素养，设计了以下单元整理与复习作业。

（一）前置导学单

你能自己整理本单元内容吗？请把下面的思维导图补充完整（见图2）。

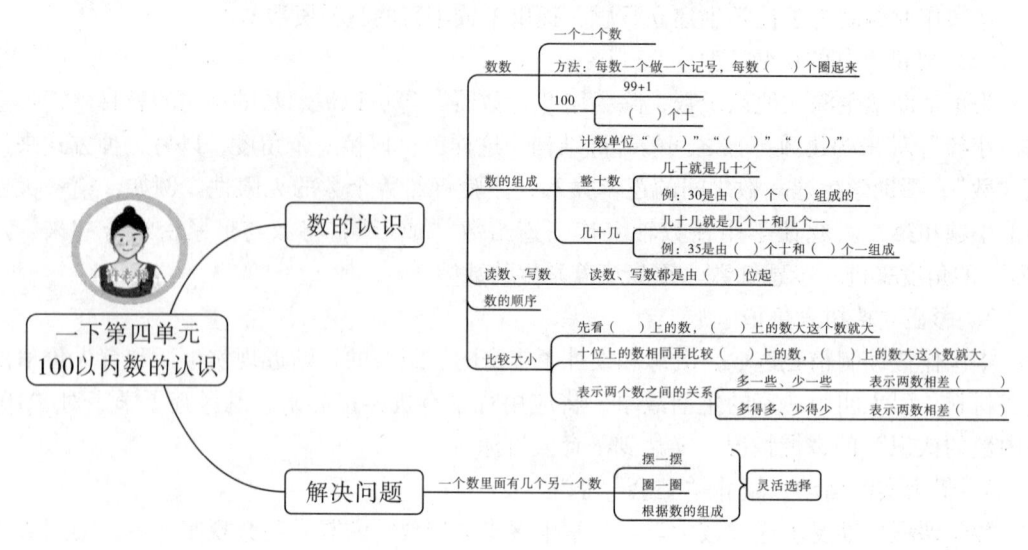

图2　思维导图

一下第四单元 100以内数的认识
- 数的认识
  - 数数
    - 一个一个数
    - 方法：每数一个做一个记号，每数（　）个圈起来
    - 99+1
    - 100
    - （　）个十
  - 计数单位"（　）""（　）""（　）"
  - 数的组成
    - 整十数：几十就是几十个
      - 例：30是由（　）个（　）组成的
    - 几十几：几十几就是几个十和几个一
      - 例：35是由（　）个十和（　）一组成
  - 读数、写数　读数、写数都是由（　）位起
  - 数的顺序
  - 比较大小
    - 先看（　）上的数，（　）上的数大这个数就大
    - 十位上的数相同再比较（　）上的数，（　）上的数大这个数就大
  - 表示两数之间的关系
    - 多一些、少一些　表示两数相差（　）
    - 多得多、少得少　表示两数相差（　）
- 解决问题　一个数里面有几个另一个数
  - 摆一摆
  - 圈一圈　灵活选择
  - 根据数的组成

（二）基础性作业

基础作业是为学习能力中等的学生制定的，是以班上大部分的学生为对象的。作业的内容是与教学有关的基本知识与技巧的训练题、变式题以及一般性的综合解题。通过"做"，让学生对这一阶段所学的知识、所需的基础技能有一个全面的了解，从而达到教学目的。

1. 明明家人的年龄

(1) 写一写、读一读明明家人的年龄。

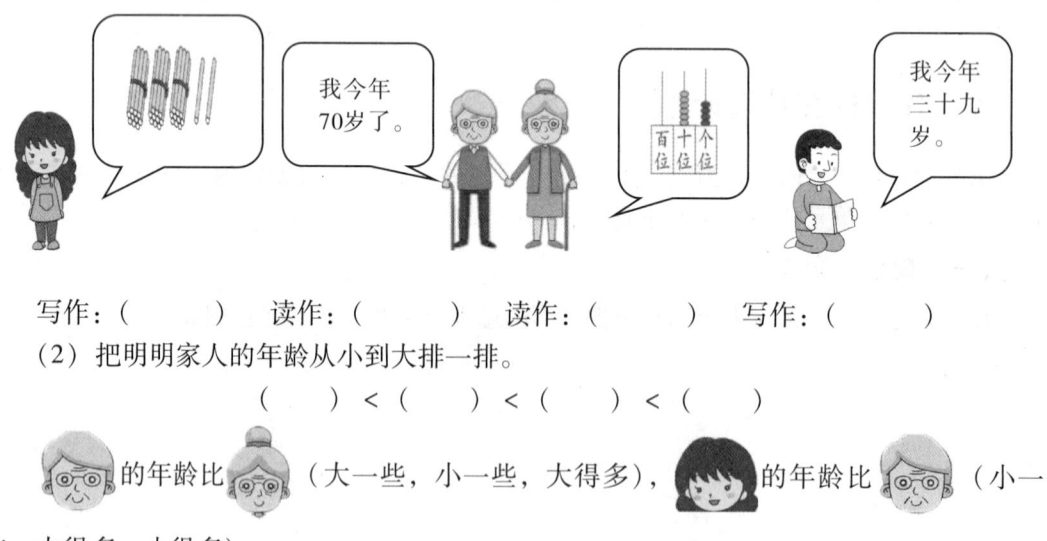

我今年70岁了。　　我今年三十九岁。

写作：（　　　）　读作：（　　　）　读作：（　　　）　写作：（　　　）

(2) 把明明家人的年龄从小到大排一排。

（　　）＜（　　）＜（　　）＜（　　）

　　的年龄比　　（大一些，小一些，大得多），　　的年龄比　　（小一些，大得多，小得多）。

设计意图：本题以"明明家人的年龄"为素材，我们设计了读数、写数的作业，考查了学生对于100以内数的读写掌握情况；把家人的年龄从小到大排一排，考查了学生100以内数的大小比较的掌握情况；以及用"大得多、小得多、大一些、小一些"描述两个年龄的大小比较情况，培养学生数感。

2. 你知道明明家的宠物是什么吗？（见图3）

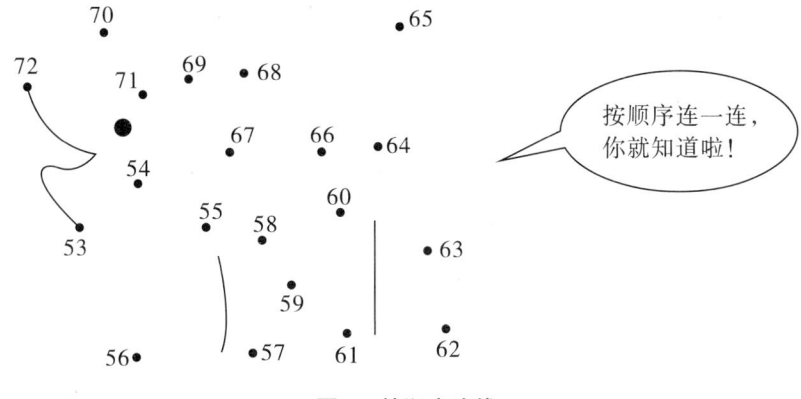

按顺序连一连，你就知道啦！

图3　按顺序连线

设计意图：本题按100以内部分数的顺序依次连点绘出图画，在经历杂乱的点变成清晰的图案的过程中，既能巩固百位数的顺序，检验学生的细心与耐性，又激起他们的学习兴趣与学习积极性。本类题也是练习数顺序的经典题目。

3. 明明画了一幅画，你们能帮他涂上颜色吗？（见图4）

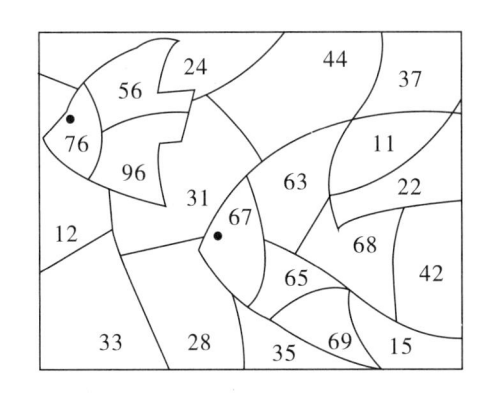

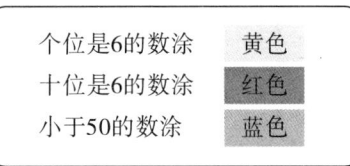

个位是6的数涂	黄色
十位是6的数涂	红色
小于50的数涂	蓝色

图4　按要求涂色

123

设计意图：本题让学生根据要求涂色，考查学生对数位、数大小的应用掌握情况。此题能根据低段学生的学习特性，利用不同的答题方式，激起学生学习兴趣和答题动力。

（三）提升性作业

提升性作业主要针对个别在数学学习方面比较优秀的学生，以提升思维水平的训练及灵活性训练为主。能引发学生持续探究，既训练了学生的阅读理解能力以及审题能力，也建立学生经验与知识之间的联系，激发学生的学习潜能。

1. 阅读时间到，请写出他们看的页数

妈妈看的页数是最大的两位数。

爸爸看的页数是37的相邻数，也是39的相邻数。

我看的页数在45~55页之间，个位比十位小3。

□页　　　　□页　　　　□页

图5　写出页数

设计意图：本题以猜"明明和爸爸妈妈看书的页数"为素材设计了3个小题，考查了学生100以内数不同的特点的掌握情况，包括"最大的两位数""相邻数""用区间套和十位、个位的差综合分析猜数。"学生需要综合两个和两个以上知识点进行分析，才能解决问题。既训练了学生的阅读理解能力以及审题能力，也建立学生经验与知识之间的联系，激发学生的学习潜能。

2. 下面是妈妈购买的物品，请根据图片完成填空

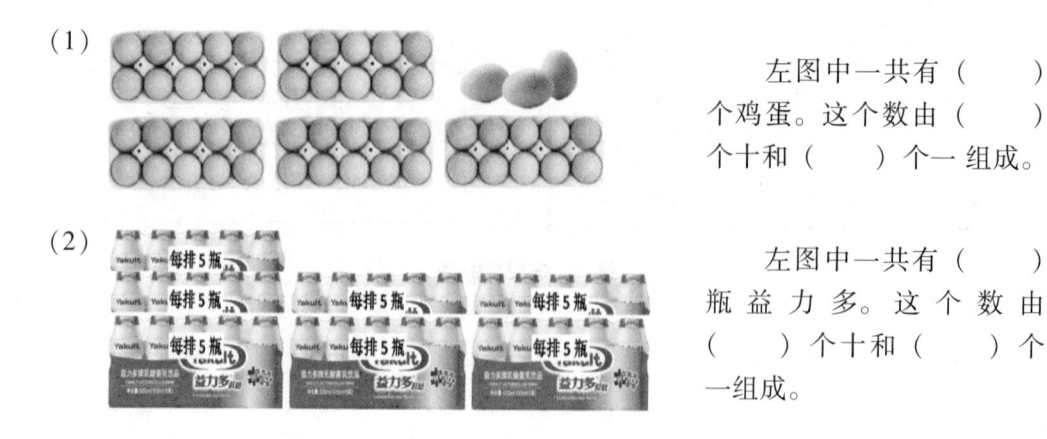

（1）　　左图中一共有（　　）个鸡蛋。这个数由（　　）个十和（　　）个一组成。

（2）　　左图中一共有（　　）瓶益力多。这个数由（　　）个十和（　　）个一组成。

(3) 左图中有（　　）个山竹和（　　）个草莓。

草莓比山竹少（　　）个，一共有（　　）个水果。

(4) 妈妈买上面这些食品一共花了 **99** 元钱。

"99"里个位的"9"表示（　　）个（　　），十位的"9"表示（　　）个（　　）妈妈付了100元，要找回（　　）元。

> 设计意图：本题以"妈妈购买的物品"为题材设计作业，主要考查学生不同方式数数的能力，以及数的组成的掌握情况。第4小题考查学生对于数字位值制的掌握情况，是本单元的难点之一，并融合了"找钱"的题目，为后续学生学习人民币价格的组成做好铺垫，且培养了学生的数学意识，了解数可以解决生活中的实际问题。

（四）拓展性作业

拓展性作业是对于小学低年段学生生动有趣的游戏式作业，能营造一定的游戏氛围，让学生主动地探索学科知识，解决学科问题，把学习知识的过程变成一个主动的生动活泼的学习过程，还有利于学生主动参与学习活动。挖掘生动益智的学科素材选择编制形成游戏式作业，有助于学生求知兴趣的持续发展，提升思维品质，培养核心素养。

一起游戏吧，田忌赛马数牌游戏。

游戏规则：

两人轮流摸6张，自行组成三个两位数翻开放在桌面上不能更改；通过石头剪刀布决定出牌顺序；自主选择其中一个数与对方的数进行比较，数大者赢；三局过后多赢者胜。

> 设计意图：本题利用数字牌设计了田忌赛马的游戏，使学生在游戏中能根据不同的数字进行合理组数、比较，并学会运用数学思维全面思考，战略布局，而教学内容中的重、难点也化为游戏形式增添乐趣，提高学生参与度，从而达到统一时效。短短的视频比一长串的文字更能让小学生看得明白，玩得透彻。将科技的便捷服务于学科，也应是每个数学人需要掌握的技能。

（五）错题"银行"（见表1）

表1　错题"银行"

难度：○○○	题目类型：○ 基础题　　○ 提升题　　○ 拓展题
知识点：	题目： 错因分析：○ 理解错误 　　　　　　○ 计算错误

（六）学习效果评价表（见表2）

表2　学习效果评价表

	自我评价	小组评价	老师评价
一、家人的年龄	☆☆☆	☆☆☆	☆☆☆
二、明明的宠物	☆☆☆	☆☆☆	☆☆☆
三、明明的画	☆☆☆	☆☆☆	☆☆☆
四、阅读时间	☆☆☆	☆☆☆	☆☆☆
五、妈妈的购物清单	☆☆☆	☆☆☆	☆☆☆
六、一起游戏吧	☆☆☆	☆☆☆	☆☆☆

六、作业反思

在本阶段作业设计中努力做到以下三点：

（一）作业体现层次

在"双减"政策下，特别是课后无纸笔的一年级进行课堂作业设计的时候需要遵循层次性原则。本阶段性课堂作业设有"基础""提升"和"拓展"三个层次的作业，考查学生对不同层次题目的掌握情况。不仅可以反馈学生对本阶段教学内容的掌握情况，达到巩固和强化的效果，还可以延伸课堂教学内容，发展学生的思维。

（二）作业体现针对性和综合应用性

本次课堂作业设计以本阶段教学目标为检测点，针对性强，并以数学应用为目标，通过作业检验学生的综合应用能力和解决实际问题的能力。这份作业以"明明一家人的生活"为出发点，将各知识点与生活实际相联系，让学生感受数学的现实意义，将抽象的数字转化为生活中的日常点滴，体会生活中 100 以内数的多种运用。

（三）作业体现趣味性

这是为一年级学生设计的作业。针对一年级学生活泼好动、久坐易疲劳的特点，笔者将知识内容设计成了有趣的数学游戏，如连点成画游戏、涂色游戏、田忌赛马游戏等，不仅提高了学生练习的积极性，更提高了学生对数学的兴趣。学生在游戏中合作交流能力、数学应用能力等也得到了锻炼。

立足核心素养，优化"三单"设计
——"认识图形（二）"课时作业设计

汕头市金平区私立广厦学校　李丹琳

一、作业设计理念

（一）紧靠教材内容

本单元是在学习了一年级上册认识四种简单的立体图形的基础上，通过一系列的活动帮助学生初步认识长方形、正方形、三角形、圆、平行四边形，是学生正式学习平面图形的伊始，是建立在初步认识立体图形的基础上进行教学。

新课标强调让学生从已有的生活经验出发，亲身体验、探索各个平面图形的特征。第一课时，学生自主寻找生活中的几何图形进行拓一拓，进一步使学生加深对平面图形的认识与理解；第二课时——拼一拼，是通过拼图让学生进一步感受正方形、长方形、三角形、圆和平行四边形这五种基本平面图形的特征，并能对简单的图形进行拼、补，发展学生的空间观念和创新意识；第三课时，用七巧板拼图形是一节可视性很强的课，本节学习的内容是利用拼七巧板使学生进一步巩固所学的知识，让学生通过参与活动来体会平面图形的特征，这些有助于发展学生的空间观念，使其体会图形之间的关系。

（二）遵循学生认知规律

大部分学生在幼儿园阶段已经认识长方形、正方形、圆、三角形，但对"平行四边形"接触较少。对平面图形的具体特征，以及平面图形与立体图形的关系还不明确，需要进一步学习。该年龄段的学生爱玩、对新知识充满好奇心、更喜欢动手实践活动。在教学设计时可设计多样式、多层次的教学活动，让学生多动手、多思考，从教学活动中培养学生的数学核心素养，以及对数学学习的兴趣。

（三）明确单元目标

（1）直观认识长方形、正方形、三角形、圆、平行四边形等平面图形，能够辨认和区别这些平面图形。

（2）通过拼、摆、画、折等活动，使学生直观感知所学平面图形的特征。

（3）通过观察、操作，使学生初步感受所学图形之间的关系。

（4）培养学生初步的观察能力、动手操作能力和语言表达能力，同时感受图形与日常生活的密切联系，并学会从数学的角度去观察周围的世界。

（四）立足核心素养

（1）在辨认和感知立体图形的特征基础上，描（画、印、拓）出简单的立体图形的面，渗透平面图形和立体图形的关系，旧知探究新知，积累关于图形认识的基本活动经验，形成几何直观。

（2）了解日常生活中与数学相关的信息，以七巧板作为素材引入，渗透中国优秀的传统文化，感知平面图形的特征，培养学生的空间观念、动手操作能力和创新意识。

二、作业设计与说明

（一）作业目标

（1）通过练习，学生能进一步认识这些平面图形。
（2）通过摆一摆、拼一拼，培养学生的空间观念及创新意识。
（3）通过练习，让学生更加喜欢数学，感受数学带来的乐趣。

（二）作业作品（见表1）

表1　作业作品

【作业设计内容】

	第一课时：认识平面图形	
作业类型	作业内容	设计意图
前置导学单	图1　用立体图形拓画图案 用立体图形拓一拓，画出一幅你喜欢的图案吧！并说一说你画出了什么图形？	使学生经历由"体到面"的过程，感受平面图形和立体图形之间的关系。培养学生的创新意识和空间意识

续上表

作业类型	作业内容	设计意图
课堂学习单	图2 圈出哪个物体可以画出左边的图形 哪个物体可以画出左边的图形？请把它圈出来，并在小组内说一说用的是哪个面吧！	本学习单利用组内共学，突破本课难点。"球无法拓印出圆""圆锥无法拓印出三角形"。培养学生的几何直观、空间观念及推理意识
课后研学单	数一数，猜一猜，还缺（　　）块砖，说一说你的想法。 图3 判断缺多少块砖	根据图形的特点，探索数砖墙的构造以及规则。利用本练习，培养学生空间观念和空间想象力，体会学习数学的乐趣

【作业设计内容】

第二课时：图形的拼组

作业类型	作业内容	设计意图
前置导学单	小朋友，请问你会拼图形吗？把你摆出的样子画下来。 1. 用两个同样的正方形拼一拼。 我拼出的是（　　　　　）。	通过拼组长方形、正方形的活动，进一步感受长方形和正方形之间的关系，为后面进一步的拼组活动打下基础。第3题留白给学生想象空间，培养学生学习的主动性，体验拼图形的快乐

续上表

作业类型	作业内容	设计意图
前置导学单	2. 用两个同样的长方形拼一拼。 我拼出的是（　　　　）。 3. 我还想自己拼一拼两个同样的（　　）形。 我拼出的是（　　　）	
课堂学习单	图4 剪三角形并拼一拼 剪出课本 P99 的三角形，小组合作拼一拼，并把结果画出来。 用 2 个同样的三角形可以拼出（　　　　　　）。 用 3 个同样的三角形可以拼出（　　　　　　）。 用 4 个同样的三角形可以拼出（　　　　　　）。 用 6 个同样的三角形可以拼出（　　　　　　）。	学生通过小组合作，用学过的三角形拼一拼，使学生进一步体会平面图形的特征，初步感受平面图形的特征，以及平面图形之间的关系。培养学生的几何直观、空间观念以及创新意识

续上表

作业类型	作业内容	设计意图
课后研学单	数一数，图中有（　　）个正方形。 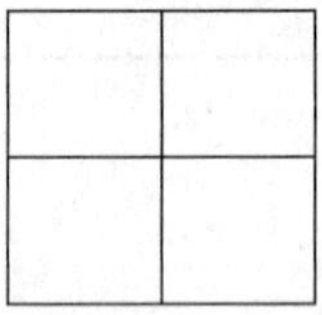 图5　数图中正方形数量 数一数，图中有（　　）个三角形。 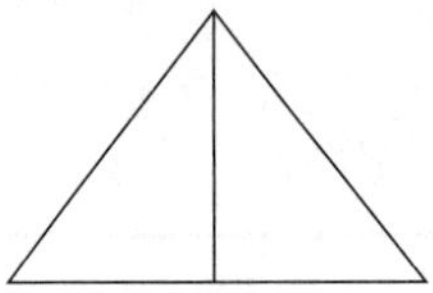 图6　数图中三角形数量 数一数，图中有（　　）个长方形。 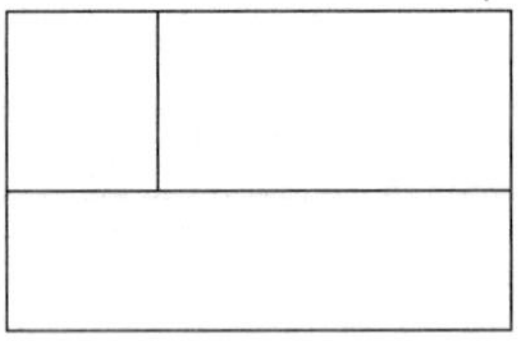 图7　数图中长方形数量	学生通过数出正方形和三角形的个数，加深感受平面图形的特征，强化本节课学的"拼"这个动作。让学生感受到用平面图形拼一拼，也能拼出一个新的平面图形。培养学习兴趣，增强想象力，并为以后学习积累一些感性经验

【作业设计内容】

第三课时：七巧板

作业类型	作业内容	设计意图
前置导学单	你知道有关七巧板的故事吗？请你查一查，并与小朋友分享吧！  图8　查找并分享关于七巧板的故事 我知道：	让学生自己查一查有关七巧板的故事，了解关于七巧板的背景知识，渗透数学文化。在课中可以用自己查找到的知识与同学分享，培养学生的表达力及自信心

132

续上表

作业类型	作业内容	设计意图
课堂学习单	你能用七巧板中的图形拼三角形吗？请你完成以下挑战，挑战成功请在"（　　）"里画"√"： 第一关★：挑战两块板（　　） 第二关★★：挑战三块板（　　） 第三关★★★：挑战四块板（　　） 第四关★★★★：挑战五块板（　　） 第五关★★★★★：挑战七块板（　　） 恭喜你，通关成功！	以学生通过读题审题，然后独立拼一拼，交流汇报，最后总结的方式，经历解决问题的完整过程。这有目的、有计划地培养学生理解问题、分析问题、解决问题及自我反思的能力。本学习单还暗示着解决问题的基本思路——有序：先从用2块板开始拼，再到用3块板拼……
课后研学单	你能用七巧板拼出下面的图形吗？快去试一试吧！ 图9　拼图形之一　　　图10　拼图形之二	在课后研学单中，用暗影图案让学生拼一拼，促进学生多动手多动脑，培养学生的推理意识、几何直观以及空间观念

续上表

【作业设计内容】

综合实践作业

作业类型	作业内容	设计意图
创意贴纸	小朋友们，请用我们学过的平面图形动手设计一幅创意贴纸画，看看哪位同学设计的最棒。 图11　设计创意贴纸画	学生运用所学的平面图形拼贴一幅幅具有童趣的画。在动手中，学生对平面图形的特征更加了解，在不知不觉中也培养了自身的几何直观、应用意识、空间观念、创新意识、推理意识

（三）课后单元错题"银行"

表2　课后单元错题"银行"

错题：
哪个物品可以拓印出左边的图形。把它圈出来。

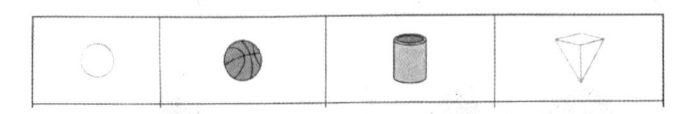

图12　圈出可以拓印出左图的物品

错解：

图13　错解（球）

正解：

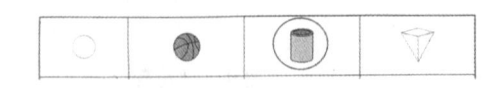

图14　正解（圆柱体）

错题分析：
　　学生在做题时，认为立体图形"球"在练习题上看起来像平面图形"圆"，因而圈出"球"导致错误

改进措施：
　　让学生在课堂上使用学具，用球拓一拓，引发认知冲突，从而加深学生的印象

续上表

错题:
哪个物品可以拓印出左边的图形。把它圈出来。

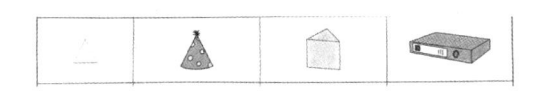

图15 圈出可以拓印出左图的物品

错解:	正解:
图16 错解（圆锥）	图17 正解（三棱柱）
错题分析:	改进措施:
与上一题一致，学生第一眼看见题目中的圆锥时，认为其看起来很像三角形，所以圈"圆锥"，导致错误	在课堂中，创设生日情境，用"生日帽"代替圆锥，贴切学生生活。再让学生观察，并提问学生："'生日帽'能拓印出三角形吗?"引发学生思考。再让学生拓一拓，在实践中感受圆锥无法拓印出三角形

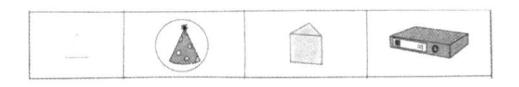

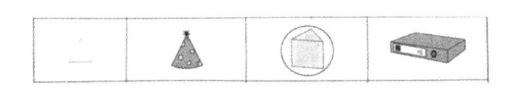

错题：数一数，缺了（　　）块。

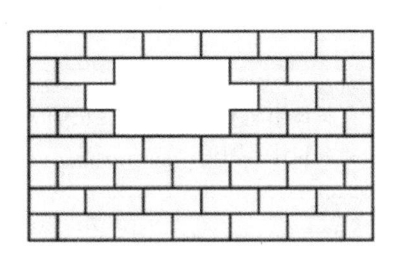

图18 数一数缺少砖块数量

错解：数一数，缺了（6）块。	正解：数一数，缺了（7）块。
图19 错解（6块）	图20 正解（7块）

续上表

错题分析： 因为学生的空间观念和空间想象力还不够完善，所以学生在用画一画的方法解决问题时容易画错	改进措施： 对于中等水平的学生，可以让学生先画一画，在画的过程中发现方法——对照隔层数更简单；对于水平较低的学生，可以用学具摆一摆，在实践中理解、感悟本题的做法
错题： 判断题：两个三角形一定能拼出正方形（　　）	
错解：√	正解：×
错题分析： 学生看题时，马上联想到"例2. 拼一拼"中，两个相同的三角形能拼出一个正方形。然而学生没有注意到缺少"相同的"这个关键词，导致错误	改进措施： 利用两个一大一小的三角形拼一拼，让学生产生视觉冲突，让学生知道需要两个相同的三角形来拼才能拼出正方形，加深对"相同的"这个关键词的印象

（四）单元学习效果评价表（含教师评价、小组评价和自我评价）

表3　单元学习效果评价表

教师评价表

评价内容	评价标准	评价等级	最后得
几何直观	学生能直观认识长方形、正方形、三角形、圆、平行四边形等平面图形，能够辨认和区别这些平面图形	优：5☆ 良：4☆ 合格：3☆	
空间观念	能根据图形的特征，将图形进行拼组，并能正确判断出指定图形是由什么和什么图形拼成的	优：5☆ 良：4☆ 合格：3☆	
创新意识	能用图形拼一拼、剪一剪、折一折创造一幅贴纸画	优：5☆ 良：4☆ 合格：3☆	

小组评价表

评价内容	评价标准	评价等级	小组评	自我评
学习态度	1. 积极讨论 2. 认真思考 3. 书写端正	优：5☆ 良：4☆ 合格：3☆		
倾听能力	1. 能认真听同学说 2. 能听清楚同学表达的意思 3. 倾听别人给予的建议	优：5☆ 良：4☆ 合格：3☆		

续上表

评价内容	评价标准	评价等级	小组评	自我评
表达能力	1. 能积极参与小组讨论 2. 能清楚表达自己的见解	优：5☆ 良：4☆ 合格：3☆		

三、完整作业设计作品（含答案，用红色填写）

表4　完整作业设计作品

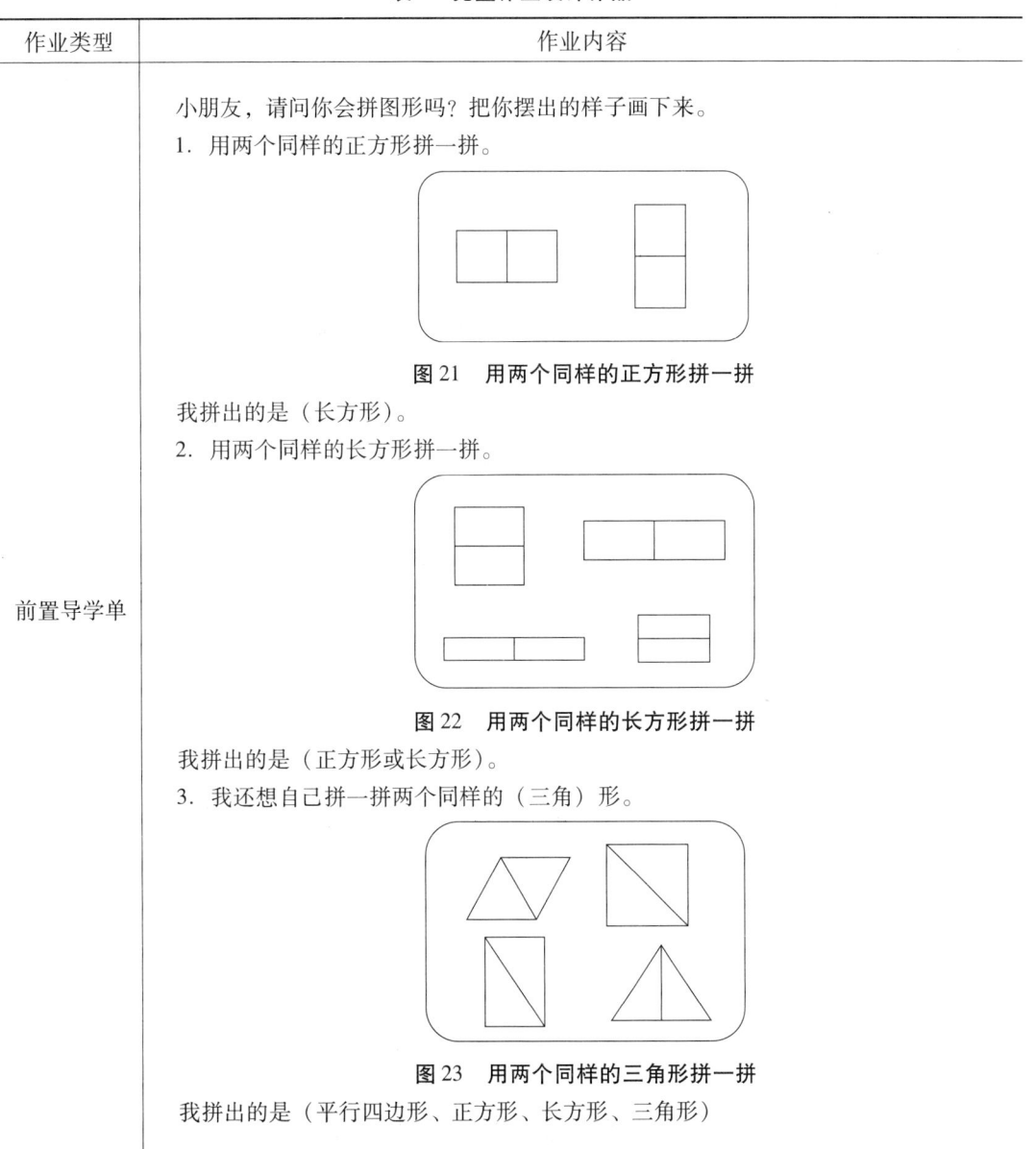

作业类型	作业内容
前置导学单	小朋友，请问你会拼图形吗？把你摆出的样子画下来。 1. 用两个同样的正方形拼一拼。 图21　用两个同样的正方形拼一拼 我拼出的是（长方形）。 2. 用两个同样的长方形拼一拼。 图22　用两个同样的长方形拼一拼 我拼出的是（正方形或长方形）。 3. 我还想自己拼一拼两个同样的（三角）形。 图23　用两个同样的三角形拼一拼 我拼出的是（平行四边形、正方形、长方形、三角形）

续上表

作业类型	作业内容
课堂学习单	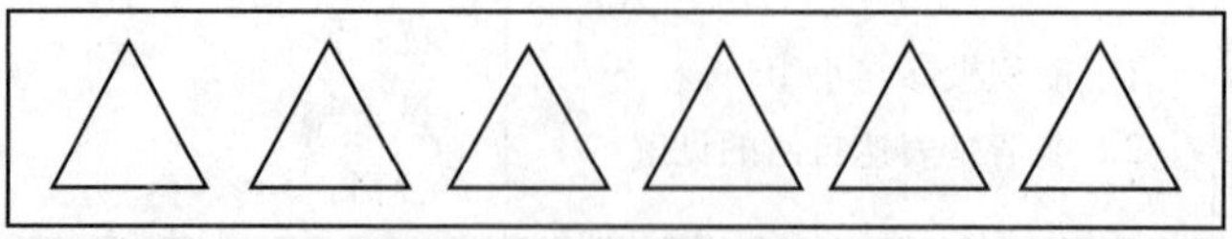 图24　剪三角形并拼一拼 剪出课本 P99 的三角形，小组合作拼一拼，并把结果画出来。 用 2 个同样的三角形可以拼出（平行四边形、正方形、长方形、三角形）。 用 3 个同样的三角形可以拼出（梯形）。 用 4 个同样的三角形可以拼出（平行四边形、长方形、正方形、三角形）。 用 6 个同样的三角形可以拼出（六边形、平行四边形、长方形）
课后研学单	1. 数一数，图中有（5）个正方形。 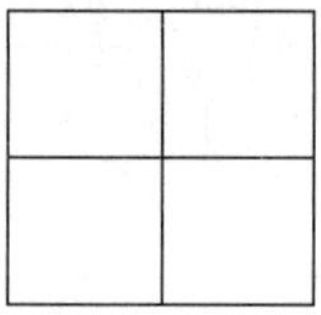 图25　数图中正方形数量 2. 数一数，图中有（3）个三角形。 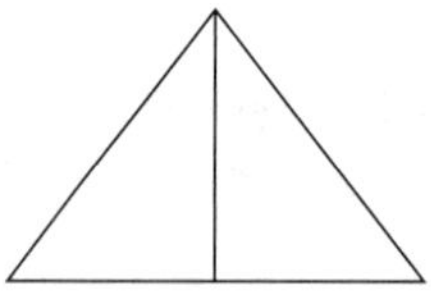 图26　数图中三角形数量 3. 数一数，图中有（5）个长方形。 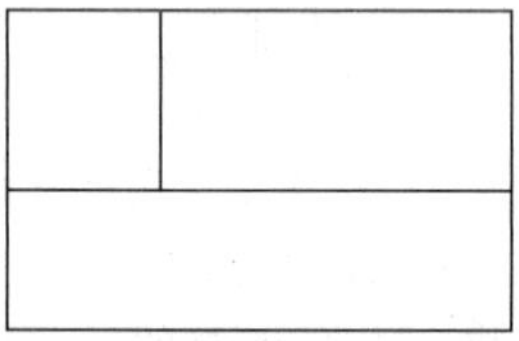 图27　数图中长方形数量
作业类型	作业内容
前置导学单	你知道有关七巧板的故事吗？请你查一查，并与小朋友分享吧！  图28　查找并分享有关七巧板的故事

续上表

作业类型	作业内容
前置导学单	我知道：七巧板又称七巧图、智慧板，是中国民间流传的智力玩具。它是由宋代的宴几演变而来的，原为文人的一种室内游戏，后在民间演变为拼图板玩具。现七巧板系由一块正方形切割为五个小勾股形，将其拼凑成各种事物图形，如人物、动植物、房亭楼阁、车轿船桥等，可一人玩，也可多人进行比赛。利用七巧板可以阐明若干重要几何关系，其原理便是古算术中的"出入相补原理"。（答案不唯一）
课堂学习单	你能用七巧板中的图形拼三角形吗？请你完成以下挑战，挑战成功请在"（　　）"里画"√"： 第一关☆：挑战两块板（√） 第二关☆☆：挑战三块板（√） 第三关☆☆☆：挑战四块板（√） 第四关☆☆☆☆：挑战五块板（√） 第五关☆☆☆☆☆：挑战七块板（√） 恭喜你，通关成功！
课后研学单	你能用七巧板拼出下面的图形吗？快去试一试吧！ 图29　拼图形之一　　　图30　拼图形之二 参考答案： 图31　参考答案（拼图形之一）　　　图32　参考答案（拼图形之二）
创意贴纸	小朋友们，请用我们学过的平面图形动手设计一幅创意贴纸画，看看哪位同学设计的最棒。 参考答案：答案不唯一，略

凸显度量本质　发展学生量感
——"长方形和正方形面积的计算"课时作业设计

汕头市潮阳实验学校　田茂春

《义务教育数学课程标准（2022年版）》针对"内容要求"提出了"学业要求""教学提示"，细化了评价与考试命题建议，要求注重实现"教—学—评"一致性。作业设计是评价的重要组成部分，优秀的作业有助于更好地发展学生的数学素养，实现数学课程目标，落实借助学科"立德树人"的根本任务。下面以三年级下册第五单元"长方形和正方形面积的计算"课时作业为例，探索实现"教—学—评"一致性的作业设计策略。

一、精准制定教学目标

教学目标是"教—学—评"一致性的前提和灵魂，也是判断"教—学—评"是否一致的依据，有了清晰的教学目标，才能围绕目标教和学，紧扣目标进行评价，更好地实现"教—学—评"的一致。

（一）课标提炼

（1）内容要求：探索并掌握长方形、正方形的周长和面积的计算公式。

（2）学业要求：会计算长方形、正方形的周长和面积。在解决图形周长、面积的实际问题过程中，逐步积累操作的经验，形成量感和初步的几何直观。

（3）教学提示：采用类比的方法，感知图形面积的可叠加性，推导出长方形和正方形面积的计算公式。在探索的过程中，形成初步的几何直观和推理意识。

（二）教材剖析

教材在编排时以面积含义为基础，以度量本质为核心，创设了引导学生进行探究的情境。教材共设计了三个层次的探究活动。

1. 多样测量，初悟方法

课本提供了两种方法：第一种是直接数出面积单位个数的方法，第二种是数出每行面积单位的个数和行数，用乘法算出面积单位个数的方法。两种方法有一定的进阶性：第一种方法是最基础的方法，也是最能直观展示度量面积本质（包含多少个面积单位）的方法；第二种方法为面积公式的探究提供了直观的经验。

2. 归纳推理，构建模型

让学生拼摆长方形，探索长方形面积与它长和宽之间的关系，并用表格的方式进行记录和整理，便于学生通过观察、归纳，总结出长方形面积计算的公式，建立数学模型。

3. 类比迁移，丰富结构

归纳正方形面积公式，把正方形看成特殊的长方形，由一般到特殊，通过推理，归纳正方形面积计算的公式，知识结构得以丰富。

教材的编排以生为本，以活动为载体，学生经历了"动手实践，初步感知是什么——深入探究，理解为什么——沟通联系，形成认知结构"的全过程。"长方形和正方形面积的计算"是小学阶段计算平面图形面积的起始课，对学生后续的学习有着重要的意义和作用。同时教材中有着丰富的核心素养点，如量感、几何直观、推理意识、模型意识等，有利于培养学生的数学素养。

（三）学情分析

通过本单元前两课时的学习，学生掌握了面积的含义和面积单位，会通过数方格（即密铺）的方法求简单图形的面积，初步理解"求一个图形的面积就是看这个图形中包含多少个面积单位"。学生在前面的学习中，具备一定的操作、观察、归纳等能力，积累了一定的数学活动经验。但根据皮亚杰的认知发展理论，用长度乘宽度求面积的能力属于"运算"水平，这个发展水平一般要到11岁或12岁才会出现，加上要学生从操作活动中，发现长方形的长（长度单位的个数）和每行面积单位的个数，宽（长度单位的个数）和拼摆的行数之间的对应关系本身有一定的难度，所以要让三年级的学生真正理解面积公式并非易事。

（四）教学目标

基于对课标、教材和学情的分析，将本节课的教学目标制定为：

（1）学生在活动中探索并掌握长方形、正方形面积公式，会应用公式正确计算长方形、正方形的面积，能估计给定的长方形、正方形的面积。

（2）体验从度量到计算来研究长方形和正方形面积的探究经历，积累数学学习活动的经验，形成量感、初步的几何直观、推理意识和模型意识。

（3）学生能感受到数学与现实生活的联系，初步学会用有关面积的知识解决简单的实际问题，形成分析和解决问题的能力。

（4）在动手操作中体验学习数学的乐趣，在探究得出结论中体会成功的快乐。

二、科学合理设计作业

以教学目标为导向，致力于实现"教—学—评"一致性，为更好地发展学生的核心素养，设计了以下星级课时作业。

（一）前置导学单

第1题 图1中每个小正方形的面积是1平方厘米，比较A、B、C三个图形的面积，你发现了什么？

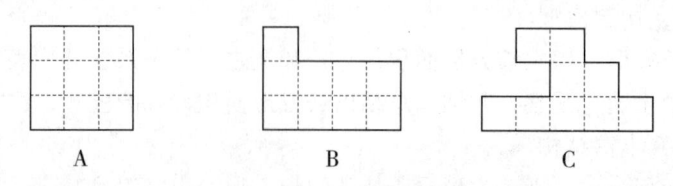

图1　比较 A、B、C 三个图形的面积

图 A 的面积是（　　　）平方厘米，图 B 的面积是（　　　）平方厘米，图 C 的面积是（　　　）平方厘米。我发现：_____。

【设计意图】本题通过数面积单位向学生渗透计量面积的本质就是包含多少个面积单位，通过观察面积相等但形状不同的图形让学生感受面积守恒的特点，同时了解学生的思维发展水平。

第2题　如何计算长方形的面积？能说说为什么吗？

长方形的面积 = _____

因为 _____

【设计意图】了解多少人知道长方形面积计算公式，多少人理解面积公式的含义。

第3题　关于长方形和正方形面积的计算你有什么疑问或还想知道什么？

我的疑问：_____

我想知道：_____

【设计意图】开放题的设置，了解学生对本知识的认识和疑问，为教学提供依据。

（二）新知探究单

活动一：一个长方形长 5 厘米，宽 3 厘米。你能得出它的面积吗？（★）

我的发现：用面积 1 平方厘米的小正方形进行密铺，上面的长方形每行可以摆（　　　）个，可以摆（　　　）行，正好摆好了（　　　）个 1 平方厘米的小正方形。它的面积是（　　　）平方厘米。

请你思考：其他长方形的面积是不是也可以这样计算呢？_____

【设计意图】让学生求得长方形的面积，以任务驱动的方式开展学习。在用面积单位拼摆的过程中，促进学生对面积这一核心概念的理解和应用，体会到计算长方形的面积就是看这个长方形包含多少个面积单位，凸显度量的本质，同时通过直观的方法初步感受到面积与长、宽之间的关系，引发学生对长方形面积计算方法的猜想。

活动二：任意找几个长、宽都是整厘米数的长方形，用 1 平方厘米的正方形摆一摆。边操作，边填表 1。然后观察表格中长方形长、宽和面积的关系，并说说你的发现。（★★★）

表 1　填写长方形长、宽和面积的关系

长方形	长/厘米	宽/厘米	面积/平方厘米
1 号			
2 号			
3 号			
4 号			
5 号			

我的思考：长方形的面积与它的长和宽有什么关系？

我的发现：_____

我的结论：_____

【设计意图】在活动一中，学生通过一个特殊的例子有了直观的感悟和猜想。活动二拼摆更多的长方形，帮助学生验证猜想。学生通过拼摆、填表、观察、归纳从而得出结论，发展学生推理意识和模型意识。

活动三：先估一估下面图形的面积，再测量并计算面积。（★★）

估计结果：（　　　　　）　　　　　估计结果：（　　　　　）
计算结果：（　　　　　）　　　　　计算结果：（　　　　　）

我的发现：正方形的面积 = _____

【设计意图】估一估，是为了发展学生的量感；测一测，但没告诉学生测什么，评价学生是否能根据要解决的问题获取所需要的数学信息；算一算，评价学生是否能正确应用公式计算面积。最后由长方形的面积公式类比出正方形的面积公式，丰富学生的知识结构，发展学生的类比推理能力。

（三）综合演练单

第 1 题　图 2 是公园的一块长方形空地，工人叔叔铺地砖时设计了如下图案，如果每块正方形地砖的面积是 1 平方米，这块长方形空地的面积是（　　　　）平方米。（★）

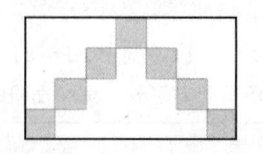

图2　求长方形空地的面积

【设计意图】换一种形式呈现长和宽,发展了学生的思维,考查了学生对长方形面积含义的理解,看看学生是否真正理解求面积就是看包含多少个面积单位,以及面积和长、宽的关系,既紧扣了度量的本质,又考查了教学的重难点。同时联系生活实际,培养学生的应用意识。

第2题　在一张边长是10厘米的正方形纸中,剪去一个长6厘米、宽4厘米的长方形。小明想到了三种方法(见图3)。(课本63页第9题)(★★)

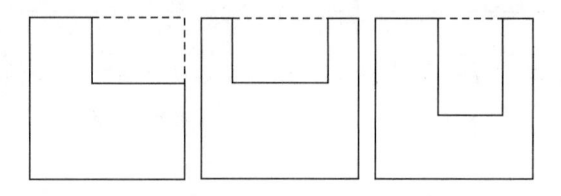

图3　求剩余部分的面积和周长

(1) 剩余部分的面积各是多少平方厘米?
(2) 剩余部分的周长各是多少厘米?

【设计意图】本题除了评价应用长方形、正方形面积公式进行计算的能力外,重点借助直观的图形向学生渗透面积守恒,学生清楚地看到,在相同的正方形中,剪掉同样大小的长方形,无论如何剪,剩下的面积都相等,凸显知识的本质。除此之外,强化面积与周长的对比,帮助学生区分各自的计算方法,厘清核心概念的含义。

第3题　下面(见图4)每个小正方形表示1平方厘米。请你按要求画一画、填一填。(★★★)

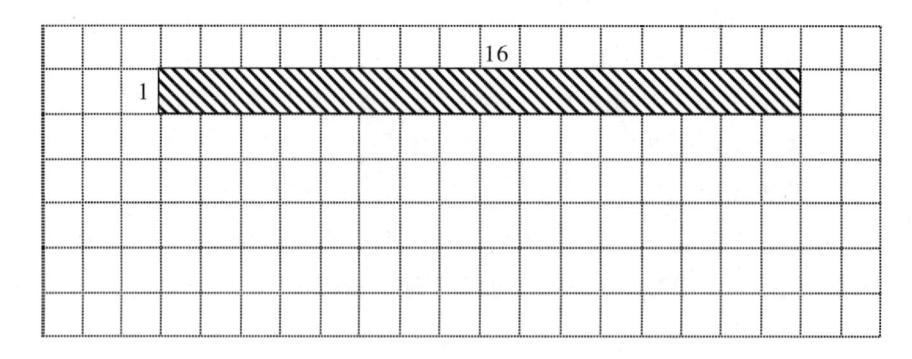

图4　画出面积是 16 cm² 的长方形或正方形

(1) 在方格纸上再画两个形状不同,但面积都是16平方厘米的长方形或正方形,并将所画的图形涂上阴影。

（2）根据你所画的图形，继续完成下列表格（见表2）。

表2 填写所画图形的各项数据

长/cm	宽/cm	面积/cm²	周长/cm
16	1	16	34

（3）观察上面表格我发现：面积相等的长方形中，长和宽越接近，周长就越（　　）。

【设计意图】画一画让学生清楚地看到只要包含16个1平方厘米，它的面积就是16平方厘米，进一步突出面积测量的本质；算周长和面积，通过对比，强化周长和面积的含义，并进行归纳，得出结论，发展学生的推理意识和模型意识，提升学生的核心素养。

第4题　同学们，通过这一节课的学习，大家肯定有不少收获，请根据实际情况，从新知探究、综合演练、课堂参与三方面进行评价（见表3）。

表3　评价表

评价主体	新知探究	综合演练	课堂参与	全课总评
自我评价	☆☆☆☆☆	☆☆☆☆☆	☆☆☆☆☆	共（　）☆
小组评价	☆☆☆☆☆	☆☆☆☆☆	☆☆☆☆☆	共（　）☆
教师评价	☆☆☆☆☆	☆☆☆☆☆	☆☆☆☆☆	共（　）☆

【设计意图】多样的评价主体、多元的评价维度、丰富的评价方式、激励的评价语言，关注学生"四基""四能"达成的同时，促进学生核心素养的发展。

（四）课后延学单

第1题　数学课学习了"长方形和正方形面积的计算"，小明和小林在课间有如下对话（见图5）。

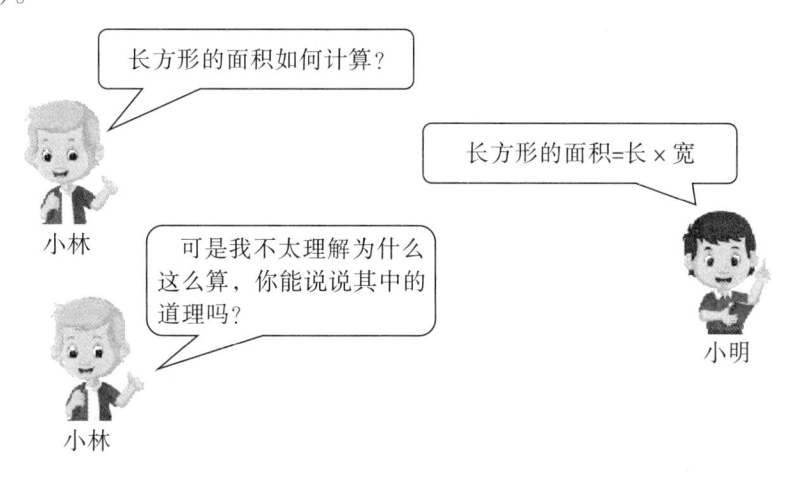

图5　长方形面积的公式

如果你是小明，请你用边长 1 厘米的小正方形给小林讲一讲长方形面积公式的推导过程，并把你的思路用喜欢的方式表示出来。

长方形面积公式推导过程

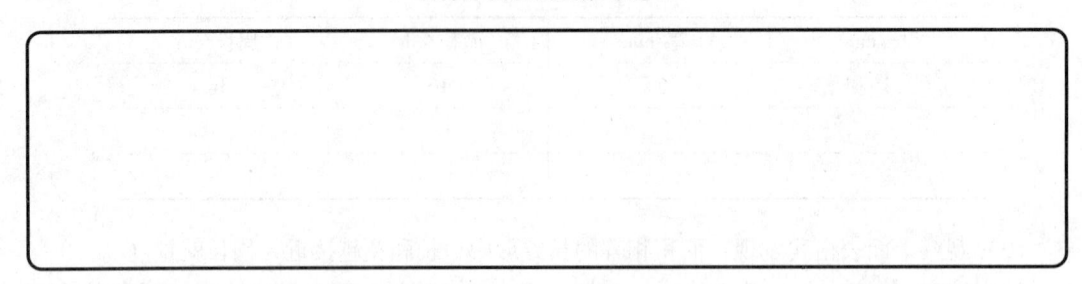

```
┌─────────────────────────────────────────────────────────┐
│                                                         │
│                                                         │
│                                                         │
│                                                         │
│                                                         │
└─────────────────────────────────────────────────────────┘
```

【设计意图】创设了对话的情境，引导学生对计算公式进行数学表达，帮助学生进一步内化知识，建立模型。

第 2 题 请选择家里的某个平面（如房间的地面、门的表面、茶几的表面等），测量出相关数据，并计算出它的面积，填写在下面表格中（见表 4）。

表 4 实践作业记录单

序号	形状	长	宽	面积
1				
2				
3				
4				
5				

【设计意图】选择生活中的素材，建立数学与生活的联系，培养学生的应用意识。

"长方形和正方形面积的计算"课时作业以目标为导向，以生为本，注重知识本质和面积守恒特点的渗透，致力于实现"教—学—评"一致性，立足发展学生核心素养。

落实"双减",在创新中成长
——"不规则物体的体积"课时作业设计

汕头市龙湖区金晖小学　黄立芳

一、作业设计的理念

在"双减"政策下的今天,作业的多元化设计及创新意识更加举足轻重。作业是课程的重要组成部分,课前的预习、课堂的巩固、课后的延伸,都能使学生对知识点的意义和运用得到一定的深化,有一个自我构建、自我成长的过程。这份作业设计意在让学生掌握知识点的同时,渗透转化的数学思想,培养学生小组合作的探究精神及创新意识,学会运用所学知识测量不规则物体的体积,举一反三,提升自己的数学思维。

二、作业设计与说明

(一)作业目标

(1)通过熟知的故事引导学生用数学的眼光观察认识"不规则物体",并思考如何进行计算。

(2)经历探究测量不规则物体体积的方法,能用数学的语言表达"排水法"整个探究的过程,体验"等积变形"的转化过程,培养学生观察、操作、概括的能力以及提高小组合作探究精神。

(3)培养学生用数学思维计算不规则物体体积,感受数学与生活的相互联系,培养学生创新精神和灵活解决实际问题的能力。

(二)作业作品

1. "不规则物体的体积"前置导学单

第1题　乌鸦喝水的故事。

观看《乌鸦喝水》的视频(课前已给学生观看),请同学们说说为什么乌鸦可以喝到水呢?

石头的体积 =(　　　　　）

乌鸦可以喝到水的原因是(　　　　　　　　）

【设计意图】通过学生熟知的"乌鸦喝水"的故事,让学生感受到体积具体的概念。

第2题　复习体积公式。

长方体的体积公式 =（　　　　　　　　　　）

正方体的体积公式 =（　　　　　　　　　　）

【设计意图】让学生复习学过的体积公式，体会到不规则物体的体积无法用具体的公式进行计算。

第3题　思考不规则物体体积的计算方法。

以下不规则物体的体积应该如何计算呢？

魔方　　　　　　　　　橡皮泥　　　　　　　　　土豆

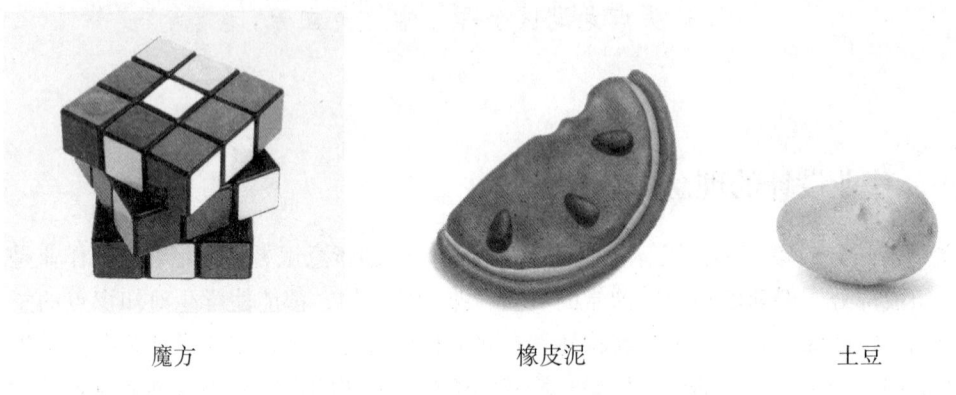

图1　思考如何计算图中不规则物体的体积

【设计意图】让学生思考计算不规则物体的体积的方法，有的不规则物体的体积如魔方、橡皮泥可以通过体积变形变为规则的图形来计算体积，有的物体的形状无法改变如土豆，则可以用"排水法"进行体积的计算。

2．"不规则物体的体积"课堂学习单

第1题　合作探究测量土豆的体积。（课本第36页例1）

小组内利用量杯、水和土豆，合作探究测量土豆的体积。

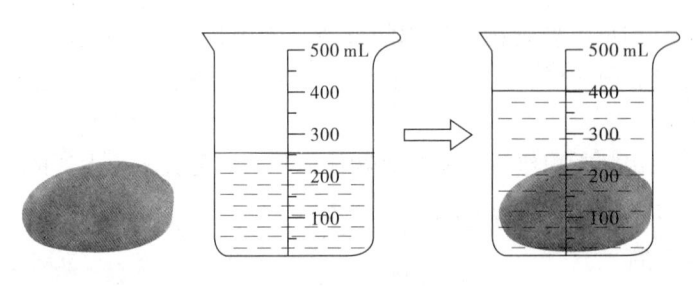

图2　测量土豆的体积

想：放入土豆前量杯里的水是（　　　　　）毫升，

　　放入土豆后量杯里的水和土豆共有（　　　　　）毫升，

　　那么土豆的体积就等于（　　　　　　　　　　　　）。

解答：

土豆的体积计算：_____

思考：如果量杯中的水是满的，再放入土豆的话，杯里的水会（　　　　），土豆的体积等于（　　　　　　　　）。

【设计意图】通过课本中的例题，让学生感受到测量不可变形的不规则物体的体积，可以利用排水法来测量，将土豆的体积转化为水上升部分的体积。思考环节则让学生体会到如果量杯中的水是满的，则土豆的体积＝溢出水的体积。

第2题　选一选。

小红把一块石头和一颗海星分别放在两只长方体水族箱后，水面都上升了5厘米，比较他们的体积，结果是（　　）。

A．一样大　　　B．海星的体积大　　　C．石头的体积大　　　D．无法比较

【设计意图】让学生对知识点加深理解，不管物体是什么，只要水升高部分的体积相等，那么它们的体积也相等。

第3题　创新测量方法。

你能用"排水法"测量乒乓球、冰块的体积吗？如果不行，那你能想出其他方法测量出它们的体积吗？请你分享你的方法。（课本第36页思考题）

【设计意图】让学生感受到"排水法"的局限性，培养学生解决问题的能力及创新精神。

3．"不规则物体的体积"课后研学单

第1题　巩固："物体的体积＝水升高部分的体积"。

一个长方体水池，长0.5米，宽0.4米，投入一个石头后，水面由20厘米上升到30厘米，这块石头的体积是多少立方厘米？

【设计意图】让学生巩固求不规则物体体积的方法，题目中需注意单位之间的转化，培养学生细心审题的能力。

第2题　提升：已知体积，求水上升的高度。

一个长方体鱼缸从里面量长30 cm，宽20 cm。如果每条金鱼的体积是600 cm³，往里面放入1条金鱼（水没有溢出）后，鱼缸中的水位上升了多少厘米？

【设计意图】求不规则物体体积的灵活运用。已知金鱼的体积，反过来求水上升的高度，培养学生举一反三的能力。

第3题　创新：合作测量不规则物体，创新测量方法。

请每个小组分别找一个不规则物体，先思考讨论测量方法，再合作进行测量。

①用文字、画图、照片、视频等不同形式记录你们的测量过程。

②在测量中你们发现了什么或者遇到了什么问题，如何解决？

③观看其他小组的作品，选择一个你感兴趣的并说说你的想法。

我测量的不规则物体是（　　　　　　　　　　　　　　　　　　　　）

测量方法是（　　　　　　　　　　　　　　　　　　　　　　　　　）

要测量的数据有（　　　　　　　　　　　　　　　　　　　　　　　）

测量的过程是（　　　　　　　　　　　　　　　　　　　　　　　　）

体积的计算方法（　　　　　　　　　　　　　　　　　　　　　　　）

我的发现或者问题（   ）

其他小组的作品点评（   ）

【设计意图】让学生用自己学过的方法测量不规则物体的体积，通过不同形式记录下来，通过在测量的过程中感受等积变形的过程，培养学生的动手实践能力和发现问题、解决问题的能力，同时在实践中巩固计算不规则物体体积的方法。

第4题　分享："排水法"的故事。

请同学们找找有关"排水法"测量物体体积的相关故事，分享给家人听听吧。

【设计意图】跨学科融合，让学生找找求不规则物体体积的相关故事，并用自己的话概括出来分享给家人，培养学生自学能力及语言表达能力，促进亲子间的关系。

表1　学习评价表

评价主体	认真独立完成	知识能够掌握	灵活运用知识	总分（满分10分）	本课我的收获
自我评价	★（　　） ★★（　　） ★★★（　　）	★（　　） ★★（　　） ★★★（　　）	★（　　） ★★（　　） ★★★（　　）		
小组评价	★（　　） ★★（　　） ★★★（　　）	★（　　） ★★（　　） ★★★（　　）	★（　　） ★★（　　） ★★★（　　）		
教师评价	★（　　） ★★（　　） ★★★（　　）	★（　　） ★★（　　） ★★★（　　）	★（　　） ★★（　　） ★★★（　　）		

构建情境作业，助力提升数学核心素养
——"用方向和距离描述位置"课时作业设计

汕头市澄海实验高级中学附属小学　林融融

一、学情分析

六年级的学生能用上、下、前、后、左、右和东、南、西、北、东北、东南、西北、西南等方位词描述物体的大致位置，能利用数对精确地表示平面内一个点或一个区域的位置，也能熟练使用量角器量角，并对线段比例尺有初步的了解，这些都为他们顺利学习用方向和距离描述某个点的位置奠定知识基础。而六年级学生所具备的自主探究、合作探究的数学活动经验，也为他们开展探究学习活动提供了技能基础。

二、课时作业设计理念

根据"落实立德树人根本任务、切实减轻中小学作业负担，促进中小学生健康成长和全面发展"的宗旨，本作业设计以学生熟悉的现实情境——具有潮汕文化魅力的地标性建筑（打卡景点）为素材，利用互联网截取真实的在线地图进行编排，具有很强的真实性。课前、课中、课后的作业设计在情境素材内容、知识内容上都有联系，这样的作业设计既能激发学生学习的兴趣和求知欲，又能让学生在探究数学知识的过程中培养用数学的眼光观察现实世界、用数学的思维思考现实世界、用数学的语言表达现实世界的能力，还能让学生体会潮汕文化的独特魅力。课后练习力争做到因材施教，让不同的学生都有发展，学生能根据自身的能力选择适合的实践性作业。

三、课时作业目标

（1）能正确找准"参照点"，知道"精确方向"。
（2）能根据平面图上一个点的位置，用方向和距离两个元素描述它的精确位置。
（3）能理解、掌握用两种方式描述某个点的精确方向。
（4）初步了解用方向和距离表示平面图中两个点的相对位置的方法，感受位置的相对性。
（5）在解决真实的情境问题中提升空间观念等数学核心素养，体会数学的价值。

四、课时作业说明

表1　课时作业及其设计意图说明

课时作业内容	设计意图说明
"用方向和距离描述位置"前置学习单 1. 三年级的时候，我们用8个方位词来描述物体的大致位置。请填写下面的方位图。 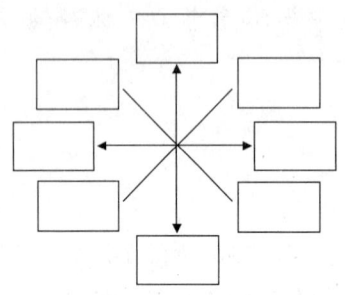 2. 五年级的时候，我们用数对描述平面上一个点的位置，比如（2，3）表示_____。用数对描述物体的位置用了_____和_____两个参数。 3. 如下图以汕头站作为参照点。 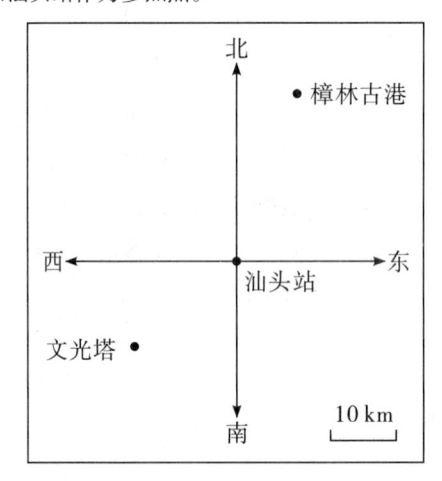 （1）我们可以给来汕的游客这么介绍各区的地标： 澄海樟林古港在汕头站的_____方向。 潮阳文光塔在汕头站的_____方向。 （2）画一画，量一量：以汕头站为顶点，过文光塔作一条射线，这条射线与正西方向组成的角大约是（　　）°。 这条射线与正南方向组成的角大约是（　　）°。 （3）尝试用一句话描述潮阳文光塔的位置。 4. 我的疑问：	第1、2题通过回忆三年级上册学习的方位词、五年级学习的数对，帮助学生做好学习新知的知识基础和情感基础。其次通过唤起学生对数对的知识回忆，助力在新授课中能使用迁移的学习方法体会"用方向和距离两个参数能确定平面上一个点的位置"，为渗透关于坐标法的思想和方法做好铺垫。 第3、4题通过画、量帮学生调动起用量角器量角的知识技能，初步感受两个夹角的不同，为探究新知做好铺垫。借助图示启发学生尝试用方向或位置描述某个点的位置，同时也帮助教师了解学生的具体学情

续上表

课时作业内容	设计意图说明
"用方向和距离描述位置"课堂学习单 1. 填一填：根据下图用不同的方式描述潮阳文光塔的位置。 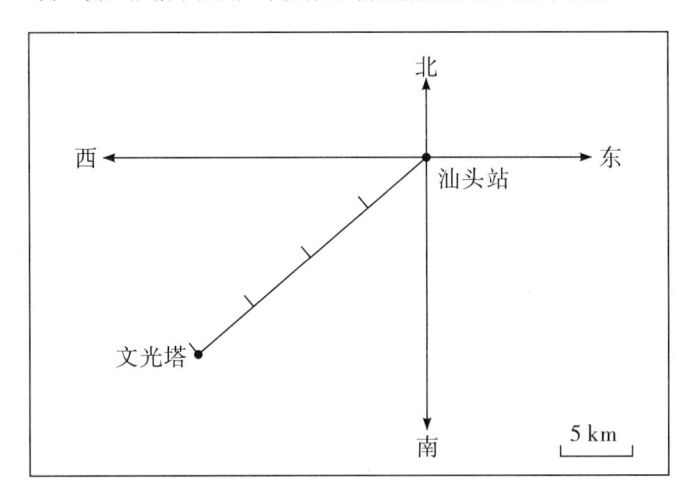 潮阳文光塔在汕头站的____偏____方向，距离是_____。 潮阳文光塔在汕头站的____偏____方向，距离是_____。 跟同桌说说你发现了什么？ 2. 选一选：根据下图，（　　）能描述汕头跳水馆的精确位置。 A. 汕头跳水馆在汕头站南偏西45°方向上。 B. 汕头跳水馆距离汕头站7.8 km。 C. 汕头跳水馆在汕头站南偏西45°方向上，距离7.8 km。 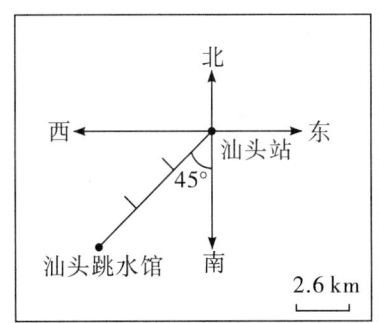 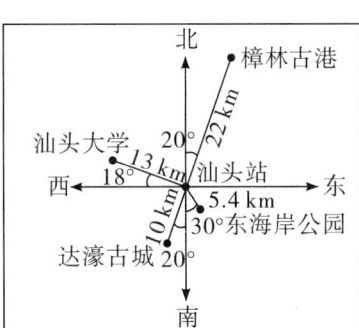 3. 说一说：根据上图用方向和距离描述各个地标的具体位置。 汕头大学在汕头站____偏____方向，距离是_____km。 汕头东海岸公园在汕头站____偏____方向，距离是_____km。 达濠古城在汕头站____偏____方向，距离是_____km。 澄海樟林古港在汕头站____偏____方向，距离是_____km。	第1题是在前置学习单的基础上进行改编的，旨在让学生巩固用方向和距离描述某个点的位置，进一步理解不同描述法的联系和区别。 第2题旨在通过对比判断"西南方向"的描述方法，同时强化用"方向"与"距离"两个元素描述某个点的位置，缺一不可。 第3题旨在进一步巩固用方向和距离规范描述某个点的位置（在交流过程中留意同个位置的两种不同描述方式）

续上表

课时作业内容	设计意图说明
"用方向和距离描述位置"课后学习单 基础性作业：根据下面两幅图，量一量，填一填。 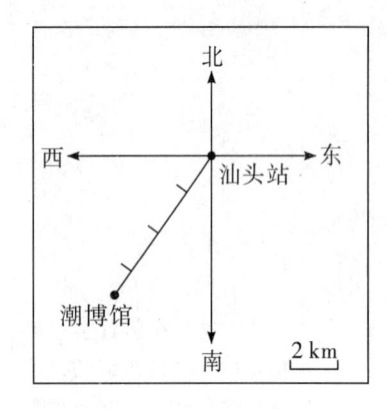 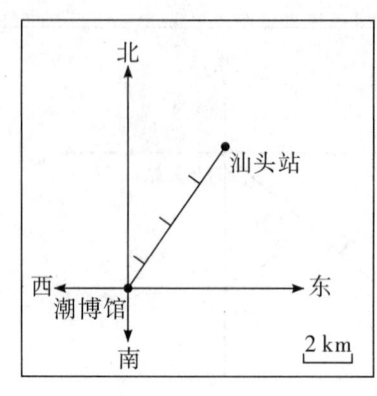 潮博馆在汕头站___偏_____方向，距离是_____km。 汕头站在潮博馆___偏_____方向，距离是_____km。我发现了： _____。 **提升实践作业：** 通过互联网截图在线地图，分别标识出家与就读的学校，并进行在线测距。尝试通过画一画、量一量获取相关信息，再用方向和距离向家人描述学校的位置，向同学描述你家的位置。 我家在学校___偏_____方向，距离是_____。 学校在我家___偏_____方向，距离是_____。 **自选实践作业：** 选择两三个具有代表性的地标，通过截取在线地图，尝试用方向和距离描述它们在你家的什么位置，并了解它的含义，感受潮汕文化的魅力	基础作业是面向所有学生。旨在巩固用方向和距离规范描述某个点相对于参照点的位置，通过对比发现，初步感受位置的相对性。 提升实践作业和自选实践作业是面向学有余力的学生，旨在提高学生应用数学综合解决问题的能力；通过自主获取学习素材，提升信息技术能力；在亲身体会数学价值的同时感受潮汕文化的独特魅力

"小数加减混合运算"课时作业设计

汕头市东厦小学　辛晓娜

一、课时分析

表1　课时分析

基本信息	学科	教学版本	年级	学期	单元
	数学	人教版	四年级	第二学期	第六单元
课题	"小数加减混合运算"					

教材分析	教材中例3教学小数加减混合运算，是从一步小数加减法的竖式计算发展到两步小数加减法的混合运算。问题（1）教学的重点是小数连加的竖式计算，进一步理解为什么要把小数点对齐，强化算理。问题（2）则用脱式计算小数连减，并呈现两种不同的思路，让学生在计算、比较、推理的过程中发现减法的性质对于小数运算同样适用，为后面学习整数加法运算律推广到小数积累经验。 在进行课时作业设计时，大胆地采用情境式主题串联整节课的始终，注重趣味性和应用价值，同时体现数学核心素养
学情分析	学生在之前的学习过程中已经学过整数四则运算、小数的意义、性质以及简单的小数加减法计算，理解了小数点的含义和位置，掌握了小数相加、相减的计算方法，具有一定的数学基础。但小数加减运算需要学生注意小数点的位置、补齐位数等，容易出现疏漏和错误。因此，对于部分学生来说，小数加减混合运算可能会存在难度和困惑
作业目标	1. 在具体情境中引导学生掌握小数加减混合运算的运算顺序，并能正确进行计算，提高学生迁移类推的能力。 2. 通过对不同算法的比较，发现整数减法的性质对于小数运算同样适用，能根据题目的具体情况选择合适的方法进行计算。 3. 能运用所学的知识解决实际问题，提高分析问题和解决问题的能力，体会数学与生活的联系

二、作业设计内容

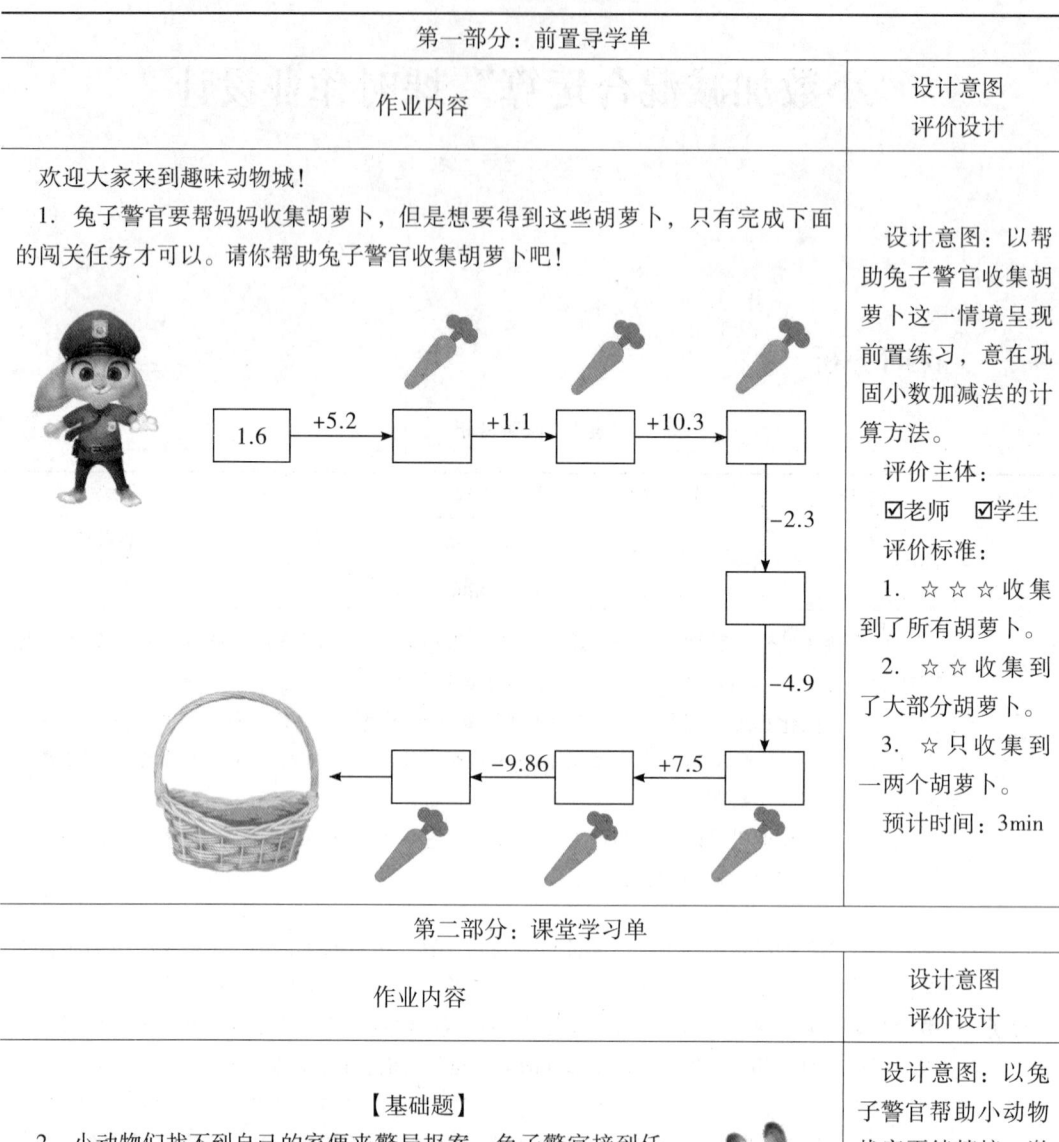

表2 作业设计内容

第一部分：前置导学单	
作业内容	设计意图 评价设计
欢迎大家来到趣味动物城！ 1. 兔子警官要帮妈妈收集胡萝卜，但是想要得到这些胡萝卜，只有完成下面的闯关任务才可以。请你帮助兔子警官收集胡萝卜吧！ 1.6 →+5.2→ □ →+1.1→ □ →+10.3→ □ ↓-2.3 □ ↓-4.9 □ ←-9.86← □ ←+7.5← □	设计意图：以帮助兔子警官收集胡萝卜这一情境呈现前置练习，意在巩固小数加减法的计算方法。 评价主体： ☑老师 ☑学生 评价标准： 1. ☆☆☆ 收集到了所有胡萝卜。 2. ☆☆ 收集到了大部分胡萝卜。 3. ☆ 只收集到一两个胡萝卜。 预计时间：3min
第二部分：课堂学习单	
作业内容	设计意图 评价设计
【基础题】 2. 小动物们找不到自己的家便来警局报案，兔子警官接到任务马上出警帮助他们。请你协助兔子警官来办案，将式子与正确的结果相连接，让小动物们回家。	设计意图：以兔子警官帮助小动物找家再续情境，激励学生来完成计算任务。本环节安排了小数连加、连减及加减混合基础练习，意在巩固学生的加减混合计算能力，学会根据题目

156

续上表

作业内容	设计意图 评价设计
   7.32+6.54+21.8=　　5.7-0.81-1.29=　　98.2+32.5-13.4= 117.3　　　　　35.66　　　　　3.6   	的具体数据选择合适的方法进行计算。 评价主体： ☑老师　☑学生 评价标准： 1. ☆☆☆ 帮助所有动物回家。 2. ☆☆ 帮助两种动物回家。 3. ☆ 帮助一种动物回家。 预计时间：5 min
【综合题】 3. 动物城的动物们正在开展运动会，他们邀请了热心的兔子警官来当裁判员，动物城中的动物狐狸、狼、狮子正在进行接力赛跑比赛。    （1）已知从起点到终点有 20 km，狐狸跑了 4.53 km，狼跑了 6.57 km，那么狮子需要跑多少千米？ （2）假设狐狸赛跑用了 6.4 分钟，狮子比它多用了 2.5 分钟，狼比狮子少用了 1.73 分钟，请问狼赛跑用了多少分钟？你还能提出其他数学问题并解答吗？ 	设计意图： 根据"动物运动会"这一情境中呈现的信息，应用小数运算解决实际问题，培养学生发现问题、提出问题、分析问题和解决问题的能力。 评价主体： ☑老师　☑学生 评价标准： 1. ☆☆☆ 准确作答。 2. ☆☆ 只能列式子。 3. ☆ 粗略理解题意。 预计时间：10 min

续上表

第三部分：课后延学单	
作业内容	设计意图 评价设计
【生活题】 4. 兔子警官在回家路上经过一家正在做促销活动的商店，购物每满 100 元减 20 元。于是，它买了一个篮球，一个排球，一根长绳。在结账的时候，兔子警官付了 150 元，店家找回了 8.9 元，兔子警官觉得商家找错了钱，你觉得商家找错钱了吗？为什么？   46.90 元 　　　59.60 元 　　　24.32 元	设计意图： 以商店购物促销活动拉近小数的混合运算与我们日常生活的距离，体验数学的应用价值。 评价主体： ☑老师　☐学生 评价标准： 1. ☆☆☆ 准确作答。 2. ☆☆ 只能列式子。 3. ☆ 粗略理解题意。 预计时间：不限
【实践活动】（选做） 5. 同学们，你们去过菜市场吗？你们会下厨吗？带上自己的零花钱，周末和家长一同到菜市场采购食材，做一顿美味佳肴吧！ （1）采购食材至少三种，并用自己喜欢的方式记录下购买的食材和价格。 （2）你带的零花钱够用吗？够的话，那买完还剩多少钱；不够的话，那还需要多少钱？ （3）简单谈谈这次实践活动的感受	设计意图： 开放性的生活实践作业，让学生在学会用所学知识解决实际问题中体会数学与生活的密切联系，同时进行劳动教育，并学会合理规划事情。 评价说明： 此题为选做题，学生根据自身情况选择性完成，对于完成的同学给予表扬，并在全班展示交流。 预计时间：不限

续上表

我的收获	获得☆个数：（　　）个 10~12个☆：数学小达人 6~9个☆：有进步空间 4~5个☆：继续加油哦	学习收获：
作业设计思考	（一）激发学习兴趣 　　本次作业设计以兔子警官为主线，让小朋友们帮助兔子警官解决各种问题来复习旧知、巩固新知、延伸学习，以情境式题目贯穿始终的设计思路来吸引学生的学习兴趣，让学生在做题的过程中感受到学习的乐趣，在题目的情境中联系生活实际，让学生们感受到数学与生活的紧密联系，激发学生的求知欲。 （二）重视教学效果 　　作业设计结合教学效果，最大程度加强学生理解和迁移，检测出学生的薄弱点然后进行巩固拓展，发展学习数学的兴趣，借助生活实践作业既巩固知识又进行劳动教育，体现教学效果。 （三）扩宽学生思维 　　作业设计题型较为丰富，考查点全面，发散学生的思维，激发学生灵感，鼓励学生在生活中求知，逐步培养其探索思维，减少或消除学生在数学学习中的钝感	

"比的应用"作业设计

汕头市澄海东里小学　林丽宏

教材来源：人教版六年级上册数学教科书
内容来源：人教版六年级上册数学教科书第四单元"比"
主题：比的应用
适合对象：六年级
作业类型：课时作业

作业设计理念

结合新课标精神，立足学生学习活动的整体考虑，融合适合学生的课程资源，系统、科学、合理设计不同层次的作业，使不同学力的学生都能在原有基础上获得成就感，作业设计以问题解决为载体，以探究学习素材为核心，达到培育学科素养、提升实践能力和创新意识之目的，同时确保在"双减"背景下深度学习。

作业设计与说明

一、作业目标

（1）课前预学作业，让学生通过实践活动对本课将要学习的知识有初步了解，从而发现困惑，建立旧知与新知的联系，为本课重点及难点进行铺垫，让学生带着问题进入课堂。它对学生能否扎实掌握学习内容、激发学生学习兴趣、培养学生核心素养起着至关重要的作用。

（2）课中助学作业，通过这样有学科味、有梯度、开放性逐渐增加的练习题（或问题），不仅让孩子巩固了知识，同时还获得了思维的训练，培养了学生推理能力、逆推能力，继而提升了学生的高阶思维能力，落实学生的学科核心素养。

（3）课后延学作业，可以开阔学生视野，让学生在所学知识的基础上观察生活，发现生活中更多的美，树立正确的价值观，培养学生文化理解和审美判断的能力。

二、作业作品

（一）"比的应用"前置学习任务

【任务一】 课前测

（1）解决问题。

周六，学校有90位教师参加爱国卫生劳动，其中$\frac{4}{9}$的教师打扫校园卫生，$\frac{5}{9}$的教师打扫校园周边卫生。

①打扫校园和打扫校园周边卫生各有几人？

②写出打扫校园和打扫校园周边卫生的老师人数的比，并化简。

（2）填空：一种糖水，糖与水的比是 1∶9，糖占糖水的$\frac{(\quad)}{(\quad)}$，水占糖水的$\frac{(\quad)}{(\quad)}$。

【任务二】 自学课本第54页内容，分析理解，并尝试解决问题

例题：李阿姨按 1∶4 的比配制了一瓶 500 毫升的稀释液，其中浓缩液和水的体积分别是多少？

（1）题中 500 毫升是（　　　　），1∶4 表示（　　　　　　）。

（2）浓缩液和水体积的比 1∶4，表示浓缩液占稀释液体积的（——），水的体积占稀释液体积的（——）。

（3）你能画图表示题意吗？

评价：能完成任务一 2 颗☆，能完成任务二 3 颗☆。

【设计说明】

学情分析：学生已经学习了比的意义，知道了比与分数的联系，会解决求"一个数的几分之几"的问题。自学时，只要引导学生根据比的意义，把比与分数联系起来，学生很容易通过自主探究解决问题。

【设计意图】

充分了解学生已有基础，明白学生"在哪里"，进而明确课堂上要把学生"引到哪里"。任务一的设计是为了唤起学生已有知识经验的回忆，检索储存在头脑中的相关知识（比的化简方法以及用乘法的意义解决简单的实际问题），搭建从已知走向未知的桥梁，任务二则先学新知，尝试通过自主探索，解决问题，把困惑留到课堂。

（二）"比的应用"助学单

【任务一】 新知识导学

（1）画图表示题中的信息和问题。

（2）分析数量关系并列式计算。

方法一：用整数方法解答。

从图中可以看出清洁剂的总量平均分成（　　）份，只要求出1份是多少毫升，就可以求出（　　）的量。

浓缩液占（　　）份，是（　　）毫升，列式为：_____；

水占（　　）份，是（　　）毫升，列式为：_____。

方法二：用分数方法解答。

从图中不难看出浓缩液占总量的$\frac{(\quad)}{(\quad)}$，水占总量的$\frac{(\quad)}{(\quad)}$，根据"一个数乘分数的意义"，求出浓缩液和水的量。

浓缩液：500 × _____ = _____（毫升）　　　水：500 × _____ = _____（毫升）

【任务二】巩固新知

(1) 在下面①②两题选做一题。

①张大叔想把 600 m^2 的地按 2∶3 的比种百合花和玫瑰花，这两种花各种了多少平方米？

②某种浓缩洗洁精稀释时浓缩液与水的比如表1所示，要配制 540 毫升的洗洁精稀释液，用它清洗家里的蔬菜、水果，需要准备浓缩液和水各多少毫升？

表1

清洗物品种类	比（浓缩液∶水）	使用方法
清洗碗碟	1∶5	清洗后清水冲净泡沫
清洗果蔬	1∶8	浸泡5分钟后清水冲洗

(2) 儿童节，班里要用 108 个纸花装饰教室，张老师把这个任务分配给一、二小组，一组有 10 人，二组有 8 人，按每组的人数分，这两个组各应做几个？

(3) 一种混凝土中，石子、沙子和水泥的比是 7∶4∶3。要搅拌 11.2 吨这样的混凝土，需要石子、沙子和水泥各多少吨？

(4) 果园里的苹果树和梨树平均有 56 棵，这两种果树数量的比是 4∶3。苹果树和梨树各有几棵？

评价：任务一 2 颗☆，任务二 4 颗☆，答对一题一颗☆，共 7 颗☆。

【设计说明】

把新的知识点设计成几个简单的问题，引导学生从已有的知识经验出发，让学生亲身经历、探究按比分配这个数学问题的过程，掌握按比分配的解题方法。练习设计体现比在生活中的广泛应用，以及从不同形式、不同难度逐步培养学生解决问题的能力。第 1 题是已知总量和一个比，求出各部分分别是多少。它分为两小题让学生选做，第一小题比较简单，主要是检查学生例题学习情况，第二小题需要理解题意从表中提取所需信息再进行解答，除了检查学生例题学习情况还考查学生是否懂得从问题情境中提取信息；第 2 题没有直接出现一个比，而是出现了两个组的人数，让学生理解按两组人数分就是按 10∶8 的比进行分配；第 3 题是三个量的比；第 4 题没有直接给出总量，要先求出总量，再按比分配。前3题难度不高,主要目的是让学生接触形式各不相同的按比分配题目,通过前3题的基础练习,再完成难度稍微提高的第4小题,所以每一道题对学生来说都是挑战。课中助学单可以培养学生的创新思维,激发学生的学习兴趣,整合教学内容,提高学习效率,引导学生在情境中获取知识。

(三)"比的应用"课后延学任务单

必做题:

【任务一】解决问题

(1)学校把620本练习本按照六年级三个班的人数分配给各班,一班有53人,二班有52人,三班有50人。三个班各分得多少本?

(2)从汕头到深圳的距离大约345km,A、B两辆汽车同时沿同一路线相对开出。3小时相遇,两车速度比是11∶12,A、B两车每小时各行多少千米?

【任务二】精挑细选ABC

(1)三角形的三个内角度数的比是2∶3∶4,则这个三角形是(　　)三角形。

  A. 锐角　　　　　B. 钝角　　　　　C. 直角

(2)一个直角三角形的两个锐角的度数比是1∶2,这两个锐角度数分别是(　　)度。

  A. 30°和60°　　　B. 10°和20°　　　C. 20°和40°

选做题:

【任务一】解决问题

(1)一块周长是90 m的长方形菜地,它的长与宽之比是5∶4,这块菜地的面积是多少平方米?

(2)一个饲养户养鸡和鸭只数的比是5∶3,鸡比鸭多了300只,养鸭多少只?

【任务二】知识拓展

学习教材第49页内容,了解"黄金比";人的身体除了黄金比之外还存在什么样的比?

【设计说明】

作业内容分为必做题和选做题,主要按照基础、提升和拓展三个梯度设计,力求基础性练习让学生"吃得了",提升性练习让学生"吃得好",拓展性练习让学生"吃得饱",使不同学力的学生都能在原有基础上获得成就感。

习题从没直接出现比,到需要先求按比分配的量的两道变式题,对按比分配的知识进行巩固,再从两道选择题让学生知道总量有时可以不用出现。选做题两题难度更高,特别是最后一题,学生必须是在按比分配的问题解决中得到启发才能完成。以上练习不仅让孩子巩固了知识,使学生对比的应用有更深、更广的认识,同时还让学生获得了思维的训练,培养了学生逆推理的能力,继而提升了学生的高阶思维能力,落实学生的学科核心素养。

培养空间观念　提高应用意识
——"比例尺（1）"课时作业设计

汕头市龙湖区香阳学校　陈慧灵

一、作业设计的理念

本人关注学生已有的知识基础和成长发展情况，引导学生根据"前置导学单"预习本课，再通过"课堂学习单"突破重难点，最后利用"课后延学单"巩固及拓展知识。作业体现分层设计，有基础题、提高题和拓展题。加入操作类作业，促使学生积极调动多种感官参与活动，通过量一量、算一算等活动探索知识。设置开放性作业，使学生克服思维定式，利用学过的知识灵活解决问题，培养学生思维的深刻性和灵活性。课后，设计体验类实践性作业，让学生在"做"中感受和体验数学，提高动手操作能力、语言表达能力、空间想象能力和应用能力。

二、作业设计与说明

（一）作业目标

（1）通过看书自学，知道比例尺的意义和类别。

（2）通过观察、推理、计算，掌握求比例尺的方法。

（3）通过计算、绘图等活动，掌握数值比例尺与线段比例尺互相改写的方法。

（二）作业作品

1. "比例尺（1）"前置导学单

第1题　找到生活中的比例尺。

找一找：生活中，哪些时候会用到比例尺？

【设计说明】观察生活、搜集资料的过程本身就是一个学习的过程，考验了学生的信息收集、整理、反馈的能力。利用日常生活中的物品来引入学习，让学生发现可以用数学的方法解决生活中的有关问题，加强了数学学习与生活的联系，从"应用意识"方面出发来激发学生的学习兴趣。

第2题　通过自学课本，知道比例尺的意义。

一幅图的图上距离和实际距离的比，叫作这幅图的比例尺。

（　　　　）：（　　　　）= 比例尺　　或者 $\frac{（　　　）}{（　　　）}$ = 比例尺

【设计说明】用填空的形式来帮助学生理解比例尺表示的意思，达到深入理解比例尺意义的目的。

第 3 题　归纳比例尺的不同分类。

对于常见的比例尺进行分类。

(1) 比例尺
按（　　）分 $\begin{cases}（　　　　）比例尺 \\ （　　　　）比例尺\end{cases}$

(2) 比例尺
按（　　）分 $\begin{cases}（　　　　）比例尺 \\ （　　　　）比例尺\end{cases}$

【设计说明】学生课前自主学习教材，归纳常见比例尺的类型，明确有"缩小比例尺"，也有"放大比例尺"，使学生更全面地认识比例尺，为后面学习"放大和缩小"做准备。

2."长方形和正方形的特征"课堂学习单

第 1 题　辨析比例尺的概念和意义。

对的打"√"，错的打"×"。

(1) 比例尺是一种测量工具，在文具店里可以买到。（　　）

(2) 比例尺一定时，图上距离和实际距离成正比例关系。（　　）

(3) 比例尺的前项一定是 1。（　　）

(4) 一幅地图的比例尺为 1∶330 000 米。（　　）

【设计说明】明确比例尺的本质是一个比，而从比例关系的角度看，如果一幅图的比例尺固定，图上距离与实际距离这两个量成正比例关系。放大比例尺的前项不为 1。比例尺表示倍比关系，不能带单位。

第 2 题　数值比例尺与线段比例尺的改写。

(1) 你能将数值比例尺 1∶100 000 000 改写成线段比例尺吗？

(2) 你能把这个线段比例尺改写成数值比例尺吗？自己动手试试吧！

0　50 km

【设计说明】数值比例尺与线段比例尺的改写是这节课的教学难点，课堂上让学生经历改写的过程，并用算式（数学语言）详细地记录，在灵活改写的过程中全面理解概念。

第 3 题　动手测量，求比例尺。

聪聪和明明为亚青会吉祥物"金凤娃"画肖像画，聪聪按 1∶10 的比例尺画肖像画，明明按 1∶50 的比例尺画肖像画。谁画的"金凤娃"肖像画比较清晰，说说你的理由。

聪聪画的：　　　　　　　　明明画的：

图 1　"金凤娃"肖像画

【设计说明】学生通过使用不同比例尺画图，初步感知实际长度一样时，比例尺的比值越小，所画的图越小，培养学生空间观念。

3. "长方形和正方形的特征"课后延学单

第 1 题　量一量，求出比例尺（课本第 54 页第 4 题）。（★）

七星瓢虫的实际长度是 5 mm。量出图中七星瓢虫的长度，求这幅图的比例尺。

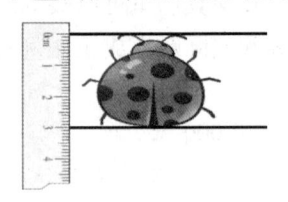

图 2　求此图的比例尺

【设计说明】在求比例尺时，首先要注意单位的换算，先把单位统一，再求比，换算时要注意零的个数，为了计算方便，一般把比例尺写成前项或后项是 1 的形式；考查学生能通过题意正确找出"图上距离"和"实际距离"，并写出比例尺。

第 2 题　确定比例尺。（★★）

村里修建一个长 120 m，宽 90 m 的活动广场，把它画在一张长 40 cm，宽 20 cm 的图纸上，可以选择什么样的比例尺？

【设计说明】开放性的问题，把比例尺真正融入现实问题，会灵活运用比例尺的知识进行猜想—推理—验证，发展学生数学思维。

第 3 题　我是小小设计师：项目式设计作业。（★★★）

请量一量并选择合适的比例尺在 A4 纸上画出自己房间的平面图。

【设计说明】选择合适的工具测量"实际距离"，锻炼学生的动手实践、收集整理信息、分析数据、动手策划等能力，应用所学知识解决生活中的实际问题，激发学生对数学学习的兴趣。

"百分数的意义和写法"课时作业设计

汕头市飞厦小学　　曾　沫

《义务教育数学课程标准（2022年版）》针对每个领域的课程内容按"内容要求""学业要求""教学提示"三个方面呈现，注重实现"教—学—评"一致性。优秀的作业设计能有效提高学生的学习效果，减轻学生的学习负担，激发学生的学习兴趣，而且是改革课堂教学，提高教学创新性的重要措施。下面以六年级上册第六单元"百分数的意义和写法"课时作业为例，探索实现"教—学—评"一致性的作业设计策略。

一、课标提炼

（1）内容要求：结合具体情境，探索百分数的意义，能解决与百分数有关的简单实际问题，感受百分数的意义。

（2）学业要求：能在真实情境中理解百分数的意义，解决与百分数有关的简单问题。

（3）教学提示：百分数教学要引导学生知道百分数是两个数量倍数关系的表达。

二、教学目标

（1）通过让学生调查、收集生活中有关百分数的资料，培养学生搜集、处理信息的能力。

（2）理解百分数的意义，能准确地读、写百分数，并运用所学知识、技能和思想解决实际问题。

（3）通过对百分数概念的学习，学生感受到数学来源于生活，又服务于生活，培养学生分析、比较、综合的能力。

三、设计理念

围绕数学课程标准、学科核心素养的要求，以"减负、提质、增趣、创新"为设计理念，本次作业设计把课外作业和课堂教学有机结合起来，设计了"前置导学单""课堂学习单""课后延学单"三个部分，分别对应"课前预习""课堂练习""课后巩固"三个作业环节，层层递进、环环相扣，少而精的高质量作业达到"提质增效"的目的。

课前通过情境阅读、收集信息、提出问题引导学生感知数学来源于生活，又服务于生活，学生结合自己在预习中的问题听课，这样大大提高课堂效率，学生的学习效果也会更好。课堂上设计思维导图帮助学生理清知识脉络，并充分利用教材中的三道练习题及时巩固所学知识；课后设置分层、选做、拓展型作业，丰富全面，最后引导学生用百分数表示成语以及对本节课自己的学习评价，再次将数学回归生活。

此外，作业的评价方式也从单一的正确率转变成多维度评价，注重评价主体多样化、评价内容全面化、评价标准分层化。

如此简洁明了又灵活多样的作业设计（见图1），既能减轻学生过重的作业负担，又能在图文并茂的乐趣中让学生更好地掌握知识和技能，激发学生的思维，营造一种轻松和谐的学习氛围，使学生在思维、情感态度与价值观等多方面得到进步和发展，并形成乐于探究的态度，从而全面实现数学教育目标，提高教育教学质量。

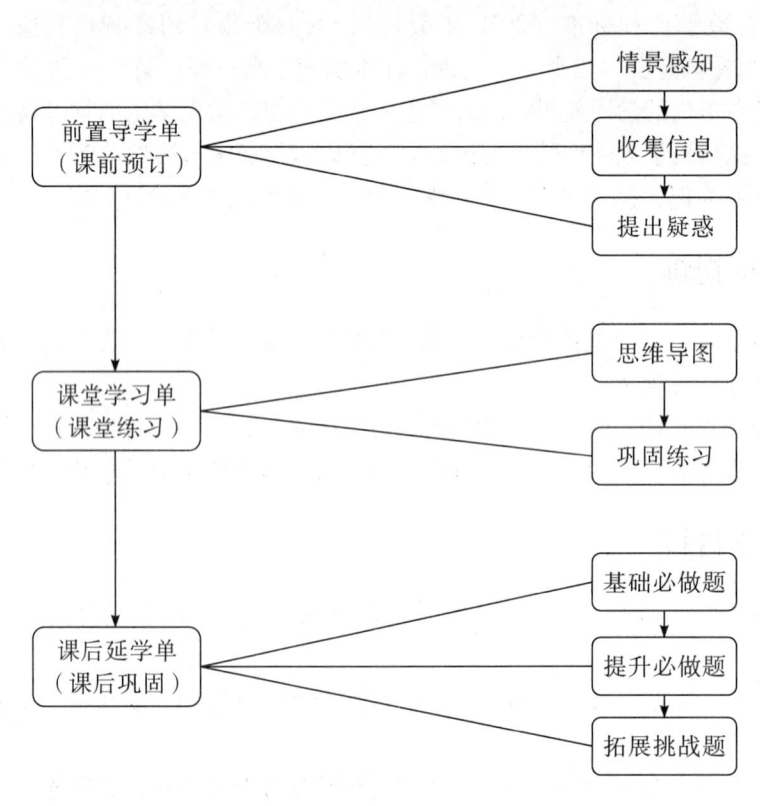

图1 作业设计环节

四、作业设计内容

表1　作业设计内容

"百分数的意义和写法"课时作业			
班级		姓名	
作业内容			设计意图
☆前置导学单☆	一、情境感知 学生的近视情况应引起高度重视。根据去年年底的统计，我市学生的近视情况如下： 小学生 18%　初中生 49%　高中生 64.2%		阅读图片中呈现的情境，初步感知百分数的意义
^	二、收集信息 1. 收集生活中的百分数？ 2. 你收集到的百分数有什么意义？ 3. 百分数怎么读？怎么写？		通过收集生活中的百分数，了解百分数的意义，感知百分数与生活的联系
^	三、提出疑惑 预习本节课内容后，你有什么疑惑吗？请把问题写下来。		引导学生通过预习发现问题、提出问题，促进思考
☆课堂学习单☆	一、思维导图 百分数的意义和写法 ├─ 百分数的意义 ─┬─ 什么叫作百分数 │　　　　　　　　└─ 百分数也叫百分率或百分比 ├─ 百分数的读法和写法 ─┬─ 读法 │　　　　　　　　　　　└─ 写法 └─ 百分数和分数在意义上有什么相同和不同		设计思维导图，帮助学生整理知识清单，理清知识脉络，及时进行课堂总结

续上表

作业内容	设计意图
☆课堂学习单☆ 二、巩固练习 1. 写出下面的百分数。 　　百分之一　　　百分之二十八　　　百分之零点五 　　_____　　_____　　_____ 2. 读一读下面的百分数。 　　17%　　45%　　99%　　100%　　140% 　　0.6%　　7.5%　　33.3%　　121.7%　　300% 3. 说一说百分数和分数在意义上有什么相同和不同	将课本中的"做一做"作为课堂练习，及时巩固所学知识
☆课后延学单☆ 一、基础必做题 1. 写出下面各百分数。 百分之二十八　　　百分之一百　　　百分之零点五 百分之八点一　　　百分之一百二十 哪些百分数大于1？哪些小于1？哪些等于1？ 2. 读出下面各百分数。 　　50%　　0.8%　　100%　　125%　　112.3% 3. 下面哪几个分数可以用百分数来表示？哪几个不能？说说为什么。 　（1）一堆煤 $\frac{97}{100}$ 吨，运走了它的 $\frac{75}{100}$。 　（2）$\frac{23}{100}$ 米相当于 $\frac{46}{100}$ 米的 $\frac{50}{100}$。 二、提升选做题 1. 判断题。 　（1）$\frac{1}{2}$ 吨 = 50% 吨。　　　　　　　　　　　　　　（　　） 　（2）某工厂今年产值是去年产值的108%，说明今年产值比去年多。 　　　　　　　　　　　　　　　　　　　　　　　　　（　　） 　（3）百分数与分数的意义完全相同。　　　　　　　　（　　） 　（4）百分数的单位是1%。　　　　　　　　　　　　　（　　） 　（5）最大百分数的是100%。　　　　　　　　　　　　（　　） 2. 选择合适的百分数填空。 　　120%　　98%　　8.1%　　100% 　（1）这节课，同学们学得积极主动，老师希望理解百分数意义的同学占（　　）。 　（2）据调查，我国儿童的肥胖率是（　　）。 　（3）小明的爸爸是著名的牙科医生，经他诊治的牙病治愈率达到了（　　）。 　（4）爸爸的身高大约是小明身高的（　　）	设计简而精的三道基础必做题，重在巩固夯实本节课基础知识，使学生及时牢记百分数的读写法以及意义，巩固百分数和分数在意义上的联系与区别 设计分层选做题，提供中层难度的两道题。 第1题意在提高学生区分百分数和分数的意义的能力。 第2题是根据提供的信息，选择合适的百分数，解决生活中的问题

续上表

	作业内容	设计意图
☆课后延学单☆	三、拓展挑战题 1. 成语中的百分数。 请将下列词语用百分数表示出来。 百里挑一　　九死一生　　半壁江山 十拿九稳　　十全十美　　一箭双雕 2. 通过这节课的学习。 （1）我对自己表现的满意度为（　　）%。 （2）在以后的课堂表现中，我要付出（　　）%的努力	通过提供用百分数表示的成语，促使学生挑战更高难度的题型。 最后一题回归学习，自我评价，活学活用，激发学生学以致用的能力
评价	评价内容　学习内容　学习态度　学习方法 自我评价 教师评价 （评价等级：A、B、C、D）	体现评价主体的多样化、评价内容的多维度、评价标准的分层次

在动手操作中探索，感受转化思想之妙
——"探索四边形内角和"课时作业设计

汕头市龙湖区金珠小学　林静婷

一、作业设计的理念

作业是课堂教学的重要组成部分，是课堂教学的延伸与补充，同时也培养了学生完成知识的自我构建能力及解决问题的学习能力，是学生自我提高的重要途径，以及自我评价的重要依据。本作业设计以核心素养为导向，以教学评为一体，关注学生核心素养的形成，引导学生在动手操作的"经验积累"中自主探索，从中感受解决问题的数学思想与方法，从而促进学生的整体发展。

二、作业设计与说明

（一）作业目标

（1）通过操作，知道四边形的内角和是360°。

（2）通过剪一剪、拼一拼、分一分等活动，进一步发展空间观念，感受数学的转化思想，培养动手操作及解决问题的能力。

（3）借助所掌握的探究方法，进一步探究多边形的内角和，发散数学思维。

（二）作业作品

1. "四边形的内角和"前置导学单

第1题　回顾四边形的相关知识。

我知道四边形有（　　）边，有（　　）个角。

我们学过哪些四边形？＿＿＿＿＿＿＿＿＿＿＿＿＿＿＿＿＿＿＿

【设计意图】通过回顾四边形的相关知识，唤醒学生已有的知识经验，为进一步探究四边形的内角和打下坚实的基础。

第2题　长方形和正方形的内角和。

长方形和正方形四个角都是（　　）角，它们的内角和是（　　）。

【设计意图】从学生熟悉的长方形和正方形出发，形成四边形内角和是360°的表象，体会从特殊到一般的探究方法，为接下来探究一般的四边形内角和提供思考方向。

第3题 探索四边形的内角和。

其他四边形的内角和是多少呢?请你猜一猜,然后借助纸片、剪刀、量角器等工具验证你的猜想,并把探索的过程和方法记录下来。

(提示:可以用测量、剪拼和分割等方法探索)

表1

我的猜想:四边形的内角和是(　　　　　　)。
我的验证:我是这样求出其他四边形的内角和的_____。(至少用两种方法)

测量: (1) 画一个任意的四边形。 (2) 测量各内角的大小:(　)、(　)、(　)、(　)。 (3) 计算它们的和:_____	剪拼: (1) 做一个任意的四边形纸片。 (2) 将四边形的四个角剪下来,拼在一起。 (3) 我发现: 四个角拼成了(　　),也就是(　　)。
分割: (1) 做一个任意的四边形纸片。 (2) 将四边形分割成(　)个三角形,每个三角形的内角和是(　),所以四边形的内角和是_____	其他方法:

结论:通过_____(方法),我发现四边形的内角和是_____。

【设计意图】通过动手操作活动,学生大胆猜想,并尝试用不同的方法进行自主探究,多角度、多维度地培养学生的数学思维能力,同时有效地突破本节重难点。

第4题 拓展升华。

预习后,我还想知道:_____。

【设计意图】发散思维,鼓励更深入的思考,培养学生发现问题、主动探索的能力。

2."探索四边形内角和"课堂学习单

第1题 找出四边形的内角。

观察下面的图形,它们分别是什么图形?有什么共同特点?哪里是它们的内角?请指出来。

我发现:上面的图形都有(　)条直直的边,有(　)个角,都是(　　)。
请指出它们的内角。

【设计意图】通过复习四边形的相关知识,唤醒已有的知识经验,为进一步探究四边形的内角和打下坚实的基础。

第 2 题　探究四边形的内角和。

四边形的内角和是多少呢？

（1）观察与思考：长方形和正方形这类特殊的四边形，它们的内角和是多少度？

（2）探究与发现：其他四边形的内角和是多少呢？

表 2

探究报告单	
探究目的	求出四边形的内角和
我的猜想	四边形的内角和是（　　　）°。
我的方法	测量法 我是这样做：（可画图或粘贴） 剪拼法 我是这样做：（可画图或粘贴） 分割法 我是这样做：（可画图或粘贴）

（3）回顾与反思：你最喜欢哪种方法？为什么？

【设计意图】通过验证猜想提供"做数学"的机会，借助探究报告单，在动手操作中经历自主探究数学知识的产生与发展过程，加深对四边形内角和知识的理解。通过用不同的方法进行验证，促进创新能力的发展。

第 3 题　探索五边形、六边形等多边形的内角和。

你能想办法求出右面这个多边形的内角和吗？（课本第 68 页"做一做"）

【设计意图】前后联系，运用"三角形的内角和是 180°"继续深入探索，从而发现多边形内角和的规律，将探究学习活动中所获得的结论、经验和方法运用于解决简单的数学问题，经历由简单到复杂、由特殊到一般的过程，感受转化思想。

3. "探索四边形内角和"课后延续单

第1题　判断：理解四边形内角和知识。（★）

我会判断（对的打"√"，错的打"×"）。

（1）在一个四边形中，有三个角都是直角，那第4个角也一定是直角。（　　）

（2）长方形比梯形的内角和度数大。（　　）

（3）四边形越大，内角和越大。（　　）

【设计意图】从不同角度巩固加深学生对四边形内角和知识的理解。

第2题　计算：运用四边形内角和的知识解决数学问题。（★★）

我会算。求出下面四边形各角的度数。

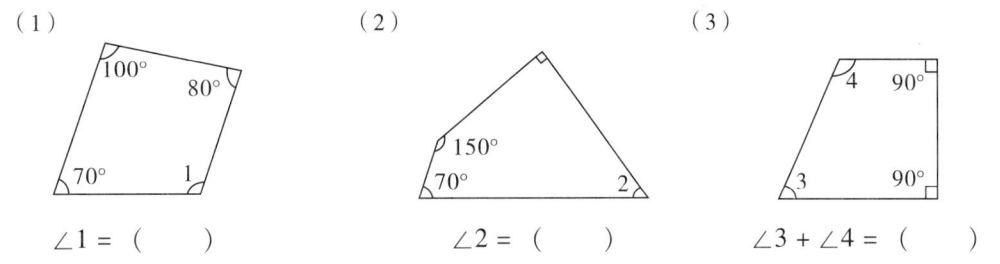

（1）　　　　　　　　　　（2）　　　　　　　　　　（3）

100°　80°

70°　∠1

150°

70°　∠2

∠4　90°

∠3　90°

∠1 =（　　　）　　　∠2 =（　　　）　　　∠3 + ∠4 =（　　　）

【设计意图】已知四边形中部分角的度数，利用四边形内角和的知识求出未知角的度数，考查学生运用四边形内角和知识解决数学问题的能力。

第3题　迁移：运用分割法探索多边形内角和。（★★★）

先将表3中的多边形分成三角形，再填一填。

表3　求多边形内角和

图形	△	▭	⬠	⬡
边数	3	（　　）	（　　）	（　　）
内角和	180°	180°×（　　）	180°×（　　）	180°×（　　）

我发现：多边形（边数≥3）的内角和 = _____。

【设计意图】借助统计表的形式，将图形、边数、内角和编排在一起，运用分割法，利用三角形内角和可求出任意一个多边形的内角和，考查学生对分割法的掌握情况，以及类比迁移的能力，同时在探究规律中获得合理推理的经验。利用四边形内角和的知识解决数学问题，并从中发现和总结规律，实现知识迁移，感受函数思想及从简单到复杂的数学转化思想。

第4题　亲爱的同学，通过这节课的学习，相信你肯定有不少的收获，请你根据实际，从知识的准确性和学习态度与感受两方面进行评价。

（1）自我评价：（每项获1颗星，满额即为5颗星）。

表 4

评价项目		等级
知识准确性	1. 所有的基础知识我都掌握了 2. 我能灵活运用所学知识解决问题 3. 我善于提出问题，并从中发现规律	☆☆☆
学习态度与感受	1. 全程我都能认真完成，不走神 2. 写作业的过程中我觉得很愉悦	☆☆

（2）老师评价（等级及评价语言）：_____。

【设计意图】紧贴本课教学目标，以学生容易理解的评价语言，引导学生从不同的评价维度回顾本课表现，从而促进学生核心素养的发展。

澄海玩博会之约
——"长方形、正方形面积的计算"课时作业设计

汕头市澄海实验高级中学附属小学　洪俊梅

作业是孩子们每天经历的再平常不过的事情,作业应当起到巩固知识、发展能力和解决现实生活情境问题的作用。那么,在"双减"背景之下,该如何有效地布置作业,让它发挥最大的功能?个人认为,作业设计要注意做到以下几点。

一、研读课标　分析教材

在作业设计过程中教师要以课程标准为主轴来进行作业框架设计。"双新"背景下,明确要求:提高作业设计质量,增强针对性,丰富类型,合理安排难度,有效减轻学生过重学业负担。结合课标要求,教师在设计作业之前要"先弄懂教材的基本思路、基本概念,领会教材的编写意图,熟悉知识范围,明确各单元目的要求以及单元之间的内在联系,同时还要掌握重点,分清楚主次。"只有了解清楚这些才能够设计出有趣、有效的作业。

二、学情分析　制定目标

不同年龄段的孩子,他们的智力水平、认知能力等都是不同的,而不同的作业类型它的价值意义也是不一样的。作业类型的丰富能够让不同的孩子从中获得存在感和价值。所以在设计作业时,无论是哪一个单元主题、哪一个知识点,作为教师都要把握好学生的情况,了解学生所需,在此基础上结合课标以及教材目标来制定本次作业的目标,从而引导学生找到"最近发展区",彰显学生的主体地位。作业的难度要恰到好处。如果一份作业单的设计,所有学生都会做,那么可以说这份学习单就失去了它存在的意义。好的作业应该是符合学生"最近发展区"的,是有一定难度的,是孩子借助支架,通过自己的努力,"跳一跳能够摘到桃子的"。因此,作业的设计要让孩子们学会自主探究、合作学习,是可以让他们去挑战的。

三、注重发展　创新体验

新课标提出,要充分发挥评价的育人功能,坚持以评促学、以评促教,教师应结合学习内容、学生学习特点,选择适当的评价方式,可以通过课堂观察了解学生的学习过程、

学习态度和学习策略，从作业中了解学生基础知识和基本技能的掌握情况。笔者曾在一篇文章中看到用"活"字来评价作业，现在想起来恰到好处，作业布置就是要活起来，摆脱传统作业的固化与死板，注重它的延展性、创新性，这样学生在完成作业时才能有新鲜感和兴趣，对数学形成一定的求知欲，并在体验中形成应用意识和创新意识。

四、及时评价　有所反馈

教师对学生作业的及时反馈能够对孩子起到一定的激励、引导作用。作业设计遵循孩子身心发展的规律特点，走进孩子们的内心，而赞美就是催化剂，让师生关系变得更加融洽和谐。在学科作业设计的评价中，要注意"评价要体现儿童的个性化发展，由纠错转向欣赏"，也就是在正向激励学生的同时，还要让学生看到自己的不足，也要看到自己的优势，提升学习自信心。

下面就以"长方形、正方形面积的计算"为例，来分享笔者的作业设计。

（一）学情分析

"长方形、正方形面积的计算"是三年级数学下册第五单元"面积"的教学内容。

学生在已掌握了面积的含义和常用的面积单位，在对面积单位已有了一个比较感性的认知的学习背景下设计课时作业。这些都为学生顺利学习长方形、正方形面积计算奠定了知识基础。学生对面积这个单元的知识都很感兴趣，探索能力强，学习习惯比较好。

（二）课时作业设计理念

培养学生空间观念是学科素养之一，聚焦小学数学核心素养，发挥作业在帮助学生巩固知识、形成能力、培养习惯、发展兴趣等方面的独特作用。新课标提出：引导学生在真实情境中发现问题、提出问题、解决问题。课标要求情境化教学，作业设计也必须情境化。基于三年级学生的年龄特征，笔者结合生活真实情境——第22届中国汕头（澄海）玩具博览会，紧扣教材内容，设计符合学生年龄特征和学习规律、体现素质教育导向、有效减负同时提升学生学业水平的作业，题目为《澄海玩博会之约》。本课时作业以真实情境为载体，贴近生活，联系社会实际来解决数学问题，培养学生热爱生活、热爱家乡的情感，在数学教育实践中落实立德树人的根本任务。分层设计作业，检验学生掌握长方形、正方形面积公式的情况，检查学生能否运用公式正确计算图形的面积。

（三）课时作业目标

（1）会运用公式进行长方形和正方形面积的计算，解决简单的实际问题。

（2）能结合动手操作，体验学习数学的兴趣，体会探究和运用长方形、正方形面积公式解决实际问题的成功喜悦。

（3）能积极主动探索数学的秘密，感受数学与实际生活的联系，培养空间观念，提升学科素养。

（四）作业形式

课时作业主要包括前置导学单、课堂学习单、课后延学单。

（五）课时作业内容

表1 前置性导学单

任务类型	挑战内容	难度系数	完成情况
画一画	下面是一些玩具配件的表面，先用红笔描出它们的周长，再用黄色表示出它们的面积	★	☆☆☆
填一填	填上合适的单位名称： 1. 数学书封面的面积约是6（　　）。 2. 一间玩具展厅的面积大约是50（　　）。 3. 一支铅笔的长大约是18（　　）。 4. 一棵小树高大约是256（　　）。 5. 一块橡皮的表面大约是8（　　）	★★	☆☆☆
比一比	下面是乐高玩具小配件，请把它们的面积大小按顺序排列起来。 (　　) > (　　) > (　　) > (　　)	★★★	☆☆☆

【设计意图】基于学生学情分析，以前两课时"面积的含义"和"常用的面积单位"为前期铺垫，以操作型、习题型设计了前置性作业，乐中求学，激活思维，为本节课的学习做好铺垫。

表2 课堂学习单

任务类型	挑战内容	难度系数	完成情况
算一算	计算下面玩具展览墙的面积。 6dm　　　　5m 3dm 面积：　　　　　面积：	★	☆☆☆

续上表

任务类型	挑战内容	难度系数	完成情况
摆一摆	用边长为 1 cm 的小正方形积木摆在长 9 cm、宽 5 cm 的展板上，沿长边一排可以摆（　　）个，沿宽边一列可以摆（　　）个。展板的面积是（　　）。	★★	☆☆☆
分一分	下面是一块长方形的展板，要将它分成两部分，其中一部分为最大的正方形，正方形的面积是多少？另一部分图形的周长和面积分别是多少？	★★★	☆☆☆

【设计意图】引领学生亲身经历体验知识的发现与建构过程，切身感受学习内容的趣味与价值，注重"习得"过程中的知情意行同步协调发展，在实际计算、操作中巩固长方形、正方形的面积公式。

表 3　课后延学单

任务类型	挑战内容	难度系数	完成情况
算一算	"积木嘉年华"主题展位长 25 m，宽 15 m。 1. 在这个展位的四周围上栏杆，围栏长多少米？ 2. 如果每平方米展示 5 件产品，这个展位能展示多少件产品？	★	☆☆☆
算一算	博览中心的清洁车每分钟向前行驶 50 m，清扫的宽度是 5 m，清洁车行驶 30 分钟，能清扫多大路面？	★★	☆☆☆

续上表

任务类型	挑战内容	难度系数	完成情况
想一想	下面是一个不规则玩具展示台,请你求出它的周长和面积。(单位:m)	★★★	☆☆☆

【设计意图】围绕"玩博会"这一主题设计充满趣味性的作业,在生活化情境中巩固知识、提升能力、不断积蓄成长的力量。割补、平移是计算不规则图形面积的常用方法,通过此类型的训练培养学生的转化思想,提升几何直观能力。

(六)评价标准

"教—学—评"一致性视角下的教学评价,首先需要转变评价观念,发挥评价的育人导向作用,坚持以评促学、以评促教,不仅要关注学生数学学习的过程,还要关注学生学习的结果,激励学生学习,改进教师教学。

(1)学生完成作业估测与分析:巧用《澄海玩博会之约》游戏化作业让学生在有趣的闯关过程中完成作业,注重学生数学核心素养的培养,了解学生对基础知识的掌握情况,关注学生的表达与体验,在实际操作中初步建立空间观念。三份不同的学习单都设置了易、中、难三个不同级别的、有坡度的题目,学生通过不同的题型获得相应的星星颗数,获得27颗星星将能得到博览会入场券一张,获得18颗星星以上能得到一份乐高小积木,获得10颗星星以上能得到玩博会吉祥物"腾腾"一个。

(2)过程性评价:由于活动作业在课后完成,教师无法进行过程性评价,学生采用小组分享的方式对同学之间的完成情况进行记录评价。

表4 记录评价表

评价指标	过程表现	表现情况
完成情况	完成活动的数量	☆☆☆☆☆
表达清晰	对于活动过程描述清晰,便于理解	☆☆☆☆☆
成果展示	对作业活动的记录的完整性和多样性	☆☆☆☆☆

五、结语

"双减"形势下,我们应在作业设计的有效性、合理性、时效性上多花心思,不断学习,紧跟时代发展的要求,为教育教学减负增效而努力。

聚焦学生核心素养　落实教学评一致性
——"三角形的内角和"课时作业设计

汕头市龙湖区大悦小学　吴　赜

一、教学内容分析

"三角形的内角和"这部分内容的学习，更侧重通过动手操作、探索实验和推理论断得出三角形的内角和，培养了学生的思维能力、空间观念、推理意识和解决问题的策略，也为后续探究、推导多边形内角和做好铺垫。

二、学情分析

学生经过之前的学习，已经积累了一定"空间与图形"的知识经验，为接下来感受、理解、探究新知打下基础。这一学段的小学生思维仍以形象思维为主，教师要重视通过引导学生动手操作，分析推断得出结论，重视在动手操作中促进推理有序进行。

三、作业设计的理念

《义务教育数学课程标准（2022年版）》指出：课程目标的确定，立足学生核心素养发展，集中体现数学课程育人价值。通过义务教育阶段的数学学习，学生逐步达到"三会"目标，其中，第二学段（3~4年级）学段目标具体细化到：认识常见的平面图形，形成空间观念和初步的几何直观。尝试从日常生活中发现和提出数学问题，探索分析和解决问题的方法，经历独立思考并与他人合作交流解决问题的过程，形成初步的模型意识、几何直观和应用意识。本课作业设计，立足聚焦核心素养，基于学生实际，设计基础性作业和拓展性作业，满足不同层次学生的需求。《义务教育数学课程标准（2022年版）》课程理念部分指出：探索激励学习和改进教学评价。评价不仅要关注学生数学学习结果，还要关注学生数学学习过程，激励学生学习，改进教师教学。采用多元的评价主体和多样的评价方式，鼓励学生自我监控学习的过程和结果。因此，本课采用嵌入式评价贯穿于课前、课中、课后作业设计中，学生及时总结梳理，巩固内化知识，反思目标达成情况，努力落实教学评一致，促使提升学生素养这一教学目标落地。

四、作业设计与说明

（一）作业目标

（1）利用已有知识经验，有理有据地猜测出三角形的内角和是180°。

（2）通过对图形的操作，感知三角形内角和是180°，培养学生推理意识、创新意识、模型意识以及发展学生解决问题的方法策略。

（3）运用三角形内角和的性质解决实际问题，能根据已知两个角的度数求出第三个角的度数，培养学生解决问题的策略。

（4）运用探究三角形内角和的经验探究四边形、五边形……多边形的内角和，培养学生知识迁移的能力。

（二）作业作品

1．"三角形的内角和"前置导学单

第1题 我会量角。（时长3 min）

找一找：生活中的三角形，标出它的三个角。量一量这三个角的度数分别是（　　）（　　）和（　　）。

【设计意图】让学生找找生活中的三角形，量出三个角的度数。此项活动既复习巩固量角的方法，又为推导三角形的内角和提供探究的数据。学生自主收集的三角形涵盖的种类多且齐全，推导的结论更具代表性，有说服力。

第2题 认识内角以及内角和。（时长2 min）

请分别用∠1、∠2、∠3标出下面三角形的三个角（见图1）。数学上，把∠1、∠2、∠3称为下面三角形的内角，三角形三个内角相加的和称为三角形的内角和。

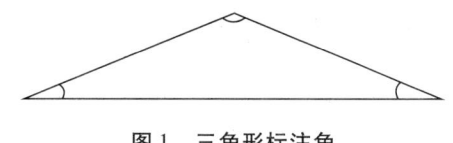

图1 三角形标注角

【设计意图】让学生通过自主完成前置导学单，了解三角形的内角以及三角形的内角和，为新课探究做好铺垫。

第3题 说说我学过的三角形有哪几类。（时长1 min）

我学过的三角形按角分，可以分为（　　）三角形、（　　）三角形、（　　）三角形。

【设计意图】复习三角形的分类，为新课三角形内角和的探究做好知识铺垫。

第4题 我有一副三角板，我来说说每块三角板三个角的度数。（时长2 min）

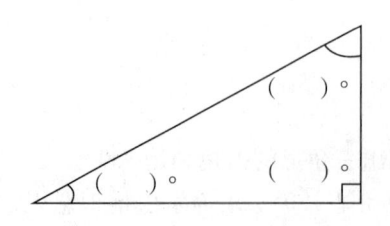

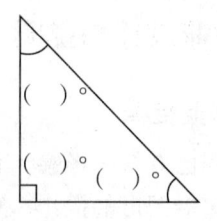

图2　三角板标角度

【设计意图】回顾学过的三角尺的度数，旨在唤醒学生已有知识，沟通知识经验与新课探究的桥梁。

表1

评价内容	自评
我会熟练准确地量角	★
我能找出三角形的三个内角	★
我知道什么是三角形的内角和	★
我能给角分类	★
我能熟记三角板各角的度数	★

2. "三角形的内角和"课堂学习单

第1题　我来猜想：三角形的内角和可能是（　　）°，我猜想的依据是＿＿＿＿＿＿。（时长2 min）

表2

评价内容	自评
我能借助学过的三角形的知识，有理有据地进行猜测	★

第2题　在下面三角形中选几个有代表性的三角形来探究。（时长2 min）

下面图形中，我会选（　　）号三角形，因为＿＿＿＿＿＿＿＿＿＿＿＿＿＿＿＿

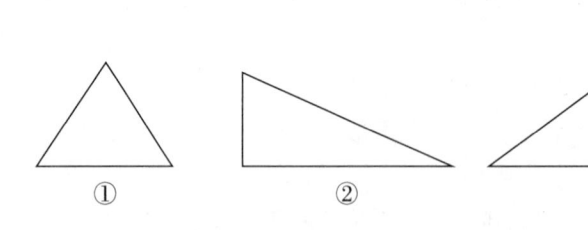

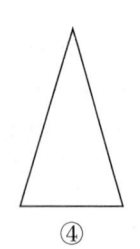

图3　探究三角形

【设计意图】让学生自主选取具有代表性的三角形来做实验，懂得必须选择涵盖所有种类的三角形来探究，得到的结论才有说服力。

表3

评价内容	自评
我能选取有代表性的三角形进行实验探究	★

第3题　动手验证我的猜想，探究三角形的内角和。（时长 10 min）

我想验证我的猜想是否正确，借助量角器、三角尺、剪刀等工具辅助验证，并把验证的过程和方法记录下来。（小提示：可以借助生活经验，用量一量、折一折和拼一拼等方法验证）

我是这样验证三角形的内角和是 180°的。
借助生活经验：我生活中见过的三角形有＿＿＿＿＿＿（可以找生活中常见的三角形），根据＿＿＿＿＿＿＿＿＿＿，我猜测三角形的内角和可能都是＿＿＿＿＿＿。
我来想办法验证一下：
量一量：
折一折：
拼一拼：
结论：通过＿＿＿＿＿（方法），我发现三角形的内角和是＿＿＿＿＿＿。

【设计意图】通过猜想，借助一定的工具辅助验证；鼓励学生用多种方法验证，培养学生解决问题的策略。

表4

评价内容	自评	小组评	教师评
我能想办法验证三角形内角和	★	★	★
我能积极参与小组合作	★	★	★
我能在小组活动中积极分享并认真倾听	★	★	★

3. "三角形的内角和"课后延学单

基础性作业：

第1题　在图4中，∠1 = 140°，∠3 = 25°求∠2 = （　　　）°。（课本第65页"做一做"第1题，时长 1 min）

星级
★

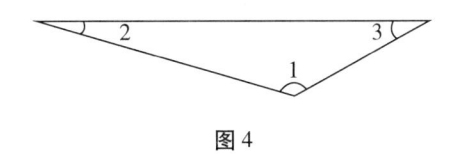

图4

【设计意图】运用三角形的内角和解决已知三角形中的两个内角，求另一个角的度数。

第2题　求出下列三角形各个角的度数。（课本第67页第2题，时长 4 min）

星级
★★

（1）一个等边三角形。

(2) 一个等腰三角形，顶角是96°。

(3) 一个直角三角形，其中一个锐角是40°。

【设计意图】变式练习，考查学生运用所学知识及有效策略解决实际问题的能力。

拓展性作业：

第3题　应用三角形的内角和解决问题。（时长10 min）

星级
★★★

图5是一个被挡住了两个角的三角形，露出部分的度数是60°，则另外两个角的度数分别是_____和_____，它是一个_____三角形。

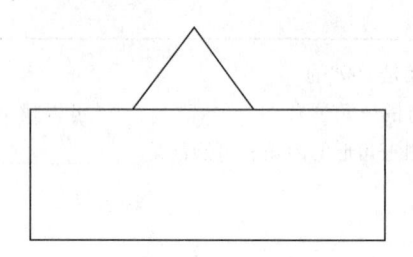

图5

表5　评价表

水平	星级
列举出一种类别的三角形	★
列举出三种类别的三角形	★★
只要符合另外两个内角的和是120°的所有类型的三角形	★★★

【设计意图】考查学生对三角形内角和的掌握情况，并能全面辩证分析问题。

选做题：

第4题　你能应用探究三角形内角和的方法探究四边形、五边形、六边形……的内角和吗？举例说一说。（时长5 min）

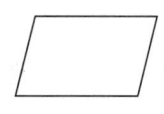

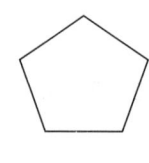

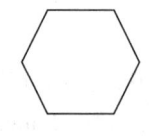

星级
★★★★★

图6

【设计意图】考查学生知识迁移的能力。

"反比例"课时作业设计

汕头市外马路第三小学　余　存

一、作业设计的理念

遵循《义务教育数学课程标准（2022年版）》，在对教材的相关知识体系进行系统梳理，读懂教材中例题和习题的编排意图的前提下，从单元视角整体规划，尊重学生身心发展的规律，着眼于夯实基础和发展核心素养，系统设计符合学习规律、重在迁移运用、突出重难点、与学生学情相适应的层次性作业，让学有余力的学生发挥潜力，中等水平的学生发展能力，学习能力暂时不足的学生巩固基础。同时，教师教的目标与学生学的目标一致，作业、评价设计紧扣目标，实现"教—学—评"的一致性。

二、作业设计与说明

（一）作业目标

（1）通过阅读课本和对比正比例概念，了解反比例的概念。

（2）通过观察、探索两种相关联的量的变化规律，理解反比例的意义，体会两种相关联的量成反比例关系的条件，掌握反比例关系式。

（3）能正确判断两种相关联的量是否成反比例。

（二）作业作品

1."反比例"前置导学单

（1）复习正比例。

请用思维导图整理正比例内容。

【设计意图】学生通过整理正比例的内容，回顾学习正比例时需掌握的知识点和所用到的学习方法，以此为基础，实现知识技能的迁移类推。

（2）找生活中相关联的量。

找一找，生活中存在如下变化规律的两种量：一种量扩大（或缩小），另一种量随着缩小（或扩大）。如，在路程一定的情况下，速度越大，所用时间越少；速度越小，所用时间越多。

【设计意图】反比例是描述一种量变化导致另一种量反向变化的关系。学生在找生活中相关联的量的过程中，体会"相关联的量""量的变化规律"，同时为探究"两个变量背后的不变量"打下基础。

（3）初步体会反比例。

一辆汽车在广汕公路上行驶的平均速度与驶完全程所需的时间如表1所示。

表1

速度/（千米/时）	30	40	50	60	70		90
时间/时	18	$\dfrac{27}{2}$	$\dfrac{54}{5}$	9	$\dfrac{54}{7}$	$\dfrac{27}{4}$	

把表格填写完整，并思考题目中哪种量是不变的。

【设计意图】学生借助已有知识"速度×时间＝路程"完成表格的填写，体会"变中不变"的数学思想。

2．"反比例"课堂学习单

（1）具体情境下，理解成反比例的量的变化规律（课本第45页例2）。

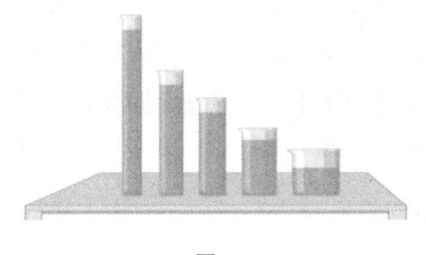

图1

把相同体积的水倒入底面积不同的圆柱形容器，容器的底面积与水的高度的变化情况如表2所示。

表2

容器的底面积/cm²	10	15	20	30	60	…
水的高度/cm	30	20	15	10	5	…

根据表2，回答下面的问题。

①表中有哪两种量？

②水的高度是怎样随着容器底面积的大小变化而变化的？

③相对应的容器的底面积和水的高度的乘积分别是多少？

④用式子表示容器的底面积和水的高度的关系。

【设计意图】借助具体情境，利用体积、底面积和高的数量关系使学生通过具体数据的计算初步理解成反比例的量之间的变化规律，感受体积不变时，水的高度是如何随着容器的底面积的变化而变化的。

（2）概括抽象反比例关系的一般意义。

根据上题，参照正比例关系的意义，说一说什么是反比例关系。

两种（　　　　　）的量，一种量（　　　），另一种量也随着（　　　），如果这两种量中相对应的两个数的（　　　　　），这两种量就叫作（　　　　　），它们的关系叫作（　　　　　）。

【设计意图】在正比例学习的基础上，脱离具体情境，学生理解反比例关系，并概括出反比例关系的一般意义。

（3）用字母表示。

如果用字母 x 和 y 表示两种相关联的量，用 k 表示它们的乘积（一定），请用含字母的式子表示出反比例关系：（　　　　　　　）。

【设计意图】用数字化的字母符号来表征反比例关系，使学生体会抽象和模型的数学思想。

（4）生活中的反比例。

你还能举出其他反比例关系的例子吗？

【设计意图】学生举例成反比例的量，加深对反比例的理解，体会反比例在生活中的广泛应用。

3．"反比例"课后延学单

（1）根据反比例的意义判断两种量是否成反比例。

"前置导学单"第（2）题中，你所找到的两种量是反比例关系吗？为什么？（★★）

【设计意图】学生判断两种量是否成反比例关系，首先要明确哪两种量是相关联的量，它们是否按照一种量增加（减少），另一种量减少（增加）的规律变化，再明确两种量的乘积是否不变，在此基础上做出判断。

（2）从变量的角度理解数量关系（参考课本第50页第13题）。

根据"前置导学单"第（3）题的表格，回答以下问题：（★★★★）

①广汕公路全长多少千米？

②如果用 v 表示汽车的平均速度，用 t 表示驶完全程所需的时间，t 和 v 成什么比例关系？你能写出这个关系式吗？

③如果汽车的平均速度为54千米/时，驶完全程需要多少时间？

【设计意图】学生通过提炼关系式，从变量的角度重新理解速度、时间和路程之间的数量关系。

（3）区分正反比例。

在成正比例关系的两种量后面的括号里画"△"，成反比例关系的画"○"，不成比例关系的画"×"。（★★★★★）

①你的年龄和身高。（　　　）

②圆的周长和半径。（　　　）

③$x : 8 = 6 : y$ 中的 x 和 y。（　　　）

④某学校总人数一定，今天到校的人数和未到校的人数。（　　　）

⑤圆柱的体积一定，它的底面积和高。（   ）

⑥一辆汽车行驶的速度一定，它行驶的路程和所需时间。（   ）

【设计意图】学生基于正反比例的定义进行判断，巩固对正反比例意义的理解，对比正反比例的不同。

（4）在三个变量中找到两个成反比例的变量。

给一个教室铺正方形地砖，每块地砖的边长与所需地砖数量如表3所示。（★★★★★★★★）

表3

地砖的边长/cm	20	40	50	80	100	…
所需的块数/块	400	100	64	25	16	…

根据上表，回答下面的问题。

①正方形地砖边长的变化与所需要的块数的变化之间有什么关系？它们是直接相关联的两个量吗？

②在这个问题中，直接相关联的两个量是什么？不变量是什么？

③直接相关联的两个量成什么比例？为什么？

④你还能举出像这样的例子吗？

【设计意图】本题的数量关系比较隐蔽，且题目中涉及了三个变量，学生需在理解反比例的本质和相应的数量关系的基础上解决该问题。

从知识导向到素养导向

——"圆的认识"课时作业设计

汕头市濠江区珠浦第一小学　邱传怀

一、作业设计的背景

《义务教育数学课程标准（2022年版）》指出，数学课程要培养的学生核心素养是数学教育的终极目标，体现了数学学科的独特育人价值，主要包括"三会"：会用数学的眼光观察现实世界，会用数学的思维思考现实世界，会用数学的语言表达现实世界。继续进行评价改革，强化素养导向，特别是要探索指向核心素养的评价方式，从"对学习的评价"转向"为了学习的评价"，关注学生核心素养的表现，把评价指向核心素养的达成，以评导学，促进核心素养的发展，作业的设计则是评价形式的主要载体、评价维度的主要体现、评价结果的重要呈现。与此同时，"双减"政策的落地，要求优质的作业设计，必须守住底线，严控习题总量，力求少而精。

二、作业设计的理念

"圆的认识"是义务教育阶段数学课程"图形与几何"领域中第三段的内容，其所对应的核心素养表现侧重于空间观念、几何直观、量感和推理意识。因此，"圆的认识"作业设计必须评价学生是否认识圆的本质属性，并通过对圆性质的认识，感知数学说理的过程，从生活到数学，从立体到平面，由浅到深，从整体到局部，其作业设计的内容的广度有所发展，深度也有所增加，不断拓宽学生"圆"的视野。

三、作业设计与说明

（一）作业目标

（1）通过看书自学，认识圆各部分名称。

（2）通过操作，会利用实物画圆——用圆规画圆。

（3）通过操作验证，掌握圆的特征。

（4）通过对比，知道圆和三角形、四边形等平面图形的直观区别和联系。

（二）作业作品

1．"圆的认识"前置导学单

第1题　生活中找"圆"。

找一找：生活中，很多物体的表面形状都是圆形的，比如，桌子的面是圆形。此外，你还能发现，（　　　　　　）的面是圆形。

【设计说明】图形的认识主要是对图形的抽象。学生一般从现实世界中的立体图形开始认识，逐渐抽象。本题激活学生生活经验，从现实生活世界中的立体图形出发，通过抽象，从三维到二维，抽象出对圆的认识。

第2题　对比分析，初步知道圆的本质。

我们学过长方形、正方形、三角形等平面图形，圆和它们有什么区别呢？

我的发现：（　　　　　　　　　　　　　　　　　　　　　　　　　）

【设计说明】"圆"是小学阶段学习的最后一个平面图形。理解平面图形一般都是从图形的边和角来认识的，与其他图形相比，圆的特殊性在于它是曲线围成的图形，圆不具备其他平面图形的边和角的特征，通过与直线图形的对比，感受圆的特殊性。

第3题　探索圆的特征。

任务一：想办法在纸上画一个圆。

任务二：我们知道：圆中心的一点就是圆心。把画的圆剪下来，想办法找到圆心。

（小提示：可以用量一量，画一画，折一折或算一算等方法验证）

我是这样找到圆心的。

量一量：　　　　　　　　　　　　折一折：

结论：通过＿＿＿＿＿＿（方法），我发现圆的＿＿＿＿＿＿＿＿。

我是这样找到圆心的。

画一画：　　　　　　　　　　　　算一算：

结论：通过＿＿＿＿＿＿（方法），我发现圆的＿＿＿＿＿＿＿＿。

【说明】通过任务一"感悟图形抽象的过程"和任务二"在操作体验中找圆心",自主探寻圆的本质,让学生有感而发,自然从表面知识的理解转向深入理解圆的本质,从而培养学生的空间观念和推理能力。

2."圆的认识"课堂学习单

第1题 圆的特征练习。

下图中,哪些线段是圆的半径,哪些线段是圆的直径?

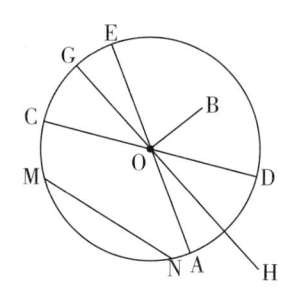

(　　　　　)是圆的半径,(　　　　　　)是圆的直径。

【设计说明】"认识圆"的重要标志就是掌握圆的特征,其关键是对于"圆心""半径"的认识。通过辨析半径和直径,在动态变化和对比联系中,感受圆的半径和直径的"同与不同""变与不变"的辩证思维,深刻理解圆的特征,极大地促进学生在几何直观和空间想象力上的发展。

第2题 动手验证圆的特征。

画一画、比一比、折一折、量一量。

> 在同一个圆中,有(　　)条半径,(　　)条直径。所有的半径都(　　　　),所有的直径都(　　　)。
> 在同圆或等圆中,直径是半径的(　　)倍。
> 圆(　　)(是或不是)轴对称图形,如果是,有(　　)条对称轴。

【设计说明】将图形的测量有机融合,引导学生从直观感知到探索特征。通过画一画、比一比、折一折、量一量等动手操作,让学生经历猜想、验证、说理、总结的探究过程,充分认识圆的特征。

第3题 应用拓展,巩固圆的知识。

情境:某市应规划城市需要,对一处危楼(在 B 处)实施爆破。

①根据已知信息,画出危险的区域:

信息1:危险区域半径是 3 km(A 点与 B 点之间的距离为 4 km)。

信息2:爆破中心在 B 点。

②距离 A 点 8km 处停放一辆汽车,这辆汽车是否处在危险区域?

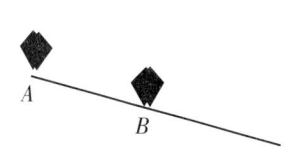

【说明】让学生经历想—画的学习过程，用数学的眼光观察圆，用数学的方法研究圆，发展空间观念和想象能力。在实际问题的解决中，发现圆的本质属性，培养学生的应用意识。

3. "圆的认识"课后延续单

第1题 关联：理解半径和直径的关系。（课本第58页第5题）（★）

填表（单位：m）。

r	0.24		1.42		2.6
d		0.86		1.04	

【设计说明】数感主要是指对于数与数量、数量关系及运算结果的直观感悟。且数感的第三个表现是能初步体会并表达事物蕴含的简单的数量规律。因此，通过计算半径或直径进一步深入理解半径和直径的关系，选择合理的运算策略进行正确的运算，学会"用数学的思维思考现实世界"，发展学生的数感及运算能力。

第2题 迁移：研究图形之间的关系。（课本第58页第2题）（★★）

看图填空：

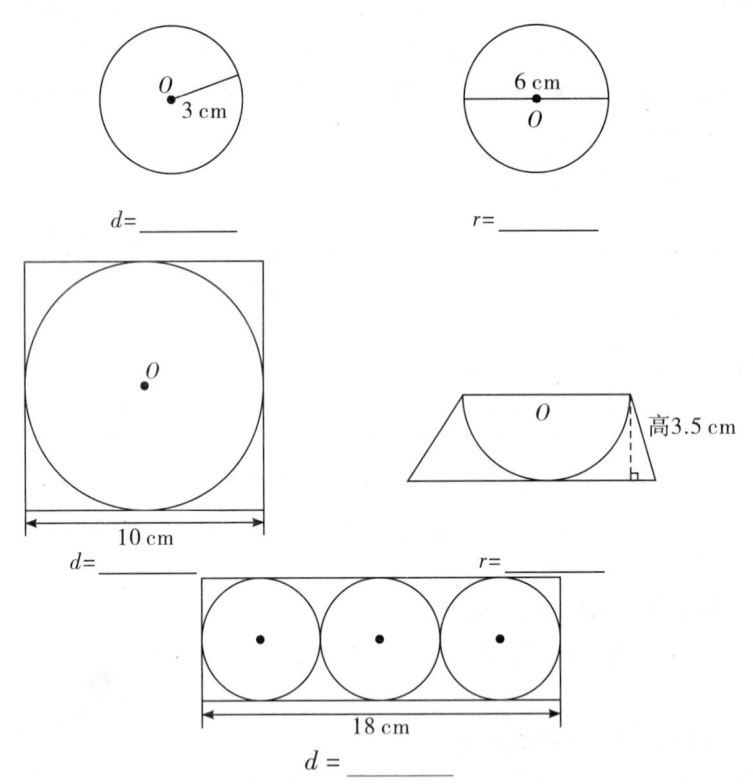

$d=$ _____

$r=$ _____

$d=$ _____

$r=$ _____

$d=$ _____

【设计说明】几何直观主要是指运用图表描述和分享问题的意识与习惯，要求能够把握图形特征，分析图形性质，运用图形分析问题，探索解决问题的思路。本题，后3幅图把圆和以前学过的图形加以综合，让学生研究图形之间的关系，分析图形性质，运用图形分析问题，解决问题，从而发展学生的几何直观、推理意识。

第3题　操作：深入理解圆的本质特征。（课本第59页第7题）（★★★）
①根据对称轴画出轴对称图形的另一半。

⑦　根据对称轴画出轴对称图形的另外一半。

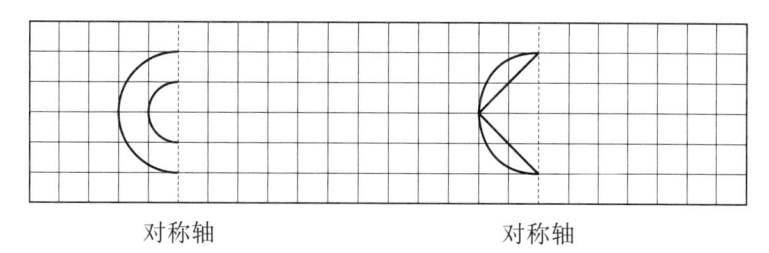

　　　　对称轴　　　　　　　　对称轴

【设计说明】深度学习是学生自己建构的数学综合应用的过程，切实提升学生的数学核心素养，帮助学生获得全面发展。通过画出轴对称图形的另一半，要求对图形已完成的一半的特征深入观察，并对另一半想象，找到问题的关键——圆心、半径，培养学生的观察和分析、动手操作能力。体现知识的综合性，进一步理解、掌握圆的特征。

②车轮为什么是圆的呢？（提示：分别用硬纸板做成下面图形，代替车轮，沿直尺的边滚一滚，描出 A 点留下的痕迹）

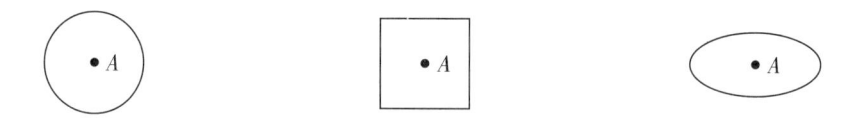

　　　●A　　　　　　●A　　　　　　●A

【设计说明】核心素养主要在于培养学生会用数学的眼光观察现实世界、会用数学的思维思考现实世界、会用数学的语言表达现实世界。通过联系生活中与圆有关的实例，让学生感悟数学知识与现实生活的一致性，思考数学现象背后的数学原理，感悟数学的价值，形成数学的好奇心与想象力，主动参与数学的探究活动，发展创新意识。

"双轮驱动"下备课范式的创新案例与分析

让集体备课成为教学方案的论证过程
——谈基地建设团队"茶馆式"集体备课范式

汕头市金平区私立广厦学校 李慧璇

怎样让集体备课集众人智慧，而不流于形式？如何实施高质量的集体备课是我们不断思考的问题。在吴燕娜老师"双轮驱动，研培领航"研究项目的引领下，我校在具体实施过程中不断总结、提升、探究集体备课的一般策略。让备课组教师围坐在一起，在温暖、开放的氛围中进行"茶馆式"备课，实施"组内讲解，人人过关"机制，融"个体备课""集体备课""检查备课"为一体，让集体备课成为教学方案的论证过程，具体操作如图1所示。

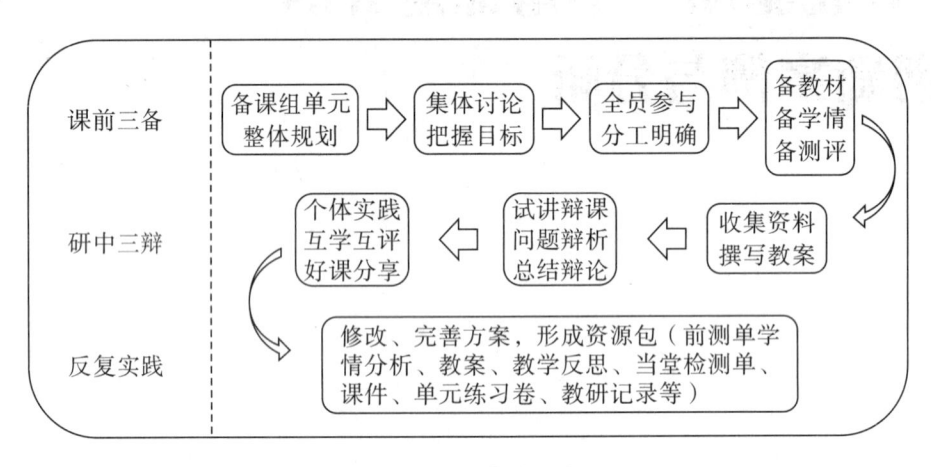

图1 "茶馆式"集体备课

一、课前"三备"，让"茶馆式"集体备课有据可依

单元教学前，备课组通过单元整体规划，集体讨论，把握目标；全员参与，分工明确；备教材，备学情，备测评；收集资料，撰写教案。如何做好"三备"？

（一）备教材

备好一节课，需解读课标、阅读教师用书、查阅不同版本的教材等，了解"内容要求""学业要求""教学提示""评价标准"，明确教学设计的方向，厘清教学脉络。

如二年级下册"克和千克"一课，对比人教版、北师大版、苏教版，发现人教版

"先教学克,再教学千克",从标准入手,经历计量单位累加的过程,更好构建千克的质量单位。而北师大版、苏教版"先教学千克,再教学克"。从生活入手,这样更符合学生的生活经验与认知规律。但无论是哪种教材,最终呈现的都是对"量感"核心素养的培养。

(二) 备学情

我们除了借助文献资料和教学经验确定学习起点之外,还通过前测把脉学生的学习起点,了解学生真实学情,进而明确学的路径。

如四年级上册"除数是两位数的口算除法"一课,课前教师先让学生独立计算"90÷30 = ",发现90%以上的学生能够准确得出结果,少数学生错写为30。所以上课伊始,在情境教学中直接提出核心问题:"80÷20等于4?还是等于40?为什么?"放手让学生多角度探究算理,从明理中懂得算法。

(三) 备测评

新课标强调教学评价需要评价方式丰富、评价维度多元、评价主体多样等。我们坚持以学习目标为导向,以评促学、以评促教。

如五年级上册"用字母表示数"一课,在设计教学的过程中,我们通过课前诊断、课中观察、课后作业等方式,体现了评价形式丰富;通过基础练习、提升练习、综合练习,体现了评价维度多元;通过自我评价、学生互评、教师评价,体现了评价主体多样。这样评价与目标吻合,达成"教—学—评"一致性的有效课堂。

二、研中"三辩",让"茶馆式"集体备课论道有方

一节好的课需要教师在集体备课中经历多次思辨后,最终获得对教学方案的认同。我们一般采用如下几个环节。

(一) 试讲辩课

首先由主备教师进行课前试讲,讲清楚本节课的学习目标是什么,设计了哪些与目标匹配的表现性任务,用哪些题目对学生进行及时测评等。通过这样有指向性的沟通,让备课组成员对照个人教学设想,思辨主备教师的教学思路与策略,进行横纵对比,优化教学设计。

如四年级下册"平均数"一课,我们根据学生前测情况对平均数的学习目标、教学目标具体化,并以目标为导向,设计了相应评价标准。在设计教学过程中,主备教师创设投篮情境,提出核心问题:用哪个数据代表小刚1分钟的投篮水平呢?(见表1)

表1 小刚投篮情况统计(1分钟)

小刚一分钟投篮情况统计表					
小刚	第一次	第二次	第三次	第四次	第五次
	7个	9个	9个	6个	9个

然后通过求小刚一分钟投球个数;比较小刚与小明投球个数,谁的投球水平高等活动,感悟平均数、应用平均数。

备课组通过课堂量规表与书面检测等评价学业水平，发现课堂学生参与度不够，对平均数的意义理解不透彻。于是讨论后重新创设"口算比赛"的真实情境，以"哪一组的计算水平更高"为任务驱动，让学生在熟悉的情境中激发探究欲望，实现卷入式学习。

（二）问题辨析

在茶馆式集体备课中，我们常常围绕教学目标、重难点、教学环节，以及学生易混淆之处，进行有序地分析、评判。备课组对备课中所产生的问题充分发表自己的看法、见解。

如四年级下册"认识三角形"一课，画三角形的高是本节课的教学难点。如何教会学生画三角形的高？有的教师设计让学生解读定义，根据文本描述画高，再引导学生将"三角形的高"与"画垂线"进行有效关联。虽然这样的教学确实能激发学生的阅读力、思考力与表达力，但是备课组教师提出异议：如此设计，教师引导暗示的作用过大，没法让学生体验感悟。

通过备课组对问题辩论解析，决定对这个环节进行逆向设计，让学生自主找高、画高，最后出示"平行四边形的高"让学生自主迁移，自行悟出"什么是三角形的高"。整个教学过程环环相扣，以学生为主体，让学生经历"学会"到"会学"的过程，充分发挥学生的主观能动性，实现深度学习。

（三）总结辩论

经过主备教师的梳理以及集体备课讨论，每位教师根据班情将教学设计进行二次批注，提炼核心问题，完善教学方案，形成资源包（前侧单、学情分析、教案、教学反思、当堂检测单、课件、单元练习卷、教研记录等）。

三、反复实践，让"茶馆式"集体备课成果凝练

备课成效如何，最终要靠课堂教学实践来检验。

（一）个体实践

教师根据团队研磨出来的教学设计实施教学，然而课堂教学是复杂多变的，会发生各种各样的突发事件。课后，执教教师记录下课堂教学中发生的真实事件并及时反思。记录内容主要包括教学亮点、教学改进、教学机智、学生创新、再教设计等。

（二）互学互评

在集体备课后，学校举行"每周一听"活动，即听即评，以达教学相长。每月，我们围绕省级课题"在小学数学教学中培养学生'六自'学习力的实践研究"的实验，举行"主题式教研"活动。聚焦学生"六自学习力"培养，让教师们结合自身教学课例，说一说如何在教学中培养学生的"自主学习能力"，备课组总结点评，提炼路径，形成了可续航的教研常态。同时也减少了以往教导处常规检查教师备课本的单调机械环节。

（三）好课分享

"教育的本质是一棵树摇动另一棵树，一朵云推动另一朵云。"好课分享，交换思想，

碰撞智慧，让努力成为习惯，让优秀成为常态。

近3年，学校基地建设团队推出全国、省、市、区级27节示范课和讲座（见表2），如林清老师到四川省绵阳市献课"认识面积"，获得王永春主任的高度点赞；蔡芸老师的"平均数"在"2023年第二期广东省小学数学教研员能力提升研修活动"上汇报课等，基地教学教研成果发挥了辐射效应。每一节公开课的背后都有其教研的故事，而故事正来源于"茶馆式"集体备课活动。

表2 学校推出的示范课和讲座

序号	执教老师	上课课题	等级	获奖时间
1	林清	展示课"面积的认识"	四川省展示课	2023.3.17
2	林清	微分享《有结构地教，有关联地学》	四川省教研交流	2023.4.1
3	蔡芸	展示课"平均数"	省级展示课	2023.5.11
4	蔡芸	赛课"平行四边形的面积"	市级技能赛一等奖	2023.9.22
5	蔡芸	说课"三位数乘两位数"	市级技能赛一等奖	2023.9.20
6	蔡芸	展示课"平均数"	市级展示课	2023.3.20
7	林清	公开课"三位数乘两位数"	市级公开课	2022.9.28
8	林清	公开课"长方形和正方形的特征"	市级公开课	2022.5.27
9	许梓林	公开课"数与形"	市级公开课	2021.12.20
10	林清	讲座《改变教与学方式，促进深度学习》	区级讲座	2023.3.14
11	林清	讲座《以素养为导向 聚焦"教学评"》	区级讲座	2022.10.25
12	林清	讲座《立足新课标，赋能向未来》	区级讲座	2022.10.18
13	林清	讲座《基于问题，让学习自主发生》	区级讲座	2023.11.14
14	林清	"数学原来可以这样学"	合胜读书会	2023.2.26
15	林清	展示课"面积的认识"	惠来县展示课	2023.4.1
16	郑宇	公开课"条形统计图"	区级公开课	2023.11.14
17	黄世烽	公开课"比的认识"	区级公开课	2023.10.17
18	郑宇	公开课"认识三角形"	区级公开课	2023.3.28
19	林清	公开课"三位数乘两位数"	区级公开课	2022.10.25
20	郑宇	公开课"路程 速度 时间"	区级公开课	2022.10.18
21	郑宇	送教课"路程 速度 时间"	区级送教课	2022.10.27
22	林清	微分享《以问题为导向，促自主学习》	区级教研活动	2023.11.24
23	林清	微分享《从"教"与"学"的角度，聊聊数学课》	区级教研活动	2023.4.18
24	郑宇	公开课"条形统计图"	省级课题展示课	2023.12.19
25	王文丹	公开课"20以内进位的加法"	省级课题展示课	2021.12.17
26	许梓林	公开课"数与形"	省级课题展示课	2021.12.17
27	林清	讲座《小学数学"六自"学习力的实践与思考》	省级课题汇报	2023.12.19

今后，我们私立广厦"小数人"将在吴燕娜老师的引领下继续深入探索"茶馆式"备课范式，创建轻松、和谐、愉悦的对话平台，让集体备课成为教学方案的论证过程，以生为本，深耕课堂，提升专业水平，促进学校教学高质量发展。

教学如煲汤，慢"炖"出好味
——东里小学探索"煲汤式"集体备课，助推教师成长

澄海东里小学　林丽宏

一、研究背景

全面深化课堂改革是教学和研究的主题，但在当前教育和教学环境的背景下，教学研究与改革仍处于滞后状态。其中大多有课程准备的形式，写课程计划只是应对检查，教学研究只是走过场，与教学现实脱节。找到教学与研究相结合的突破，实现引导研究教学和推进研究教学的目的，是当务之急。

随着新课程改革的实施，教师的教学方式和学生的学习方式发生了巨大变化。这就要求教师在备课过程中不仅要考虑教学内容，还要考虑教学方法、学习过程、学生个体差异等。

在此背景下，东里小学的教师们正积极参与课堂改革。2021年11月，省级课题《"双减"背景下小学"本真课堂"教学模式实践的研究》成功申请。学校各学科课堂教学实行"三环四节"模式，按照"标准化课堂、个性化课堂、高效课堂"三个层次推进课堂改革；以"煲汤式"集体备课形式推进课堂教学讨论活动，真正形成"合作分工、个性化补充"的备课模式。

二、何为"煲汤式"

"煲"，字面意思是"用文火煮食物"。然而，只有用"温和的火"烹饪，才能做出美味的汤。"煲汤"，需要精心配料，把食材加上足量的汤水，调好火候，小火慢炖，没有复杂的调味料，经过长时间的耐心"炖"，各种配料相互混合，食物的精华集中在汤中，才能煲出一锅既营养又鲜美的上等"靓"汤来。这与教师的专业发展有什么关系呢？一个教师要想成为一名优秀的教师或专家型教师，他需要反复学习和实践（理论和他人的经验），反思和完善（他自己的经验和理论），然后再学习、实践、反思和完善……

"煲汤式"集体备课，作为一种教学研究和备课方式，它借鉴了中国烹饪中煲汤的理念，这种理念被转化为教师之间的集体研讨和协作，通过教师群体的智慧和努力，共同"煲制"出高质量的教学方案和课程设计。东里小学各学科探索推行的"煲汤式"的备课组活动模式，即是围绕一节课，由某位教师执教，在备课组全体教师参与下，采取多种形

式，反复深入地研究、探讨，再由这位教师多次重上。教师教学业务发展迅速，同备课组全体教师共同完善，体现了教师发展的自主、灵活、长期、务实、合作、创新的特点。

三、研究内容

1. 指导思想

教师专业发展的需要：为了适应教育改革的需要，教师专业发展已成为教育的一个重要方面。集体备课为教师提供了相互学习、共同成长的平台，通过集体智慧解决教学中的问题，提高教学效果。

资源共享与优化：集体备课倡导资源的共享与优化利用，每位教师都可以贡献自己的经验和创造力，同时学习和吸收其他教师的优秀教学方法和资源，最大限度地利用资源。

教学研究与实践相结合：集体备课将教学研究与实践相结合，通过实际课堂教学验证和改进教学计划，形成教研良性循环。

追求减负提质：在当前减负提质的背景下，集体备课可以帮助教师准确把握教学目标和教学内容，提高课堂教学效率，从而减轻学生作业负担，提高教学质量。

2. 备课模式

以年级学科组为备课单位，年级学科组长为备课组长。备课组长填写"教学计划进度表"，组织备课，以单元或主题作为备课模块，每个模块安排 1~2 名主备人。

（1）小组备课合作分工：这是一种以年级为基础的集体备课讨论活动和课堂教学反思交流活动的教学讨论方式。合作是指备课小组共同讨论；分工是指每个人的备课任务，每个人撰写主备计划，即准备课，由备课小组完成。

（2）个性化补课：指教师个体在合作补课前进行个性化补课，课后记录教学反思的教学讨论活动。这是第二次备课的准备工作，由执教教师完成。

（3）议课：分为课前议课和课后议课。课前议课的重点是"准备什么？如何准备？为什么这样准备？"的问题，课后议课的重点是反思教学得失，提出整改措施。

3. 备课过程（见图1）

（1）明确任务：召开集体备课工作会→备课组长安排小组成员的教学日程→小组议课→分配备课任务。

（2）撰写备课教案：主备人撰写出备课稿（电子、纸质）。备课要求：有详细流程、有设计意图；包括教学目标、教学重点和解释教学方案的困难，教师讨论利用多媒体电子教学方案的草案。

（3）实际课堂教学：执教者做个人补充，上第一次研讨课（视频），集体观看教学视频讨论和评价；执教者改进教案，上第二次研讨课，第二次集体讨论；执教者再次修改教案，第三次上研讨课，执教者撰写总结或反思。（说明：最后要上几次，要看教学效果。如果一次成功，就没有必要进行第二次；如果效果不理想，继续讨论，直到成功。）

具体操作可以根据实际需要调整

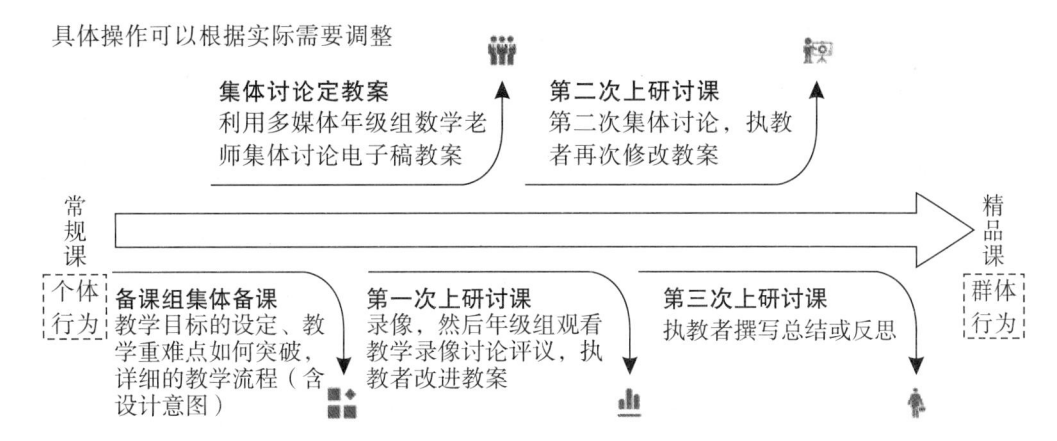

```
集体讨论定教案                    第二次上研讨课
利用多媒体年级组数学老            第二次集体讨论，执教
师集体讨论电子稿教案              者再次修改教案
```

常规课 ────────────────────────────────▶ 精品课

个体行为

```
备课组集体备课              第一次上研讨课              第三次上研讨课
教学目标的设定、教          录像，然后年级组观看        执教者撰写总结或反思
学重难点如何突破，          教学录像讨论评议，执
详细的教学流程（含          教者改进教案
设计意图）
```

群体行为

【说明：到底要上几次，要看教学效果。如果一次就成功，那就不用上第二次，如果效果不理想，继续研讨继续上，直至成功为止。】

图1 "煲汤式"备课模式

（4）反思课堂和独立学习：在这个过程中，个体行为成为群体行为，整个备课小组被推动，以反映集体的意志和智慧。这类活动可以有效地提高教师的课堂教学水平。

4．备课组的活动要求

（1）课程准备和研究分为集中式和独立式两种形式。专注于课程准备和讨论，每周一次。

（2）备课小组备课讨论按照"四定"进行活动，即：定时间、定地点、定内容和定中心发言人。

（3）所有的教师都参加了课程准备活动，并附有会议记录和照片。

5．实施保证

（1）学校总体规划、年级小组监督、备课小组实施、绩效考核。

（2）教务处每月检查一次课程准备工作。检查内容：教学计划中的个性补充、教学反思、师生教学学习任务清单（前置预学单、课堂导学单、课后延学单）；备课组讨论记录等。

四、实施价值

1．理论价值

促进教学，做好研究准备，追求及时性、有效性、研究性，有效促进学校高效课堂建设；科研强校、自主创新，走教学改革的独特道路，改变学校教学研究现状，实现高效提高学生综合素质的目的。这样可以更好地整合资源，减轻教师备课负担，提高课前准备质量，实现高效课堂教学的目的。

2．实际价值

为促进教学，通过集体智慧，教师可以更好地理解教材，准确把握教学目标和重点难点。共同制定教学计划，整合多种教学方法和策略，减轻教师备课的负担，改变教师"为查而备"的思想,实现教师"为教而备"的备课行为。

做好科研准备,为教师提供了一个相互学习、一起成长的平台。教师可以共同开发教学工具和课件,节省个人备课的时间和成本,激发教师的科研能力,扩大教师的专业理解领域,提高教师的教学和科研能力,使教师形成问题意识,从日常生活中不断发现问题,努力解决问题。

教师可以在小组备课中扮演不同的角色,锻炼他们的组织、协调和沟通技巧。它能够整合师资队伍的力量,提高教学准备质量,促进教师专业成长,共享教学资源,增强团队协作,提高教学效率,更好地满足学生个性化的学习需求。通过这种模式,学校能够建立一个良性的教学环境,不断改进和创新。

在教学中研讨,在研讨中教学,实现教学研讨常态化、规范化,做到教研合一,让教研实实在在服务于日常教学工作。例如四年级的陈铱玲老师2020年参加澄海区青年教师教学比赛,获得一等奖。刚走上讲台不足4个月的陈老师,当接到参赛的任务,开始有些担心,后来整个备课组以"煲汤式"开展集体研究,经过或片断或全课长短不同共13场次的磨课,终于以"条形统计图"一课的教学,脱颖而出,赢得好评,获得全区一等奖。整个四年级数学备课组正是通过"煲汤式"的集体备课研讨,以"本真课堂"教学模式为依托,研究课堂,改进备课方式,提升课堂教学的实效性和时效性,提升了教师个人以及整个备课组的专业发展水平。

3. 创新价值

(1)"煲汤式"的集体备课模式本身就是教学模式的一次创新,它打破了传统一对一备课的局限性,引入了团队合作的概念。

(2)合作相互学习,分工减少工作量,个性化补充实现有针对性的高效教学。

(3)备课与讨论过程:集中研讨,总体设计备课内容→分工合作,分组主备,写出主备教案→个性补充,针对教学求高效→课堂反思,共同研讨寻良方。通过这样的备课研讨方式,将教学和讨论规范化,以达到以教带研、以研促教的目的。

东里小学"煲汤式"集体备课模式,源于"煲汤式教师发展"的理念。在"配方"上注重科学性、针对性、多样性、愉悦性;在"火候"上,是小火慢炖,不性急、不火躁、不拖沓。通过"煲汤式"教研,教师讨论问题不再分散,将发现的教学问题分类,管理自己的学习经验;在实践和交流中,逐渐清楚了解年级的要求和特点、学生的学习规律;在集体交流和学习中,相互补充,互补优势,共同成长。通过"煲汤式"教研,教师们的教研更自主,更人文,更有效。学校各个年级"煲出"了不少广受东小师生欢迎的"个性靓汤",不仅让教师的专业水平有所提高,还为教学模式的创新、教学资源的共享、教师的专业发展、团队合作的研究、教学效果的提升、教育政策与实践的对接提供了新的思路和方法。通过这种模式,不断探索和验证教学实践中的新思路,促进学校教育领域的不断创新和发展。

校本研修"一化二模式"统领下的集体备课

汕头市潮阳实验学校　邹丹　田茂春

课,是教师的作品,备课就是作品的初胚。可见,备课是教学活动的重要基础环节,对课程目标的达成和课程的高效实施有着重要的作用和意义。各学校都不遗余力地推动备课活动的深入开展,不同学校的备课方式不同;同一所学校的不同发展阶段,备课的方法也会有所不同。汕头市潮阳实验学校的集体备课经历了1.0版、2.0版,当3.0版和新课标的颁布不期而遇时,我们再次站在课程改革的起跑线上,对集体备课有了更多的期许,把集体备课置于校本研修的视野里,校本研修的"一化二模式"成就了集体备课的"招"与"式"。

一、"一化二模式"的衍生

学校规模较大,每一个年级的数学备课组都有十多位教师,人员相对较多。一方面,为了更好地促进教师专业成长,发挥备课组教师的集体智慧,提高教师备课的质量与效率;另一方面,也为了以课前充分的研究与预设助力打造高效而富有品位的课堂教学,从而进一步提高学部教学质量。学校于2012年开始尝试分单元集体备课,2018年在校内出版了12册分单元集体备课汇编教案,各备课组使用汇编教案实施教学。目前,学校有较为成熟的校本研修体系,包括固定的教研时间、地点,科学合理的人员架构,完善的教研制度等。在一轮轮的校本研修实践中,不断有新的问题呈现:如何充分用好这些教研时间?如何使用好汇编教案?如何让教师们在教研中有更多的收获与成长?现行的备课模式如何更好地服务于基于核心素养导向的教学改革……带着对备课活动精致化的期盼,结合学校实际情况,我们提出了校本教研的"一化二模式",即:常规教研专题化,实施组员人数众多下的常规教研模式,实施汇编教案下的常规教研模式。在校本研修的视野下,"一化二模式"为校本研修注入了新的活力,引领着集体备课行走在专业化、内行化的道路上。

二、"一化二模式"的"招"与"式"

1. 专题化——大处着眼,小处着手

像上课一样,教研活动需要明确主题,每个备课组根据组内实际教学情况确定每一个学期或学年的教学研究专题，每个备课组都围绕各自的专题来拟定备课组计划，安排整个学期的学习、课例研究、集体备课等活动；每次教研，要以专题研究的形式将教与研、学与研紧密结合起来，以学促研，以研促教；教研后加大跟进力度，指导将研究成果转化为常规教学的生产力。这样，大家的研讨和学习更有目标，方向感也更强，每次教研学一个小点或一个片段，尝试解决教学实施或预设中的一个小疑惑，点点滴滴都能聚沙成塔，共同成长。

例举 2022—2023 学年度两个学期各备课组的教研专题，如图 1 所示：

【2022—2023 学年度第一学期各备课组的教研专题】
一数：学新课标，创新课堂
二数：体验式量感培养策略研究
三数：巧学新课标，挖掘计算力
四数：转化思想在课堂教学中的实施策略研究
五数：共研新课标，赋能新课堂
六数：构建以学为中心的课堂，培养学生的逻辑推理能力

【2022—2023 学年度第二学期各备课组的教研专题】
一数："双减"背景下一年级数学轻松创新作业的设计研究
二数：立足新课标，培养推理意识
三数：聚焦运算能力的提升
四数：发展学生思维品质与推理意识的策略探究
五数：培养推理意识，发展数学思维
六数：构建以学为中心的课堂，提升学生的逻辑推理能力

图 1　2022—2023 学年度两个学期各备课组的教研专题

例如二年级数学备课组在进行集体备课时，除了备学情、备目标、备重点难点外，还会抓住"量感"这一核心素养进行研讨，探寻在教学中发展学生量感的策略和方法，让核心素养的培养能在常态课堂下真正落地生根。一年级数学组在备课时，会基于《义务教育数学课程标准（2022 年版）》中有关教学评一致性的理念研讨作业的创新，设计出更为优质的作业，服务于教学，响应"双减"政策。教研专题是一面旗帜，从大的方向引领校本研修的实施，而集体备课打开一扇让核心素养的培养着实落地的门，二者相辅相成，相得益彰。

2. 共生长——课例研究，深度参与

所谓"实施组员人数众多下的常规教研模式"，旨在实现"各备课组人数虽多，但每一位教师都能得到不同的发展"的教研追求。我们从教师的教研需求出发，以教研专题为导向，要求常规教研活动要以课例研究为核心，坚定不移地采用"说课—集体备课—上课—评课—其他教师再上课"的模式开展。以学年为周期，每位教师每一学年至少执教一

节研讨课；执教前组内教师要一起磨课；课后，要集中进行评价；其他教师根据研讨成果，再去进行课堂实践。课的类型多种多样，有"习惯培养课""校本思维实践课""新课标新课堂展示课"，有"新授课""练习课""复习课"等。集体备课给组员提供了学习、交流的平台，研讨课给大家提供了展示、思辨的机会。课例研究活动中，每一位教师都能找准自己的定位，主动或被动地"卷"入，即便是集体行走也能欣赏到独特的成长风景。

3. 用汇编——规范流程，提升效率

有了汇编教案如何进一步提升教研效率呢？我们将教研流程分为五个步骤：前期准备、前置研究、分组讨论、集体交流和总结整理（见图2）。

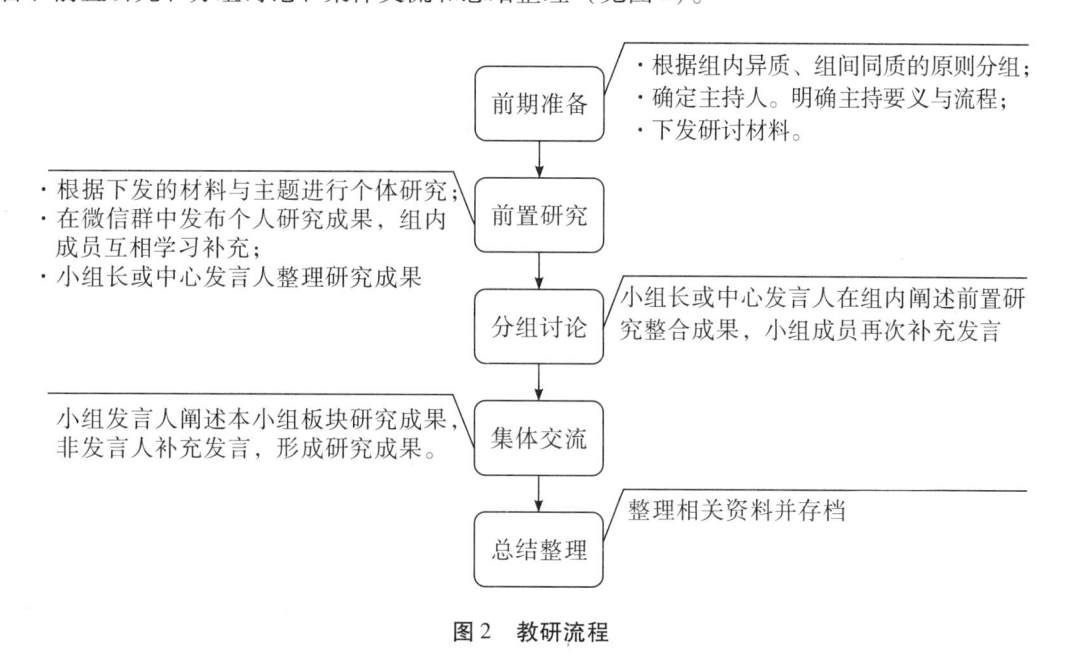

前期准备
- 根据组内异质、组间同质的原则分组；
- 确定主持人。明确主持要义与流程；
- 下发研讨材料。

前置研究
- 根据下发的材料与主题进行个体研究；
- 在微信群中发布个人研究成果，组内成员互相学习补充；
- 小组长或中心发言人整理研究成果

分组讨论
- 小组长或中心发言人在组内阐述前置研究整合成果，小组成员再次补充发言

集体交流
- 小组发言人阐述本小组板块研究成果，非发言人补充发言，形成研究成果。

总结整理
- 整理相关资料并存档

图 2　教研流程

具体而言，前期准备包括以下事项：首先是根据组内异质、组间同质的原则先将组内教师分小组，这个分组可以延续整学期或者每一次都重新分组；然后每一次教研活动前确定主持人、明确主持要义与流程；再提前下发研讨材料；前置研究是根据下发的材料与专题先进行自主探究；接下来在微信群中发布个人研究成果，组内成员互相学习补充，最后由小组长或中心发言人整理研究意见。这两个环节是教研活动之前需要完成的事项，备课组长的协调引领很重要，教师们的主动为之也很关键。

接下来的分组讨论才是正式教研时间的开始，小组长或中心发言人在组内阐述前置研究整合意见，小组成员再次补充发言；集体交流时，小组发言人阐述本小组板块研究成果，非中心发言人补充发言，形成有共识的整体化的提升性研究成果。这两个环节是在正式的教研环节时间需要完成的步骤。

最后，总结整理是由主持人或备课组长在教研活动结束后，整理相关资料并存档，主备人按照大家的研讨成果对汇编教案进行二次修改。整个流程下来，基本上既能保证每一个教师都有参与，又能保证参与的深度。当然，这五个步骤不是固定不变的，备课组长可

以根据每一次教研内容的实际情况进行一些微调。

三、"一化二模式"的成果

集体备课是校本研修的重要组成部分，从校本研修的角度，优化集体备课，一招一式的坚定源于"一化二模式"的统领。通过活动，教师们对备课有了深入的理解，专业水平得到了提升，在区、市教育行政部门组织的各种活动中，取得了优异的成绩（见表1）。

表1 "一化二模式"的成果

序号	作者	获奖项目	获奖时间
1	罗彦苑	2022年汕头市青年教师小学数学说课比赛一等奖	2022/03/20
2	杨奕萍	潮阳区2022年优秀教学论文评选二等奖	2022/08/29
3	郭野	2022年汕头市小学数学教学成果征集评比中荣获文本类资源成果一等奖	2022/11/25
4	田茂春	2022年汕头市小学数学教学成果征集评比中荣获文本类资源成果一等奖	2022/11/25
5	杨奕萍	2022年汕头市小学数学教学成果征集评比中荣获文本类资源成果一等奖	2022/11/25
6	曾祥顺	2022年汕头市小学数学教学成果征集评比中荣获文本类资源成果一等奖	2022/11/25
7	施梦儿	广东省教育学会教育现代化工业委员会第九届广东省中小学教师微课大赛一等奖	2023/07/08
8	徐夏敏	潮阳区2023年优秀教学论文评选一等奖	2023/08/21
9	张俊杰	2023年广东省基础教育小学数学教研基地（汕头）作业设计专项成果征集评比一等奖	2023/08/22
10	许燕琼	2023年广东省基础教育小学数学教研基地（汕头）作业设计专项成果征集评比一等奖	2023/08/22
11	李璇霞	2023年广东省基础教育小学数学教研基地（汕头）作业设计专项成果征集评比一等奖	2023/08/22
12	王冰雪	2023年广东省基础教育小学数学教研基地（汕头）作业设计专项成果征集评比一等奖	2023/08/22
13	田茂春	2023年广东省基础教育小学数学教研基地（汕头）作业设计专项成果征集评比一等奖	2023/08/22
14	杨奕萍	2023年广东省基础教育小学数学教研基地（汕头）作业设计专项成果征集评比一等奖	2023/08/22

续上表

序号	作者	获奖项目	获奖时间
15	刘锋	2023年广东省基础教育小学数学教研基地（汕头）作业设计专项成果征集评比二等奖	2023/08/22
16	石观绪	2023年广东省基础教育小学数学教研基地（汕头）作业设计专项成果征集评比二等奖	2023/08/22
17	陈高仪	2023年广东省基础教育小学数学教研基地（汕头）作业设计专项成果征集评比二等奖	2023/08/22
18	洪彦沛	2023年广东省基础教育小学数学教研基地（汕头）作业设计专项成果征集评比二等奖	2023/08/22
19	罗彦苑	2023年广东省基础教育小学数学教研基地（汕头）作业设计专项成果征集评比二等奖	2023/08/22
20	谢鸿展	2023年广东省基础教育小学数学教研基地（汕头）作业设计专项成果征集评比二等奖	2023/08/22
21	张琳	2023年广东省基础教育小学数学教研基地（汕头）作业设计专项成果征集评比二等奖	2023/08/22
22	董胧岗	2023年广东省基础教育小学数学教研基地（汕头）作业设计专项成果征集评比二等奖	2023/08/22
23	林巽虹	2023年广东省基础教育小学数学教研基地（汕头）作业设计专项成果征集评比二等奖	2023/08/22
24	张锐萍	2023年汕头市潮阳区青年教师小学数学说课比赛一等奖	2023/09/01
25	张俊杰	《小学教学设计》CN14－1240/G4第十六届全国小学教学特色设计（教研论文）大赛一等奖	2023/10/01
26	张锐萍	2023年汕头市中小学青年教师教学能力大赛二等奖	2023/11/20

通过"教研活动专题化""以课例研究为核心""教研流程五步走"这三个招式的实践，学校的数学学科教研活动效能得以提升，有了更浓郁、积极的研究氛围，学习型团队的构建自然而成，集体智慧有声有色地发光发热，教师的课堂教学水平整体提高。集体备课的"招"与"式"得益于校本研修的"一化二模式"，成就了教师个性化的专业发展，促进了课程改革的实施，我们将根据学校、教师的不同发展阶段，不断丰富集体备课的形式与内容，以便更好地落实立德树人的根本任务。

"成"于技术赋能,"长"于教学创新
——澄海实高附小"346"集体备课范式

汕头市澄海实验高级中学附属小学 杜卫群 林丽娇 林融融

汕头市澄海实验高级中学附属小学有幸被确定为广东省基础教育教研基地（汕头小学数学）项目的基地学校之一，承担子项目"课程教材教学研究与实践"的研究工作。我们以基地项目工作目标和学校工作思想为指导，以市级重点课题"互联网环境下小学数学教学创新模式的研究"为工作思路，依托教师信息技术能力提升工程2.0的工作指引，以新课程实施为契机，以"爱种子"教学实验改革为抓手，对标《义务教育数学课程标准（2022年版）》，践行新课程理念，发挥课程在人才培养中的核心作用，落实立德树人根本任务，积极有效地开展学科教研项目研究。基于学校的硬件设备，借基地项目的东风，我们实现了"成"于技术赋能，"长"于教学创新。"346"集体备课范式就是在这样一个环境下应运而生。

教学是项目研究的主阵地，在认真做好教学常规工作的同时，我们采用"教中研、研中教、教与研融合教"多种教研模式，以真实课例研究为载体，有计划地开展"课例研讨式"教研（见图1）。我们以新进教师一人一个亮相课，每学年一人一个组性课，每学期至少一个校性课为研究主阵地，通过多层次、全方位的教学教研活动，历练"教学基本功"，锤炼"教学策略"，创新"教学模式"，推行"集体备课范式"。我们致力开展"互联网环境下小学数学教学346模式"课堂教学实践，全力推行"346"集体备课范式。

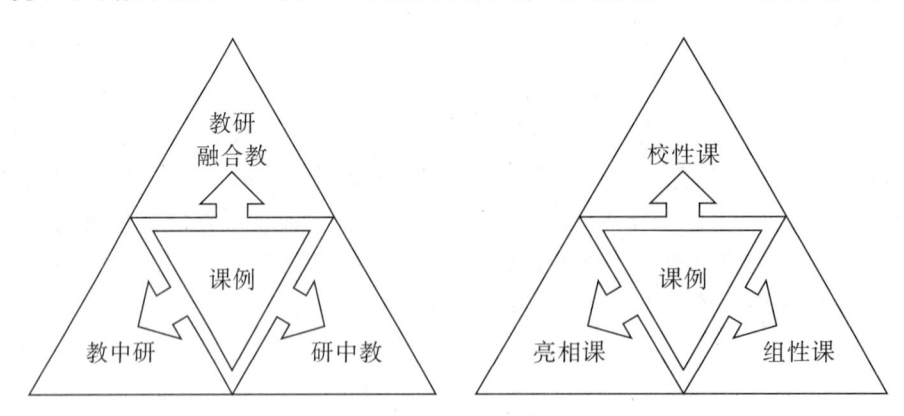

图1　学校采用的多种教研模式

一、互联网环境下小学数学教学"346"模式

"互联网环境下小学数学教学'346'模式"是林丽娇主任主持的市重点课题的研究项目。它是基于我校常规教研活动,在开展"爱种子"教改实验、2.0提升工程的过程中逐步形成的创新教学模式(见图2)。

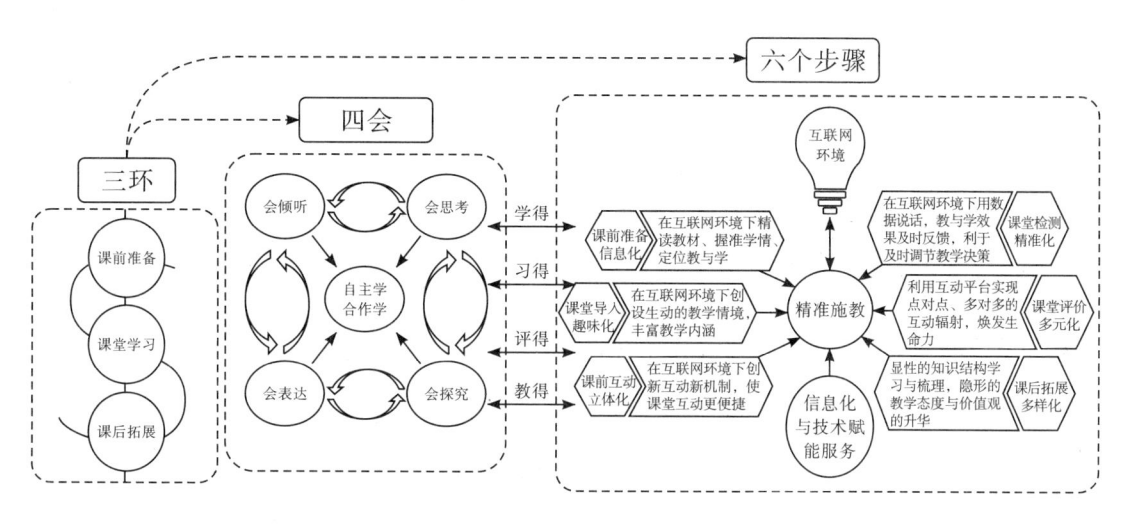

图2 互联网环境下小学数学教学"346"模式

"3"即"三环",指课前准备、课堂学习、课后拓展。"4"即"四会",指课堂上关注学生的四会,即会倾听、会思考、会表达、会探究。"6"即"六个步骤",即在信息化与技术赋能服务下的课前准备信息化、课堂导入趣味化、课堂互动立体化、课堂检测精准化、课堂评价多元化、课后拓展多样化。

在开展"互联网环境下小学数学教学'346'模式"课堂教学实践中,我们结合学校的常规教研活动,逐步形成、推行"346"集体备课范式。

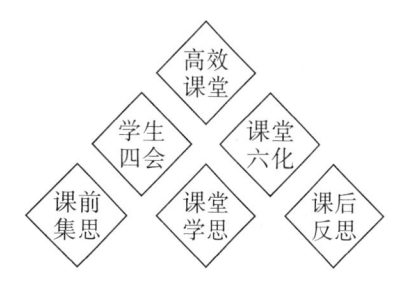

二、"346"集体备课范式

"346"集体备课是以备课组为研讨主阵地,以教研组为纽带,既分工,又合作,集思广益,取长补短,技术赋能,创新教学。我们力求通过"三思"研讨环节,关注学生四个学会,实现课堂"六化"效果,提高教学质量(见图3)。

(一)"3"——课前三思

"三思"研讨环节即:课前"集思"、课堂"学思"和课后"反思"。

图3 "346"集体备课范式

课前"集思"是"346"集体备课范式的核心环节（见图4）。教师们课前在备课组活动中梳理知识脉络，定位教材地位；以备课组为单位，借助信息技术在全级各班进行学情调查；以年轻教师为主体，借助教学平台、多媒体软件及小程序制作教学素材及课件；以教学骨干帮、带、辅开展研课磨课。在这个过程中，教师们各司其职，各显神通，汇集团队智慧，共同打造一个个既凸显教学共性又彰显个性特色的课例。

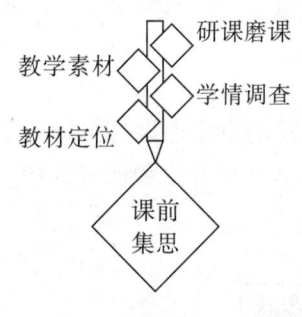

图4 课前"集思"

课堂"学思"是指以组性课、展示课等方式进行的课堂实践研讨，这是"346"集体备课的另一种呈现方式（见图5）。教师们会分工，从教师的教、学生的学、数学本质、课堂文化等多个角度开展课堂观察，并依托信息技术收集课堂数据信息进行分析研究。在观摩中学习，在观察中思考。这个过程不仅呈现了集体备课的效果，也是教师们提升专业能力的体现。

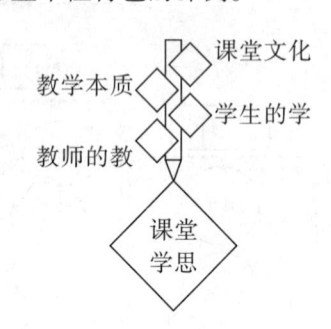

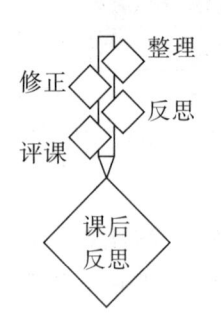

课后"反思"是指以研讨课为探讨主题，先在备课组、教研组活动中开展评课交流，执教教师再进行自我教学反思、修正改进教学设计，最后以教研组为纽带，提供信心技术支持做好后期剪辑、整理工作（见图6）。

图5 课堂"学思"

图6 课后"反思"

在"三思"研讨集体备课环节中，除了有我们骨干教师的主题引领、同伴的智慧碰撞、过程的自我反思、后续的修正改进，更有赖于年轻教师的技术赋能。我们力争最大限度地发挥团队的力量，既促进教师的专业成长，又达到资源共享，提高教学质量。

（二）"4"——学生四个学会

学生四个学会即：会倾听、会思考、会表达、会探究。

学生是我们关注的对象，学生数学核心素养的提升是我们教学的目标。学生四个学会的达成也是检验集体备课是否有成效的一个标准。在每一个课例的研讨过程中，我们通过发挥集体智慧，以年级组为主阵地，对学生进行摸查与实验，再根据不同班级不同学生的实际情况，设计自主探究或合作探究等不同学习活动，通过自评、组评、师评等多元化评价使不同的学生都能得到不同的发展和提升。

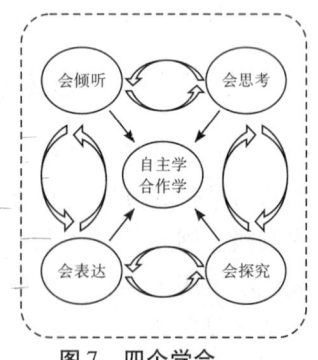

图7 四个学会

（三）"6"——六化效果

六化效果即：课前准备信息化、课堂导入趣味化、课堂互动立体化、课堂检测精准化、课堂评价多元化、课后拓展多样化（见图8）。

图 8　六化效果

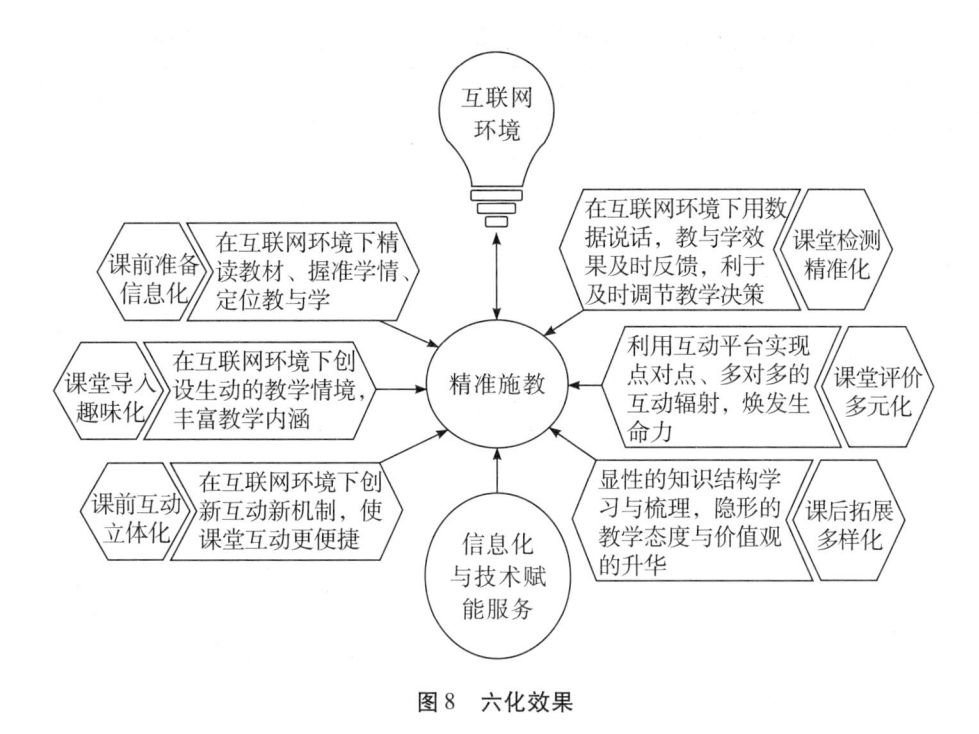

"六化"是我们的研讨愿景，也是实现 346 教学模式的六个步骤。我们根据学校的硬件、软件设备，借信息化与技术赋能服务，实现精准施教，推进学校数学课堂的教学创新。如课前我们依托"爱种子"、粤教翔云等平台，提前检测摸查，实时获取学情信息，为教学设计提供了有力依据；再如课中利用"爱种子"、希沃白板的互动课堂、粤教翔云互动课堂等，有效实现互动、检测和评价。

每一个研讨课例不仅是"346"集体备课的物化产物，更是数学组每一个参与集体备课教师成长的一个见证。

三、研讨成果

每学年，我们每一个数学教师都需要完成至少一个"346"模式的教学实践，每位教师都是"346"集体备课镜头前的主角，或是镜头后的导演或打光者。两年多来，我们以"346"教学模式的专题课例研讨为载体，切实开展"346"集体备课，先后展示亮相课 22 个，组性课 60 多个、校性课 6 个、省 2.0 实地调研课 1 个、区工作室送教课 1 个、区性课 2 个、市性课 2 个（见表 1）。每一个课例都凝聚了集体的智慧，也助力提高了教师的专业水平，提升了教师的数学素养和信息素养，加深了附小的数学教研氛围，提高了教学质量。

表1　汕头市澄海实验高级中学附属小学"346"教学创新模式专题课例研讨

序号	时间	科目	授课者	教学内容	年级	等次	备注
1	2022.09.27	数学	林融融	用方向和距离确定位置	六年级	市性课	教研组成员
2	2023.06.15	数学	林丽娇	图形的旋转	五年级	市性课	教研组成员
3	2021.11.17	数学	陈韩芸	植树问题	五年级	区性课	教研组成员
4	2022.03.24	数学	林融融	圆锥的体积	六年级	区性课	教研组成员
5	2022.04.27	数学	吴雪暖	图形的旋转	五年级	2.0实地调研课	教研组成员
6	2022.12.08	数学	吴馥铧	数学广角——搭配（一）	二年级	区工作室送教课	教研组成员
7	2021.10.26	数学	吴馥铧	认识图形	一年级	校性课	教研组成员
8	2022.1.29	数学	申广峰	等式的性质	五年级	校性课	教研组成员
9	2023.03.30	数学	陈舒佳	找规律	一年级	校性课	教研组成员
10	2023.04.24	数学	于芯葛	三角形三边的关系	四年级	校性课	教研组成员
11	2023.10.31	数学	郑伟俊	用数对确定位置	五年级	校性课	教研组成员
12	2023.12.26	数学	梁凤	解决问题	二年级	校性课	教研组成员

其中，林融融老师的课例"用方向和距离确定位置""圆锥的体积"、林丽娇老师的"图形的旋转"、陈韩芸老师的"植树问题"、吴馥铧老师的"认识图形"均获得粤东微课大赛一等奖。林融融老师的"圆锥的体积"还获得广东省"双融双创"融合创新应用教学案例二等奖。吴馥铧老师的"认识图形"还被评为广东省中小学教师信息技术应用能力提升工程2.0教学创新精品课例二等奖。

"346"集体备课不仅只呈现一个个课例，技术赋能、教学创新的课例研讨也助力我们打造高质量的说课素材。其中2021年和2023年，林欣妮老师和陈舒佳老师均获得澄海区说课比赛一等奖。除此之外，我们还鼓励教师积累研究经验，及时梳理、总结、提炼研究成果。两年多来完成55个"爱种子"平台课件共享至澄海全区，60多篇"爱种子"教学设计获奖。洪俊梅老师的论文《互动+合作+评价，构建数学课堂新生态——"爱种子"教学模式初探》、陈韩芸老师的论文《巧用爱种子教学模式，构建小学数学高效课堂》分获区一、二等奖。

"346"教学模式的形成与推广，"成"于技术赋能，"长"于教学创新，也助力推进了"346"备课范式逐步走向成熟。但是，学习研究之旅没有终点，在接下来的日子里，我们附小数学组将再接再厉，为"双减"政策下提质增效而不断探索，借信息技术的东风，继续创新数学教学，在新课程教改路上且行、且研、且思、且收获！

五环浸润青苗长
——金晖小学"五环浸润式"备课模式

汕头市龙湖区金晖小学　张　敏　辜春苗

汕头市龙湖区金晖小学是一个年轻充满活力的学校，学校青年教师比例逐年上升，数学组现有教龄在五年内的青年教师数量在一半以上。对于这些年轻教师，"琐碎繁忙""学习不足"和"四大皆空"是他们专业成长的困扰。为了更好地帮助青年教师实现学科专业成长，结合学校实际，教研组在省教研基地的正确领导和指导下，遵循新课标教育理念进行改革创新，构建新型集体备课模式——"五环浸润式"备课模式，走自研之路，提升教师综合素质，推动教师专业成长。

一、教师专业成长困扰

1. "琐碎繁忙"遮蔽了青年教师专业发展的内在自觉

在日常工作中，忙碌是教师们的工作常态，紧凑的日常教学、丰富的学校活动、琐碎的班级事务，让青年教师应接不暇。他们忙着"接受"、忙着"模仿"、忙着"应对"，没有更好地规划、反思自身的发展。

2. "学习不足"打乱了青年教师增强功底的学术阵脚

教学技能的提升，离不开理论的指导、实践的操练。教师作为指导学习的专业人员，自己首先要会学习，才有可能更好地指导学生学习。可是，当前很多青年教师"充电不足"，阻挠了他们教学技能提升的前进步伐。

3. "四大皆空"缺失了青年教师教学技能的提升支持

备课组、教研组的部分研修活动模式单一、主题陈旧，呈现出"内容空泛、研讨空谈、组织空壳、评价空缺"的"四大皆空"现象，使青年教师的教学技能提升与专业成长大打折扣。

二、调查问题寻找对策

备课时需要注意哪些事项？课堂上如何管理学生纪律、组织学生有效学习？如何调动学生的学习积极性……这些共性与个性交织的问题，正是青年教师在教育教学上的困惑。基于此，我们将提升青年数学教师专业素养作为学校数学组教研工作重点，对教师需求与问题进行汇总和整理。通过调查，我们发现，青年教师对教学技能提升的渴望十分迫切，而教学技能的提升不是一蹴而就的。传统的青年教师培训，易存在讲课内容与一线教学脱节、无法解决教师个性问题、无法做到信息双向反馈、教师参与度偏低等问题。

三、五个进阶提升能力（见图1）

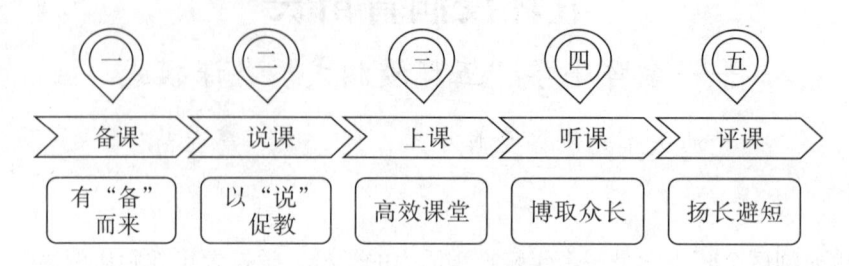

一 备课 有"备"而来 → 二 说课 以"说"促教 → 三 上课 高效课堂 → 四 听课 博取众长 → 五 评课 扬长避短

图1 五个进阶提升能力

为了更好地帮助他们实现学科专业成长，我们细化教学技能要素、梳理技能提升序列，从"备课""说课""上课""听课""评课"五个进阶等级，制定教学能力提升的五级进阶项目——也就是"备课→说课→上课→听课→评课"五级进阶项目。

在具体实施五级进阶项目的过程中，细化每一个项目的推进。其中一级进阶项目——"备课"，采用"五环浸润式"数学备课模式。

四、"五环浸润"促进提升

金晖小学"五环浸润式"数学备课模式，以"指引、思辨、提升、合力、反思"五环螺旋的形式，让青年教师卷入课堂研究，使"课比天大"理念内化于心、外显于行，盘活整个教师团队，最终惠泽于学校发展和学生成长。

金晖小学"五环浸润式"备课模式操作流程如图2所示。

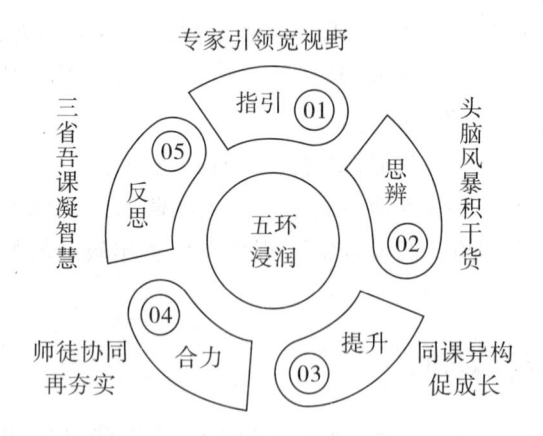

图2 "五环浸润"式备课模式操作流程

（专家引领宽视野 01 指引；头脑风暴积干货 02 思辨；同课异构促成长 03 提升；师徒协同再夯实 04 合力；三省吾课凝智慧 05 反思）

第一环：指引·专家引领宽视野。

教研组以曹培英教授、王永春和吴正宪老师等专家线上讲座为主题，引发了青年教师的深度思考，大大拓宽了大家的教学视野。

第二环：思辨·头脑风暴积干货。

坐而论道不如起而行之。理论的消化，需要实践的支持。随后，青年教师根据年级分组，结合曹培英教授的讲座，在经验丰富的导师团队指导下开启"头脑风暴"，完成指定教案的修改。

第三环：提升·同课异构促成长。

1. 自主思践：同课异构巧设计

头脑风暴后，各组导师针对讨论情况，布置了同课题的实践作业——自主设计一份教学设计。青年教师经过前两个环节的积淀，对备课有了全新的认识和理解，站在新起点，撰写出了精彩的同课异构教学设计。

2. 同伴助力：集思广益凝智慧

"说说我的课"分享会后，青年教师根据所思所感再次修改教案，提交给各组的导师后，导师对青年教师进行一对一的反馈与点评。青年教师在此基础上，继续精益求精完善教案，并在课堂付诸实践。

3. 导师帮扶：逐一反馈显匠心

在此过程中，青年教师借助同伴的眼睛，关注到了教学设计的细节；借助同伴的力量，对教学过程的关键点进行了研究和探索。

第四环：合力·师徒协同再夯实。

锤炼备课技能，关键在认知层面，落脚却在实践层面。青年教师的日常备课，离不开自己师父的把关、指导。在日常教学中，每位青年教师提前一周手写备课详案，主动邀请师父查阅自己的教案，结合师父建议，再用红笔进行修改，修改后经师父审核后方可上课。师父的无私助力，不但使青年教师备课规范化，更提升了课堂教学质量。

第五环：反思·三省吾课凝智慧。

每节课后，青年教师都会及时静思回顾，再次翻阅此课的备课内容，从"成效、改进、帮扶"三方面进行反思，在教案的结尾处写下教学反思。这样的习惯，有助于他们进一步修正、完善原本的教案，改进今后的教学。长此以往，青年教师在备课时写下的教案，不仅成为课堂教学前的准备、思想轨迹的记录，更成为他们认识自己、提升自己的重要资料。

如此，备课的五个环节，如滚轮一般环环焊接，形成一个闭环，扎扎实实地提升了青年教师的备课能力与专业素养。

五、青蓝帮扶共同成长

"五环浸润"备课模式的实施取得一定的实践效果，新、老教师也得到共同成长。

1. 设计了一条青年教师专业提升的研修路径

针对青年教师在教育教学中的共性问题，结合问卷调查和实际需要，以"浸润卷入"为特点，通过理论学习、交流论坛、问题研讨、现场研磨、案例解析等活动设计了"滚轮焊接式"的青年教师专业提升研修路径（见图3）。

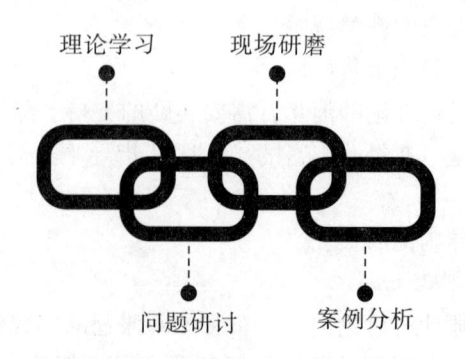

图 3 "滚轮焊接式"研修路径

2. 打造了一支培训经验丰富的草根专家团队

学校集结全校骨干教师，形成"草根专家智库"，通过系统化、接地气的引领与培训，有效提升了青年教师的专业能力。

六、培育新苗初显成效

教研基地其终极目标是让更多人上好课，只有青年教师强，才能看到学校的未来与希望。我们借助省教研基地学校这个平台，积极助推年轻教师成长，让他们充分展示自己的才能，努力做到给机会、给动力、给助力，让他们有学习交流的机会，在活动中锻炼，挖掘其自身的潜力。同时让他们增长见识，在以后的教学中能取长补短。

在此期间，我们也取得了一些成绩，培育新苗初见成效。指导青年教师张沁妍、蔡俊德老师参加2023年广东省基础教育精品课遴选荣获省优精品课；在2022年汕头市小学数学教学成果征集活动中，黄立芳、陈晓燕老师等18人次获一、二等奖；在2023年广东省基础教育小学数学教研基地（汕头）作业设计专项成果征集评比活动中，方湘容、黄燕雯等十几位老师荣获一、二等奖；李仪、陈婉老师的教学案例在2023年龙湖区小学数学教师能力提升活动之"实践云联营"案例评比中均获一等奖；张敏老师的论文《在图形与几何教学中培育"三会"素养的教学实践研究》发表在《汕头教育》，林珩老师的《巧设悬念让课堂高潮迭起》发表于《特区青年报》。接下来，我们在省教研基地的引领下，继续探索数学教师专业成长规律，探索培育有教育情怀、有专业信仰、有职业幸福感的教师成长路径，组建互助型教研组，创新学习共同体，助推教师专业成长。

同磨共研，有"备"而来
——基地校"教研沙龙"备课模式

汕头市达濠民生学校　邱向真

备课，是一个永恒的话题，是一线教师的日常。《礼记·中庸》有云：凡事预则立，不预则废。大先生于漪老师曾说："一节课，教一辈子，要备一辈子。"数学家、教育家苏步青也说："如果你用一分力量备课，两分力量上课，你就用三分力量批改作业。反之，如果你用三分力量备课，两分力量上课，你就可以只用一分力量批改作业。"可见备课如此重要，它是教师开展教学的基础，是提高课堂教学质量的关键，更是教师专业成长的重要途径。

那么，如何打破传统例行备课的弊端？怎样优化资源，让备课从经验模式向专业模式进阶？如何把区"青蓝工程"培养计划和校本教研有机融合，促进教师团队的专业成长？基于这样的思考，我校着力两个发展"学生的核心素养发展和教师的专业素质发展"，尝试探索"教研沙龙"集体备课模式，让教师们在轻松开放的情境中真正走进教研，互动交流，把集体备课当成是共赴一场学习盛宴。无论是常规的备课组活动，还是各主题研讨，每个参与者都要有"备"而来，不同的角色，都有任务驱动。主要进行了"四部曲"的互动备课，这里的"四部曲"指的是写课、辩课、洗课和创课。

一、写课（对话文本，呈现思维生长）

这一环节是教师思维生长的可视化呈现。分集体研课前写课、集体研课后写课和试教后写课三个阶段。集体研课前写课，就是执教教师把备课过程中自己对课标、教学用书、教材的理解、所思所想化作详细的教学流程写下来。主要包括对教材地位的认识、学情分析、重难点及教学方法、达成学习目标、教学内容安排、作业设计、需要的课程资源等。研课后写课指的是执教教师在集体磨课后，对研前写课内容的二次反思，同时把集体研课后自己感受最深的内容记录下来。试教后写课，则是对教学设计的调整和优化。三个层次的写课指向不同，各有侧重。对青年教师和骨干教师的要求也各有侧重。

二、辩课（梳理问题，共谋解决策略）

集体备课要打有准备之战。在"会晤"之前，每一位参与备课的教师，要做好充分的准备，带来的是经过深度思考的教学见解，而不是泛泛而谈。因此，在这一环节，备课组所有参与者都要针对研讨主题或课例，各自提出自己的设计思路，要切中肯綮，要对教学理念的前瞻性、教学目标定位的准确性、学程设计的合理性、主干问题设计的清晰度、重难点破解的策略，乃至情境创设、课件辅助的必要性、板书的新意、单元作业设计的有效性等大环节、小细节进行阐述交流，在有争议的地方反复细抠，共谋解决策略。所以，辩课，不仅仅是各抒己见，还要达成共识。这过程主要是问题的解决、设计的择优、观点的交流、思维的碰撞，更是智慧的叠加。

三、洗课（理性减负，聚焦备课本质）

集体研讨后，形成的设计稿是集大成者，必然"肥胖、臃肿"，这就需要做减法，执教老师要采取逆向思维，斟酌哪些内容没必要，要忍痛割舍？哪些内容需要瘦身？哪些内容需要整合？这样，洗去的是表层、作秀的内容，深淀的是本质、精华的部分。

四、创课（求同存异，活用集体共案）

不同的教师有不同的教学风格，教学基本功不同，对教学设计的演绎效果也不同。尤其是青年教师，要避免过分依赖多媒体教学技术，应向本质的教学迈进，这就要求教师们把洗课后的共案，结合班情和自己的教学实际进行各自微创，求同存异，生成共性和个性并存的灵动教学方案。

"不积小流无以成江海，不积跬步无以至千里。""教研沙龙"集体备课是一次次的打磨，磨出了理论的高度、知识的深度、视野的宽度、思维的活度。"沙龙式"集体备课，也是一场场的教研，"研"出效度，"研"出味道，"研"得融洽开放。参与者乐于接受，人人卷入、群智共享，由"交往、合作、促进"变成"主动、联动、互动"，从而达到"共在、共生、共长"的目的。

"教研沙龙"集体备课的不断探索，让学校形成良好的教研氛围，也助力区教师"青蓝工程"的落地实施，更喜见基地团队在打磨中得到专业成长。

如，在2022年4月20日，广东省基础教育小学校本教研基地（汕头濠江）项目"量感的培养与实践"数学专题研讨活动在民生学校举行，活动以线下录播和线上直播的形式展示学校"教研沙龙"成果。吴燕娜老师、朱道芸老师莅临现场指导助阵，濠江区各学校分管教学领导、数学教研组长、年级数学科任教师参加线上活动。这对全区小学的校本教研起到示范引领辐射作用（见图1、图2）。

图1　教研沙龙·线上直播展示　　　图2　林丽琼老师执教"长方体和正方体的体积"

2023年12月15日，广东省基础教育校本教研基地（汕头濠江）项目建设成果展示活动（第三场）在民生学校举行。活动围绕"聚焦核心素养，赋能运算教学"主题，通过课例展示、主题讲座、教研沙龙等系列活动展示推广我校"同磨共研"备课模式的成效。特邀吴燕娜老师、黄旻纯副校长、朱道芸老师、黄锦丽老师现场指导。濠江区小学数学科中心组成员、教研组长、一年级数学教师代表、青蓝工程区级培养对象、幼小衔接结对幼儿园教师代表等共170多人参加活动，为全区教师专业成长助力导航（见图3～图6）。

图3　林佳欣老师执教"9+几"　　　　图4　专题讲座（黄锦丽老师主讲）

图5　吴燕娜老师、黄旻纯副校长、　　图6　活动现场教师提问互动
朱道芸老师、邱向真副校长对话教研沙龙

2023年5月16日，濠江区小学数学公开课暨"青蓝工程"培养对象研修活动在区广澳学校举行，学校被聘的区级青蓝工程导师团队和青年教师培养对象进行跨校交流指导，并做现场磨课分享。学校"教研沙龙"备课模式以及团队磨课的专业性深受区兄弟学校领导教师的赞誉（见图7、图8）。

图7　"青蓝工程"研讨活动现场　　　　图8　导师磨课分享

2023年3月,学校陈捷佳老师带领研磨的数学项目式活动设计荣获汕头市小学组一等奖,并被推送省评,荣获省二等奖。

近三年来,学校数学团队参加省、市、区各级活动赛事成绩喜人,教师获奖60多人次,学生获奖200多人次。

一批青年教师在不断磨砺中逐步成长,勇挑重担,胜任学校的教研组长、备课组长,成为区级"青蓝工程"培养对象……

综上所述,学校"教研沙龙"集体备课模式(见图9)虽谈不上创新,还需不断借鉴、反思、完善、改进,但我们相信,只要永怀教育的初心,坚守教学的本质,就能把平常的事做出不平常的结果。也相信,在备课的研途中,教师如能以"研究的姿态"成长和构筑自己的教育大厦,定能为学生的全面发展和个性成长创造更好的教育。教研的芳华,必沉香流年。

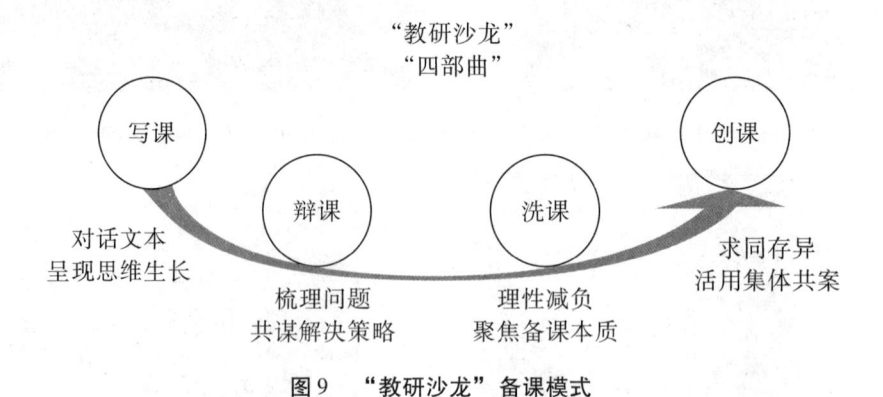

图9 "教研沙龙"备课模式

凝聚集体智慧　打造魅力课堂
——"精典模块型"备课模式

汕头市龙湖区金珠小学　张春娇

在教育新形势下，为落实立德树人教育根本任务，全面发展学生核心素养，推动"双减"落地，实现"减负提质"，金珠小学数学教研组以学科教学研究为核心，以构建高效课堂为目的，结合新课程理念和教育教学实际，对集体备课形式加以创新，让它焕发出新的活力，让教师能有更多的时间用于研究教材、探讨教法、辅导学有困难的学生。

一、集思广益　有"备"而来

集体智慧高于个人智慧。金珠小学数学教研组以备课组为单位开展集"智"备课。凝聚全组智慧，备精彩一课，使备课组成为一个学习成长共同体、教研共同体、教学效益共同体。

集体备课集众人之智，采众家之长，是实现资源共建共享、提高课堂教学效率、促进教师专业化发展的有效途径之一。以备为研，备课组开展集体研读课标、研究教材、研判学情、制定年级教学计划、分解备课任务、审定教学设计、反馈教学实践信息等系列活动，积极实践、大胆探索、小心求证，逐渐凝练出具有全学科适用性的"精典模块型"备课模式。

二、博采众长　"备"出精彩

备课组根据教材内容确定精典教学模块，以单元或专题为模块组织备课。备课组每位教师挑选自己擅长的模块进行深入研究，独立备课。在备课组活动时，各模块主备人按课程顺序就备课思路进行说课，其他教师参与讨论，并提出修改意见。要最大限度地发挥备课组每位教师的潜能，让大家畅所欲言，对备课中的疑难发表自己的见解，对不同的观点敢于质疑。在思辨中拓展教学思路，明确教学策略。在此基础上进行教学实践，形成切实可行的教学设计，供备课组共同使用。各位教师再根据本班学生的实际情况，做适当的修改和补充，形成个性化教案，使教学资源共享，实现资源优化配置，达到最佳教学效果。

"精典模块型备课"主要包括了"三环九步"。

（一）环节一：研判学情

在集体备课中，教师要着眼学生的最近发展区，调动学生的积极性，激励学生主动学习，使学生发挥潜能，努力达到下一个发展阶段的水平，这是集体备课的重要一环。主要包括以下三个步骤。

（1）统一进度：为实现教学资源共享，备课组活动时需根据教学计划和学生情况等因素，共同确定本周的教学内容及进度。各成员则需按照备课组长的指示落实教学任务，这样不仅可以减轻教师的工作负担，还能更好地优化和平衡教学资源。

（2）学情反馈：总结学情，有的放矢。上一模块学生的学习情况是下一模块教学的起点。集体备课时，备课组成员要及时反馈上一模块的教学情况，全面把握学生学科核心素养发展水平，才能更有针对性地进行下一模块的教学。

（3）习题训练：在数学学科的学习过程中，习题训练是不可或缺的步骤。它是学生掌握知识，形成技能，发展核心素养的重要手段，也是教师了解学生对知识掌握情况的重要途径。集体备课时，教师要聚焦错误率高的知识点，精选习题，集体研讨，组织课堂训练，对学生的薄弱点予以强化。

（二）环节二：研讨交流

这是集体备课的重要环节，也是让课堂教学落到实处的关键。集体备课时，由主备人分析本周教学内容，分享教学的实施策略、教学重难点的突破方法、措施等。备课组其他教师结合个人的思路，提出更改或补充意见，主备人收集反馈意见后再修改完善，落实"个人—集体—个人"的研讨过程。本环节包括任务分工、过程阐述和博采众长三个步骤。

（1）任务分工：备课组基于教学内容的相似性和相通性考虑，从整体性、结构化出发，以单元或专题为模块，将本学期的教学内容细化为"精典模块"组织备课，确定主备人。

（2）过程阐述：在详细研读课标、深入分析教材以及全面了解学情的基础上，主备人首先进行独立备课，形成教学设计初稿。随后，在集体备课时，主备人对教学内容和教学流程进行阐述，并重点说明实施教学环节的方法、如何突破教材中的重难点、培育学科核心素养的途径，以及如何评估学习效果。

（3）博采众长：为避免主备教师考虑不周，应充分发挥备课组博采众长、集思广益的作用，在主备教师原始设计的基础上，备课组成员依次提出补充，既可以是自己对教学设计的独特见解，也可以是对主备人的意见进行的修改、完善，还可以是对备课组其他教师提出的建议进行总结。在此基础上，备课组教师通过讨论、交流，对教学设计和实施措施达成一致的意见，确定教案。

（三）环节三：实践总结

在集体备课完成既定流程、形成教学设计后，由备课组长做简单总结并对实践工作进行部署。

（1）实践诊断：备课组教师深入课堂互听，记录教学中出现的问题并思考修正的方案，推动教学设计更加完善、更符合学生的发展需求，有效提高教师的课堂教学诊断能力和反思意识。在实践诊断过程中，也形成了具有金珠特色的"两备、两改、三讲、三评、一反思"磨课方式。

（2）推广应用：确定下来的每个教学设计方案都凝聚了备课组每位教师的智慧。备课组长把备课稿汇总成电子文档后发给每位教师。执教人再结合本班学生的具体情况，对教学思路进行适度调整。备课组教师全程参与集体备课，大家都全面理解和掌握备课内容的核心要点，能够灵活地运用这些思路，也能根据教学实际，对课堂上动态生成和发展的过程进行实时调整，实现了课堂教学上共性和个性的统一，并通过课后反思进一步完善集体备课的成果。

　　（3）总结提升：这是"精典模块型"备课模式的最后一步，备课组长对本周备课活动的成果、经验、不足进行总结，并确定下周集体备课的内容及主讲人，分配新任务。

　　推行"精典模块型"备课模式，教师们在集体备课中能大胆发表自己的见解，坦诚交流意见，在思辨中加深对教材的理解，拓展教学思路，明确教学策略，更好地展开教学。对学生来说，可以更高效地掌握知识，推动核心素养发展，同时教师也有更多的时间关注学生，培优辅差。

三、群策群力　常"备"不懈

　　为践行"精典模块型"备课模式，将集体备课落到实处，金珠小学开展展示课活动。每学期承担校性公开课的教师，在自选"精典模块"中选择一节课，同年级承担"自主学习生态课"的教师，在同一模块中选不同的课时，通过模块核心知识点的整合，打通单元内部知识点之间的联系，从而构建较为完整的知识体系。教研组群策群力，充分发挥集体的智慧，每节公开课都经过"两备、两改、三讲、三评、一反思"的打磨，取得了很好的教研效果，有效推动"精典模块型"备课模式的落实。2022 年金珠小学数学教研组荣获汕头市龙湖区优秀教研组称号；2021 年李燕璇老师在广东省吴燕娜名教师工作室省级培训对象跟岗集中研修活动中执教"数与形"，深受好评；2023 年李晓珊老师在广东省小学数学教研基地（汕头、潮州）联合研讨活动中执教"植树问题"，获得赞赏。

　　学生的成长、教师的发展，离不开高效的课堂；高效的课堂，离不开精心备课；精心的备课，离不开团队的合力打磨。"认真钻研教材，精心设计教学过程，以达到教学效果的最优化"一直是我们不懈追求的目标，也是衡量课堂教学成功与否的重要标志。在这样集体备课的过程中，教研组、备课组成员成为"学习共同体"，我们一起研读课标和教材、研判学情、研究教法学法、预设教学流程、探讨作业设计……各抒己见、相互切磋、反复打磨、求同存异，在一次次反复推敲，一次次推翻重组中，实现集体智慧的碰撞，擦出智慧的火花，实现了高效课堂，推动了学生的成长，教师的发展。

大单元视角下"三步走成长型"备课范式

汕头市东厦小学　林继仕　林子茵

汕头市东厦小学依托黄汉辉校长主持的课题《"双减"背景下新课堂教学方式的研究》中提出的"双驱五环六度共振"生态课堂模式,紧密跟进小学数学发展新课标、新理念的节奏,结合学校数学学科青年教师较多、教学班级较多、校区较多等实际校情,提出大单元视域下"三步走成长型"备课范式,并在学校数学教研组脚踏实地地推行实施,在实施中不断改进,逐步探索形成我校现阶段的备课范式,现将成果与各位分享交流。

在过去,学校备课路径主要有以下两条,见图1。

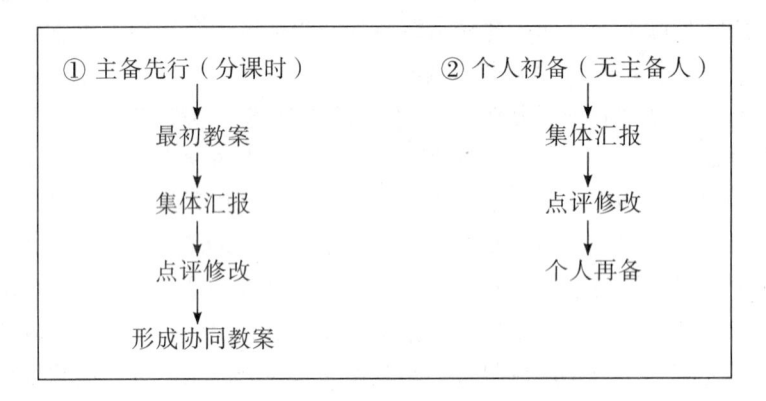

```
① 主备先行(分课时)        ② 个人初备(无主备人)
        ↓                          ↓
     最初教案                    集体汇报
        ↓                          ↓
     集体汇报                    点评修改
        ↓                          ↓
     点评修改                    个人再备
        ↓
   形成协同教案
```

图1　备课路径

路径一的优势是效率高、见效快;缺点是不利于发挥青年教师的积极能动性,备课思路局限单一;由于分教师分课时承担单元内各节课的内容,也不利于从大单元的角度对教材进行整体把握和思考。

路径二的优势是充分发挥和调动了每一名教师的主体性、主动性,实现了智慧共享和教材整体感知;缺点是青年教师初备课方向、重难点难以把控,在汇报与点评修改中耗时长、效率低。

基于以上现状,我校新备课模式力图将以上两种路径进行整合(见图2),力图在大单元视域下"三步走成长型"备课范式中,做到既能把握好方向,又给予青年教师、骨干教师充分的空间与时间发挥自己的见解与才华,最后使教师队伍中人人获得成长,形成我校备课平台的资源，打磨出精品课例，推动我校数学学科软实力的多层次成长。

下面详细介绍说明大单元视域下"三步走"备课范式。

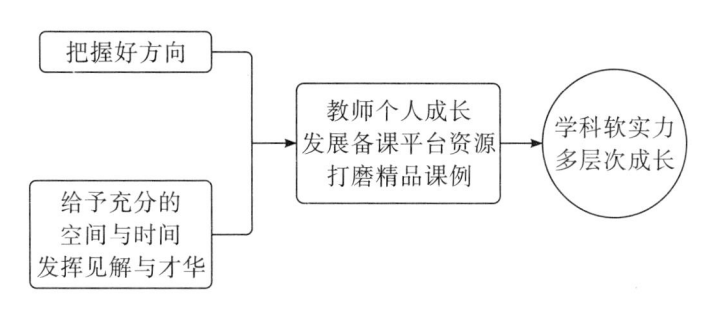

图 2　新备课模式

一、从教学蓝图到教学蓝本：单元总体研讨

作为备课范式中的第一步，单元总体研讨处于一个非常重要的位置。

基于儿童的认知规律和教学实际需要，当前人教版的编排遵循着"分段教学，螺旋上升"的原则。教材编排遵循这样的原则诚然没有问题，但是对于青年教师、缺乏大单元意识的教师来说，他们往往无法把握住一个知识点在整个小学阶段底部、中部、高部的联系。在备课中，往往会出现"只备当前课时"的情况，致使初衷美好的"分段教学"沦为"知识孤岛"，忽略了学生已有的知识基础，更难以为学生下一阶段的学习去做铺垫。

我们要清楚地意识到，作为教师，应该在备课过程中提高站位，"既要见树木，又要见森林"。发现并提炼单元核心要素与核心概念，使每一课时的教学都紧密围绕单元核心概念展开，每一教学任务都服务于核心素养，创设条件驱动学生在已有的知识结构上主动去构建知识，实现方法和数学思想的迁移，避免知识的碎片化，才有可能实现学生核心素养的真正提升，才有可能实现学生学习的可持续发展。

因此，为了避免青年教师走弯路、避免部分教师独立初备的时候没有这种大单元意识，我们将备课的第一阶段——单元总体研讨放在了一个比较重要的位置，本环节主要目标有二：一是对单元做系统分析，在课程标准、核心内容、基本学情深度分析基础上对整个单元的规划和课时设计进行"再构建"。

二是在单元的整体规划下进行的课时设计做初步设想。经过我们一段时间的落地推行，结合各个年级备课组的不断反馈，我们将此阶段备课成果以表格细化如下。

表 1　备课成果细化表

单元主题	既可以是课本单元的教学主题，也可以是经过重新合理重组的、指向核心素养培养的新主题

续上表

单元内容	课标对单元的基本要求是什么？ 所用版本单元教材编写的特点是什么？ 单元内容的知识结构（以思维导图或树状图的形式呈现）？从知识点上看有何关联？分课时之间有何关联？是否有合理整合的必要？ 横向对比——对于其他教材版本的研读，有何不同侧重？是否可以利用互补？ 纵向研读——本单元内容隶属于哪个教学板块？是否在前面的阶段中有过学习、学习程度到哪里？对于后续学习内容有何影响、可以为后续做哪些知识、思维铺垫？ 可以进行哪些方面的课程资源开发？
单元学情	内容分析——通过多渠道反馈掌握（课下谈话、纸笔测试、课前提问、调查问卷等） 学习方法——了解分析（包括新知识如何设计尝试自学？） 未知内容——学习兴趣、求知欲望、最想学习的内容、遇到学习障碍打算如何突破、对后继课的影响、现实作用
单元目标	学生角度： 行为主体——谁学？　　行为表现——学什么？ 行为条件与学习环境——怎么学，如何展现？ 表现程度——学到什么程度？ 教学角度： 通过何种教学环节实现对何种核心素养的渗透？ 对何种数学思想方法的提升？ 对何种数学能力的提高、渗透何种价值观（德育教育、数学科学等）？
单元评价	评什么——确定哪些具有具体指导性的评价任务？ 怎么评——评价维度是否多元？ 什么效果——评价是否具有激励、诊断的双重作用？
单元实施	单元整体教学思路与结构图？ 分课时教学目标是否契合单元整体目标？是否达成分课时目标？ 分课时教学设计、分课时作业是否达到面向全体、分层分类的效果？是否渗透大单元整体综合作业的思想？ 分课时会开发或者利用何种课程资源？

至此，在这一阶段中，以骨干教师循环教学的丰富经验为指导，围绕着青年教师提出的新观点与疑惑，初步构建单元总体教学的蓝图。再经过表格问题的细化落地生根，通过"对表对标"，引发教师的教学困惑、思考，推动教师构建单元教学的蓝本，让各位教师在

这一阶段中对整个单元目标、内容、方向有整体把握，继而开始个人分课时的详细备课。

除此以外，我们鼓励教师从"我的学生、我的班级和我个人"三方面角度深入思考，在备课中充分考虑各个班级水平差异、班级性格、学生分层情况、个人教学风格的适配，力求真正达到"教与学"的统一，培养教师鲜明的个人教学风格，避免落入"一课多套，千篇一律"的死循环（见图3）。

以骨干教师的丰富经验为指导围绕着青年教师提出的新观点与疑惑

通过表格细化问题——"对表对标"，引发教师的教学困惑思考

初步构建单元总体教学的蓝图 ⇒ 推动教师构建单元分课时教学的蓝本

鼓励教师要有鲜明的个人教学风格

图3 单元总体研讨

下边以人教版小学数学五年级下册"分数的意义和性质"为例，呈现单元总体研讨中获得的部分重要成果（见图4）。

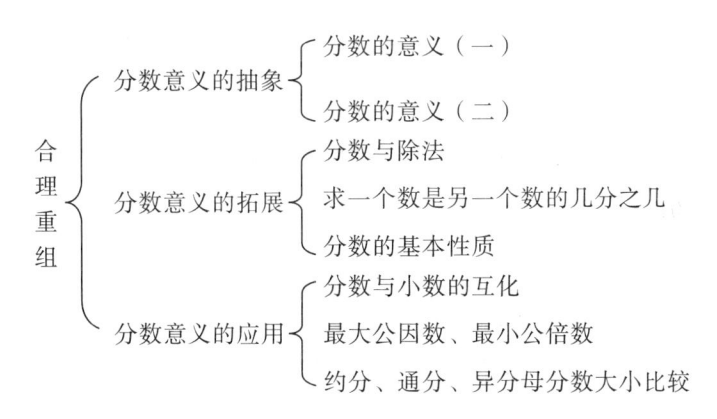

合理重组
- 分数意义的抽象
  - 分数的意义（一）
  - 分数的意义（二）
- 分数意义的拓展
  - 分数与除法
  - 求一个数是另一个数的几分之几
  - 分数的基本性质
- 分数意义的应用
  - 分数与小数的互化
  - 最大公因数、最小公倍数
  - 约分、通分、异分母分数大小比较

图4 "分数的意义和性质"课例分析

研读教材，我们发现课本中按照"分数的意义—真分数和假分数—约分—通分—分数和小数的互化"这一顺序展开教学。而根据我们对单元内容和单元学情的对表研究，发现在大单元视域下如此安排存在以下不足：

（1）知识呈现片面零碎，不够结构化。

如教材把"假分数"的教学安排在第二节，在第一节学习分数的意义——"分数表示两个整数相除的商，以及求一个数的几分之几是多少"时，由于缺乏假分数的出席，学生容易先入为主，认为分数都是真分数。

（2）分数的意义缺乏整体构建。

教材将分数的定义描述为"把一个整体平均分成若干份，表示这样的一份或几份都可以用分数来表示"。这一定义是对分数"量"和"率"两层含义的概括。然而，其中并没

有突出"分数是一种新的数",是一种有大有小、可以进行计算的有理数,与学生思维中数系扩充的思想脱节,无法帮助学生建立完整数学知识框架。

(3) 分数的学习没有建立在原有的认知结构上。

学生学习整数、小数时都是围绕计数单位、十进制、位值、数序等展开,分数这一定义容易使学生认为这是一个全新的概念,不利于后边开展分数与小数的互化以及后续单元分数的计算的教学。

(4) 此概念中没有对分数的商的定义做说明,仅介绍了分数与除法之间的关系,而商的定义能更好地体现分数是一种新的数,更符合数系的扩张。

基于以上分析,我们将单元按照"分数意义的抽象—分数意义的拓展—分数意义的应用"进行合理重组,并确定好分课时的侧重目标(见图5)。

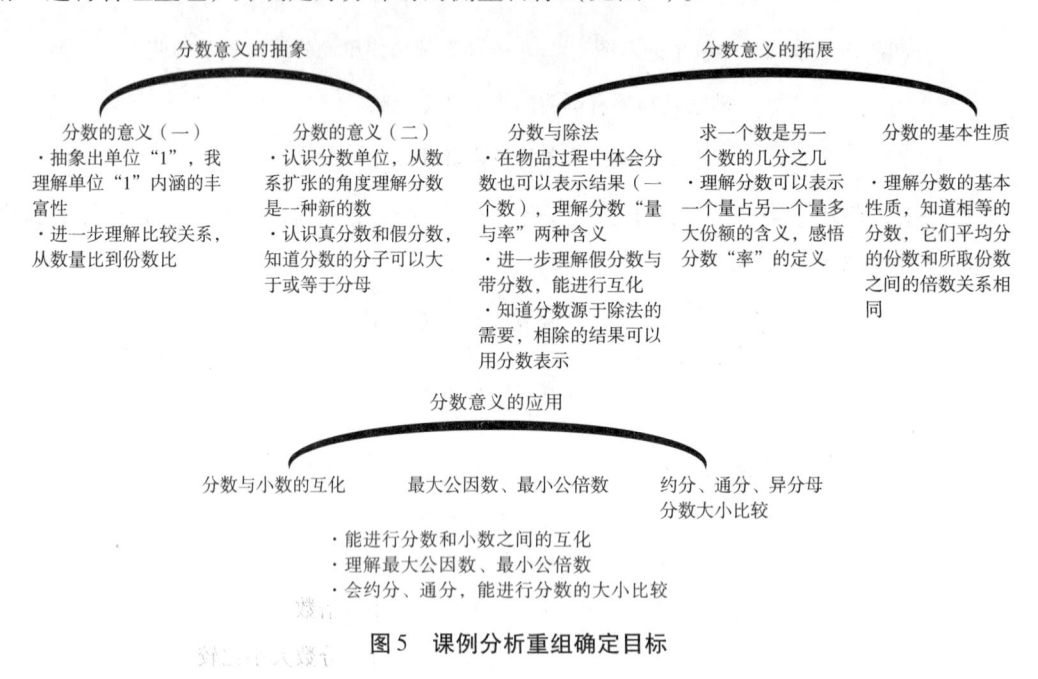

分数意义的抽象

分数的意义(一)
· 抽象出单位"1",理解单位"1"内涵的丰富性
· 进一步理解比较关系,从数量比到份数比

分数的意义(二)
· 认识分数单位,从数系扩张的角度理解分数是一种新的数
· 认识真分数和假分数,知道分数的分子可以大于或等于分母

分数与除法
· 在物品过程中体会分数也可以表示结果(一个数),理解分数"量与率"两种含义
· 进一步理解假分数与带分数,能进行互化
· 知道分数源于除法的需要,相除的结果可以用分数表示

分数意义的拓展

求一个数是另一个数的几分之几
· 理解分数可以表示一个量占另一个量多大份额的含义,感悟分数"率"的定义

分数的基本性质
· 理解分数的基本性质,知道相等的分数,它们平均分的份数和所取份数之间的倍数关系相同

分数意义的应用

分数与小数的互化

最大公因数、最小公倍数

约分、通分、异分母分数大小比较

· 能进行分数和小数之间的互化
· 理解最大公因数、最小公倍数
· 会约分、通分,能进行分数的大小比较

图5 课例分析重组确定目标

二、从个人生成到集体研讨:验证—记录—交流

验证阶段,教师带着自己设计好的分课时"教学蓝本"进行授课。授课过程即是对教学蓝本的验证。教师在授课过程中不仅切身感受教学设计是否达成目标、教学效果是否事半功倍,学生收获是否符合课前预期等,以此不断促进教师深入思考备课的效果,改进教学策略。

记录阶段,执教教师通过回忆授课过程或者观看录播视频,进行师生盘点,记录一些课堂发生的真实细节,如预设外的回答、学生的见解、突发情况中的及时处理方法等。

交流阶段,在每周的备课会议以及随时可用的微信群聊等场合,根据验证与记录,解决各种课堂实际问题,根据各班的情况,分工在已有的教学设计、教学课件中进行再修改。

三、从自我内化到集体生成：智慧碰撞—传承创新—资源建设与队伍成长

（1）智慧碰撞：青年教师之间同课异构的不同亮点、骨干教师与青年教师的不同教学模式、不同教学角度引发的这些智慧碰撞，不仅能让青年教师结合自己上一阶段的教学实践，重新审视课堂教学，引领青年教师的专业发展，也能给骨干教师带来新视角，打开了新的教学实践思路，由此引发的青年教师与骨干教师的个人自我内化提升（见图6）。

图6　智慧碰撞

（2）传承创新：成长式备课名为备课，但不局限于备课，而是借助这一集体备课的模式实现教育经验、教学智慧的传承与创新。骨干教师向青年教师传授教学心得，指导青年教师系好从教的第一粒扣子。青年教师带来新视角、新知识与新活力，特别是新教学媒体技术，帮助骨干教师突破传统经验束缚（见图7）。

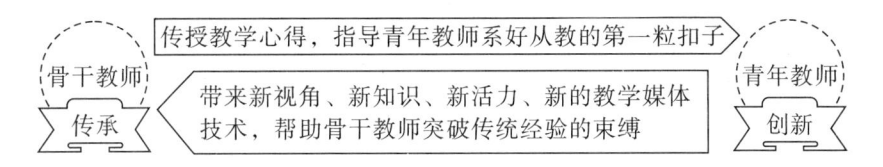

图7　传承创新

（3）骨干教师传播经验、指点迷津，青年教师谈收获、困惑和感悟，从而把个体经验升华提炼成集体经验。集体生成为整个团队找准了个性问题和共性问题，为再次上课提供了有益借鉴，留下了精细打磨后的教学设计和教学资源，丰富我校备课平台的资源，沉淀出部分精品课例，使不同年龄段、不同经验的教师都能在团队中有所收获，有发挥的平台，最终实现教师队伍的健康成长（见图8）。

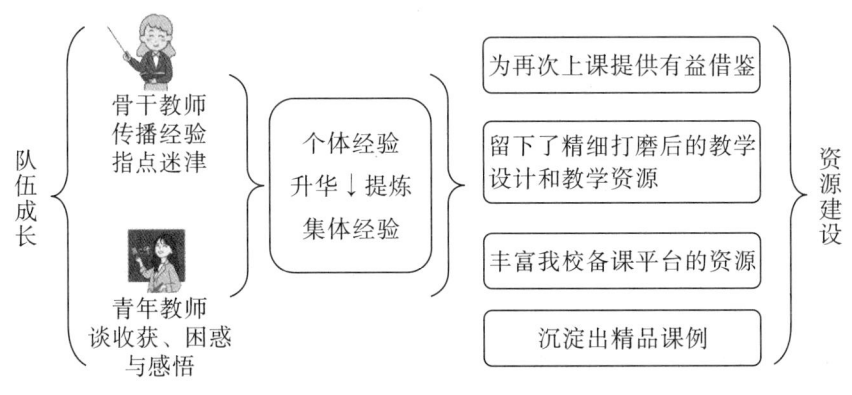

图8　资源建设与队伍成长

近年来，随着大单元视域下"三步走成长型"备课范式在我校稳步推行并改进，该备课范式趋于成熟。在备课中，我校营造自由宽松的环境，骨干教师把握方向，青年教师自由蓬勃成长，教师队伍充满干劲，教研与学术风气浓厚，依托朋辈互助、青蓝工程等项目，充实更新了我校平台资源，在传承与创新中涌现一批优秀的教学成果（见表2）。

表2 优秀教学成果

级别	教师	获奖时间	获奖项目	获奖等级
省级	林继仕	2022.5	立足教学，聚焦课堂——在小学数学教学中渗透转化思想的案例研究	二等奖
	顾若琳	2022.9	2022年广东省小学数学教学论文征集与评选暨纪念册征文活动	三等奖
	顾若琳	2021.1	广东省信息技术应用能力提升工程2.0教学创新典型案例评比	三等奖
市级	林子茵	2023.11	汕头市中小学青年教师教学能力大赛	一等奖
	林子茵	2023.8	广东省基础教育小学数学教研基地（汕头）作业设计专项成果征集评比	一等奖
	曾娴	2023.8	广东省基础教育小学数学教研基地（汕头）作业设计专项成果征集评比	一等奖
	张涵	2023.8	广东省基础教育小学数学教研基地（汕头）作业设计专项成果征集评比	一等奖
	郑昕	2023.8	广东省基础教育小学数学教研基地（汕头）作业设计专项成果征集评比	一等奖
	顾若琳	2023.8	广东省基础教育小学数学教研基地（汕头）作业设计专项成果征集评比	一等奖
	辛晓娜	2023.8	广东省基础教育小学数学教研基地（汕头）作业设计专项成果征集评比	一等奖
	佘燕敏	2023.8	广东省基础教育小学数学教研基地（汕头）作业设计专项成果征集评比	一等奖
	罗晓秋	2022.3	汕头市小学数学说课比赛	一等奖
	林继仕	2021.1	汕头市小学数学优质教学资源建设优秀成果展评活动	一等奖
	顾若琳	2021.1	汕头市小学数学优质教学资源建设优秀成果展评活动	一等奖

续上表

级别	教师	获奖时间	获奖项目	获奖等级
区级	辛晓娜	2022.11	金平区青年教师技能比赛	二等奖
	林子茵	2022.11	金平区青年教师技能比赛	二等奖
	陈烁灿	2022.9	微课"最大公因数的应用"获金平区信息素养提升	一等奖
	蔡婉贤	2022.9	微课"利用几何模型区分乘法结合律和乘法分配律"获得金平区师生信息素养提升实践活动	二等奖
	蔡婉贤	2022.9	课件"分数的基本性质"获得金平区师生信息素养提升实践活动	二等奖
	佘燕敏	2022.8	教学设计"倍的认识"参加金平区教师教学成果评比	一等奖
	张涵	2022.8	微课"角的认识"获2022区优秀教学研究成果	一等奖
	王杰	2022.8	微课"认识直角锐角和钝角"	一等奖
	佘燕敏	2022.7	"倍的认识"作业设计参加金平区评比	一等奖
	辛晓娜	2022.7	作业设计"求阴影部分图形的周长和面积"	三等奖
	曾娴	2021.9	微课"搭配中的学问"	一等奖
	罗晚秋	2021.9	微课"三角形的分类"	二等奖
	蔡佳慧	2021.9	微课"不进位加"	二等奖
	陈艾欣	2021.9	微课"人民币的等价兑换"	二等奖
	辛晓娜	2021.8	小学优秀教学研究成果教学设计"整十数加一位数及相应的减法"	一等奖
	陈诗蔷	2021.8	小学优秀教学研究成果教学设计"数学广角——鸡兔同笼"	二等奖
	林子茵	2021.8	小学优秀教学研究成果教学论文《如何在实践中使数据分析能力培养落地——以〈条形统计图〉为例》	一等奖
	佘燕敏	2021.8	小学优秀教学研究成果教学论文《信息技术与小学数学教学有效融合的"那些事"》	一等奖
	曾文珊	2021.8	小学优秀教学研究成果教学论文《核心素质背景下谈小学数学学科活动——以数学实践活动为例》	二等奖

续上表

级别	教师	获奖时间	获奖项目	获奖等级
区级	张涵	2021.8	小学优秀教学研究成果教学反思《轴对称图形》	二等奖
	蔡佳慧	2021.12	教师教育教学信息化交流活动《乘加乘减》	二等奖
	蔡婉贤	2021.12	教师教育教学信息化交流活动《小数的意义》	二等奖
	陈诗蔷	2021.12	2021年金平区中小学教师信息技术应用能力提升工程2.0典型课例教学设计评比活动《数学广角——鸡兔同笼》	二等奖

学校将继续扎实推进大单元视域下"三步走成长型"备课范式，并随着校情变化不断调整改进，力求给予教师们一个完备的成长平台，促进教师队伍良性发展，拓宽学校备课资源，综合发展我校数学学科软实力，推进教育改革的车轮不断前行。

聚合智慧、赋能成长——围炉式集体备课模式

汕头金中华侨试验区学校　张巧青

自2021年5月汕头金中华侨试验区学校被广东省教育厅确认为广东省基础教育小学数学学科教研基地（汕头）基地学校以来，学校以此为契机，认真贯彻市教师发展中心关于学科教研基地建设的工作思路，将学科教研基地建设作为提高课堂教学有效性的重要抓手和骨干教师培养的重要渠道，加强小学数学学科教学教研团队建设，以数学课堂为主阵地，扎实有效开展数学教学研究工作。积极开展教育教学重点问题的研究，解决学科教学难题，发挥先行研究、交流研讨、示范引领的作用，带动课堂教学质量的提高及教师素质的提升（见图1）。

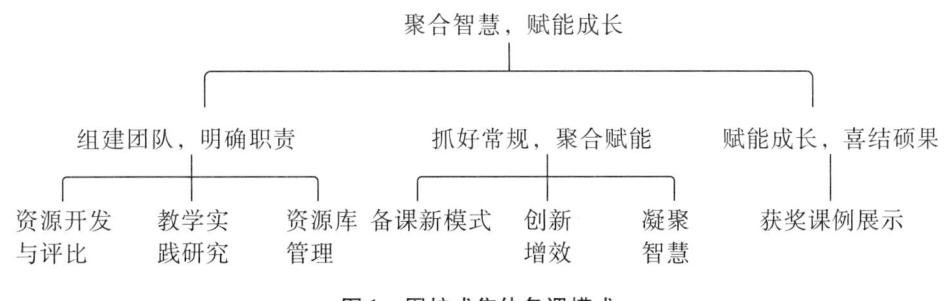

图1　围炉式集体备课模式

一、组建团队，明确职责

为加强学科基地建设工作的过程管理，迅速组织优秀教师组建项目小组，由项目负责人张巧青主任领衔组建教研团队，其他研究小组人员分工负责：组织开展实验研究公开课；教研资源实践研究；开发教学教研资源作品征集及交流评比活动；学生作品的收集；档案资料的打印、归类、归档工作等资源库管理工作；收集上传资源、整理归类形成相关优质资源集。

二、抓好常规，聚合赋能

备课，是教师以教材为中介对课程的领会与把握，是教师在整合教材、学生及各种教学资源的基础上，确定教学思路、对教学进行预设的过程，是教师有效教学的前提。集体

备课，就是教师们通过参与有效的思想碰撞，在相互交换思想的过程中获取更多的思想和教学灵感。教师的教与学生的学一样，独教而无友则孤陋寡闻，借助有效的集体备课，教师很容易在他人的经验台阶上拾级而上。但对于追求高质量常态教研，我们又不应该仅仅停留于"教学行为的常研常新"这一表面性认知，而应该从教师间聚合专业智慧、赋能专业成长的发展共同体这一根本角度进行理解。这是我们进行常态化教研的旨归，即共同学习、共同教研、共同发展。

在新课程理念下，备课工作也出现了许多新的变化和要求，如备课内容更加丰富、形式更加多样、效率更高等。创新的备课模式能够优化备课流程，提高备课质量，使教师在课堂上充分展示自己的教学智慧和艺术，从而实现"以生为本"的课堂教学。在这种形势下，学校教研组依据省小学数学教研基地（汕头）建设任务，结合本基地学校的要求，在"双轮驱动下"备课模式创新中进行了积极探索，取得了一定成效（见图2）。

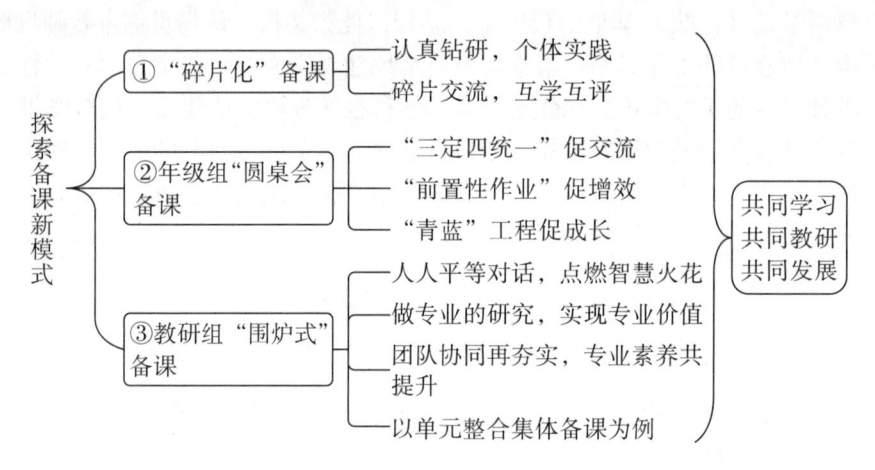

探索备课新模式
- ①"碎片化"备课
  - 认真钻研，个体实践
  - 碎片交流，互学互评
- ②年级组"圆桌会"备课
  - "三定四统一"促交流
  - "前置性作业"促增效
  - "青蓝"工程促成长
- ③教研组"围炉式"备课
  - 人人平等对话，点燃智慧火花
  - 做专业的研究，实现专业价值
  - 团队协同再夯实，专业素养共提升
  - 以单元整合集体备课为例

→ 共同学习 共同教研 共同发展

图 2 探索备课新模式

下面介绍我们常用的几种备课模式。

1. "碎片化"备课

"认真钻研教材，精心设计教学过程，以达到教学效果的最优化"一直是教师不懈追求的目标。但在教学中，由于学生的差异和教学的开放，使课堂呈现出多变性和复杂性。教学活动的发展有时和教学预设相吻合，而更多时候则与预设有差异，甚至截然不同。因此，我们提倡教师上了课后多交流，不管是精彩的还是失败的，都能给下一个上课的教师以很好的启示，没上的教师就可以进行第二次备课。

碎片化备课由于不受时间、地点、人物的限制，很受教师的欢迎，也很有效。它每天所聚焦的都是当日的教学亮点、教学失败点，让教师能够更好地了解学生，根据学生的思维动态有的放矢地进行教学，填补了之前备课的空白，并能给下一个上课的教师以很好的启示，无形中教师们又进行了一次备课，对教材、学生也有了更深一步的了解。

2. 年级组"圆桌会"备课

年级组坚持每周四下午为各年级集体备课活动时间，每次活动都做到三定："定内容、定时间、定中心发言人"，集体备课中坚持做到四统一：统一教学内容，统一目的要求，统一进度，统一作业。以备课组为单位每周认真解读教材，结合本年级学生实际情况设计教法，交流教学问题、学生存在问题等。

更多时间是研讨如何优化课堂教学，从前置作业目标与前置性作业形式等方面探讨如何布置前置性作业。要求教师依据学生年龄特点与本学科的特点，把握住清晰、准确、合适的目标定位，精心设计前置性学习的内容，只有科学的前置性作业的设置，才能使课内研究的深度与广度得到进一步拓展。结合研讨课，每位教师备好课，先在年级组里磨课，再在教研组里展示（教学设计包括前置性学习任务单、作业设计、评价设计），通过集体听、评课，再修订，整理出资料，最后整理归类并形成相关优质资源。通过集体备课、磨课、开课、评课等一系列活动，每位教师都能得到不同程度的提高。

学校为促进青年教师的快速成长，组建了"青蓝"工程。就是年级备课组里一名老教师（备课组长）搭配一至两名青年教师作指导帮扶对象，同时借助学校学术委这一学术团队，以"新教师实践+名师共享+团队合作"联动制定，走进青年教师的课堂进行教学指导，引导青年教师从文本解读、教学设计、动态组织等方面，以一种更开放的心态、更成熟的思考对"备课"进行更深层次的探索，从而缩短青年教师的成长期。

3. "围炉式"集体备课（教研组集体备课）

教研组有共同的教研旨归，即共同学习、共同教研、共同发展。高质量常态教研应该是问题导向、目标导向和需求导向结合下，教研主体间秉持合作、开放、共享的理念，就专业内容进行专业化研究，以达到人人有所获得，专业能力、专业素养共同提升的有组织的教学研究行为。在此要求下，我们力求做到：

第一，指向人人。一个教研共同体中，无论年龄、不分学历、不看经验，没有主次、轻重，每个人都是参与主体，都有话语权，都产生领导力。在这一过程中，突出平等，强调对话性尤其关键。高质量的教研一定是教研主体间的平等对话和在思想碰撞中生成的智慧火花。

第二，指向专业。一个教研共同体中的研究是问题导向、目标导向和需求导向结合下的研究，研究的是专业的内容，做的是专业的研究，达成的是专业价值的实现。在这里，尤其强调生成性。一是研究的内容是教育教学过程中生成的真问题、真困惑；二是研究要解决行业领域发展到一定阶段发生的新变化、提出的新要求。

第三，指向获得。一个教研共同体，要构建的是合作、开放、共享的生态场域，进而实现人人分享知识、贡献智慧，人人获得能力提升，人人实现专业成长的目的。在这里，协同是关键。这种协同不仅是人与人，也包括人与资源、时间与空间等。

案例分析：

（1）活动内容：单元整合集体备课。

（2）参与人员：全体数学教师，学校学术委成员。

（3）活动的策划和实施过程：

组织策划：小学数学教研组。

活动前期准备：每个年级组预先完成整册教材的初次备课工作，筛选出最满意的一个单元，准备好讲稿和PPT，届时向全体教师阐述，现场答疑并进行改进完善。

活动组织形式：围炉式，按年级分组围坐。

活动过程：活动一共开展 2 次。

（一）第一次具体内容及开展流程

（1）各年级组交流单元备课思路见表 1。

表 1　第一次集体备课具体内容

年级	具体单元	发言人
一年级	100 以内的认识	事先把每个年级组教师编号，抽签决定。先抽年级，再抽发言人
二年级	表内除法（一）	
三年级	除数是一位数的除法	
四年级	三角形	
五年级	长方体和正方体	
六年级	比例	

（2）一个年级阐述完毕，由发言人抽取其他年级教师提问或点评，学术委师提问，发言人和同年级组成员共同答疑，其间教研组长点评交流并提出改进意见，意在促进教师思考，打开备课视角。一个年级组阐述答疑完毕，再抽取另一个年级和发言人。依次类推，直到六个年级都阐述、答疑、交流完毕，明确改进方向和具体改进内容。

（3）教组长总结陈述，再次进行单元备课指导，确定总体方向，提出具体改进意见。为了巩固和检验本次教研效果，决定以本次备课活动为基础，进行第二次集体备课活动，明确要求每个年级组另行选择一个单元交流备课思路，时隔一周进行，活动组织形式不变。

（4）评出最佳发言人、最佳年级备课组、最佳队友并颁发奖品，意在调动教师积极性，鼓励参与。

（二）第二次具体内容及展开流程

第二次活动各年级选择的单元内容发生了变化，但基本流程不变，还是以抽签形式确定年级交流次序与发言人，不同的是发言人带一位助讲补充阐述年级组共识，但必须脱稿讲解，并简要阐述备课过程（见表 2）。

表 2　第二次集体备课具体内容

年级	具体单元	发言人
一年级	认识人民币	与第一次相同的是：抽签决定。先抽年级，再抽发言人。不同的是：发言人要求脱稿（可带一位助讲）并简要阐述备课过程
二年级	有余数除法	
三年级	搭配	
四年级	条形统计图	
五年级	小数乘法	
六年级	分数乘法和除法	

所谓单元整体教学，指的是在充分了解学生真实起点的基础上，整体把握教材，对内容进行分析，做结构化的整合，并适度拓展。单元整合备课是教学实验的关键环节，直接影响到后续教学的质量。现以五年级上册"小数乘法"单元为例，谈谈我们是如何基于单元视角将内容进行整合的。

本次五年级主要梳理和整合了第一单元"小数乘法"，小数乘法的计算集中在例1到例4。

【例1】结合具体量计算 3.5×3，教材利用进率是十的常见量沟通小数乘法和整数乘法的联系。

【例2】0.72×5，编排在脱离具体量的背景下将小数乘法直接转化成整数乘法计算。

【例3】2.4×0.8，有了例1和例2的铺垫，将小数乘小数转化成整数乘法来沟通算理、总结算法。

【例4】0.56×0.04，在整数积的小数位数不够的情况下如何处理，是对前面知识的补充。

4个例题算理和算法相同，学生在学习中感到困难的不是计算方法的掌握而是算理的理解和表述，因此教师在教学时应该重点引导学生从积与因数关系出发，强调转化的思想和方法。前测也证明，学生小数乘整数的起点比较高，因此我们对4个例题进行整合，从小数乘整数 3.5×3 入手，利用前测素材中解题的多种方法，沟通 3.5×3 和 35×3 的联系，在初步感悟算法之后，要求学生利用 35×3 解决 3.5×0.3 和 3.5×0.03，进一步沟通小数乘法和整数乘法之间的联系，总结算法。

本次单元整合的备课，五年级备课组教师从学生立场出发分析教材，并对教材做结构化分析，找到知识之间的联系。教师在备课时能全盘考虑，整体设计，更好地抓住每个教学内容的重难点，在教学中才能做到高屋建瓴，提高学生思维的广度和深度。比起最后的备课成果，更让人欣喜的是教师通过这样的集体备课活动，思维方式发生改变，能尝试着从学生立场出发，整体把握教材。

两次集体备课活动由于发言人不确定，是随机抽签的，被抽到的发言人又代表了整个年级组，每个年级组前期的讲稿和PPT都做得非常认真，十分尊重教材和教学用书，对教学内容进行了详尽的梳理和解读，而且备课组长要求每一位教师在组里都进行了试讲，所以每位发言人的表达都很清晰流畅。其他年级的教师在讲述时，教师们的注意力也高度集中，因为他们可能会被抽到提问或点评。组织形式的改变激发了每一位教师的团队意识，达到了人人参与卷入式活动的目的。

第一次活动也反映出备课的最大问题，即教师们过于依赖教材的课时内容编排，普遍缺乏单元整体把握的意识。几乎所有年级的备课都忽视了学生的真实起点，包括已有经验和学习的潜力，经过与同伴的深层次交流，教师们初步有了一些备课需要备学生需求的意识，所以在第二次活动时，教师们备课的视角发生了很大的变化。通过两次集体备课活动，教师们的教研能力得到共同提高，青年教师迅速成长。

三、赋能成长，喜结硕果

"围炉式"的备课研修，让每一位教师的备课融入公开性交流及对教学的审视。这种聚集体智慧力量的备课模式，不但激发每一位教师的热情与潜能，而且有效促进每一位教师的思考和行动，有力地促进年轻教师的快速成长，取得备课研修的实效，提升了学科的教学质量。更有一批教师收获喜人的成果。

如：辛宜雯老师2020年12月获汕头市小学教师教学技能比赛数学学科一等奖；2022年3月获汕头市小学数学说课比赛新秀组二等奖；2023年1月，报送课例"1亿有多大"被评为2022年省级基础教育精品课；2023年3月，报送课例"1亿有多大"在2022年汕头市基础教育精品课遴选活动中获一等奖；2023年8月撰写的"长方体和正方体（五下）"整理复习作业设计，在2023年广东省基础教育小学数学校验基地（汕头）作业设计专项成果征集评比中获一等奖。

林梓葳老师撰写的"认识钟表"课时作业设计，在2023年广东省基础教育小学数学教研基地（汕头）作业设计专项成果征集评比中荣获一等奖。

温少真老师撰写的"圆柱的表面积"课时作业设计，在2003年广东省基础教育小学数学教研基地（汕头）作业设计专项成果征集评比荣获一等奖。

纪娃婉老师获2021年汕头市青年教师技能大赛市三等奖。

张晓芸老师获2023年汕头市中小学青年教师教学能力大赛三等奖。

"研培领航"促进教师成长的案例与分析

奋起昨天，操守今天，梦圆明天

汕头市金平区私立广厦学校　林　清

2021年对我来说是不平凡的一年。非常有幸能够成为吴燕娜名教师工作室的一员。回首3年来走过的道路。深感充实与快乐。感谢吴燕娜老师给我们提供了这个平台。感谢这个有思想、有活力的团队，使我受益匪浅。

奋起昨天

2021年，是一个值得记忆的年份。因为在这一年里，我的身份发生了转变。都说成长路上总有不期而遇的惊喜：

惊喜1：我很庆幸自己是汕头市金平区私立广厦学校的一名教师。我校数学组是一支团结奋进、积极向上的团队。我们一起深耕生本课堂、开展专题教研，深切关注数学核心素养的落地、教育教学质量的提高和团队教师的专业发展。正因如此，我校被授牌广东省基础教育学科教研基地项目"小学数学教研基地学校"。

惊喜2：作为"双轮驱动，研培领航"教研共同体中的成员之一，自己拥有双重身份——既是省级教研基地成员，又是广东省吴燕娜名教师工作室的成员兼助手，在双轮驱动的引领下自己开启了"2倍速"的专业成长之旅。

惊喜3：基地项目的负责人、工作室的主持人——吴燕娜老师，是我的导师。回顾从教13年来，我曾获全国小学数学（人教版）示范课交流会评比一等奖；第一、三届全国小学数学（人教版）录像课评比一等奖；首届广东省青年教师能力大赛一等奖；第八届广东省小学数学说课评比一等奖；汕头市青年教师基本功比赛、技能比赛、说课比赛一等奖等，每一项殊荣的背后，离不开以师父李慧璇校长为领军人物的广厦团队的共同努力，也离不开吴燕娜老师前瞻性、专业性等全方位的悉心指导。

身份的转变，教学专业又给我怎么的馈赠呢？

操守今天

一、在学习中提升·向内赋能（理论学习）

2022年，正值"双减"政策和《义务教育课程标准（2022年版）》的颁布，对课堂教学的高质量发展提高到史无前例的高度。为了准确把握课标的实质，落实核心素养，切实把课标的教育理念落实到课堂教学中去，以教研基地及工作室"双轮"驱动，吴老师为我们搭建多个线上、线下学习平台，通过名教师解读、个体学习等途径深入开展学习。

吴老师还给我们发了不少书，如《跨越断层，走出误区：小学数学问题解决》《小学数学核心素养教学论（第二版）》《小学数学教材中的大道理——核心概念的理解与呈现》《爱的教育》等。通过对这些书籍的阅读和学习，不断进行读书摘记，在理论学习的过程中明白了如何借助核心问题激发学生的学习动机，以撬动学生的数学思维，让"三会"理念融于问题情境，激发学生思考，并把书中学到的先进教学理念转化为自己日常的教学行为。

除了看这些书籍，每月的杂志《小学数学教师》和《小学数学教学设计》我也不会错过。从中，我看到了名教师们教学设计的智慧，对比中反思自己教学设计的不足，从而促使我自己不断学习，不断进步。

二、在实践中历练·用课表达（个人成长）

上好课是天大的事。我一直潜心教学，不断在"学习—实践—反思—再学习"的征途中漫步。在吴老师的引领下，我始终扎根课堂教学第一线，站在新课程改革的前沿。通过参加教学教研活动，开始将教学视角由"教"转"学"，激发学生的学习兴趣，重视以问题为导向，以活动为载体，以学生终身发展为目标，逐步形成了"动中促思，玩中悟知，快乐学习，健康成长"的教育教学风格。

在成长的过程中，因有了"研培领航"的保驾护航，也有了一定的业绩，如：2021年10月25日，被邀请到四川省南充市献课"长方形和正方形的特征"并做专题讲座《"双减"之下，为孩子减压，为未来蓄力》；2023年3月17日，被邀请到四川省绵阳市献课"面积的认识"；2022年5月30日，在广东省教育研究院走进粤东西北（汕头）教研帮扶活动暨省学科教研基地（小学数学）项目建设研讨活动中献课"长方形和正方形的特征"（重构并运用粤教翔云3.0平台）；2022年9月28日，在广东省基础教育学科教研基地（汕头市小学数学）项目建设公开课活动中献课"三位数乘两位数"；2023年2月26日，应邀到合胜读书会作题为《数学，原来可以这样学》的专题分享；2023年8月3日，受邀做客汕头电台经济广播"家有儿女"栏目……

而且我还勤于笔耕，撰写多篇论文获奖，教学随笔也在福建省"明师之道"、汕头市"双轮驱动，研培领航"、金平区"小数同行者"等多个权威公众号发表。

三、在助推中成长·向下扎根（助力新秀）

工作室、教研基地其终极目标都是"让多数人上好多数课"。所以，我们这些成员承担着"辐射引领"的作用，希望能够以自身的绵薄之力，助推学校、区域青年教师的发展，只有青年教师强，才能看到学校的未来与希望。

我校在李慧璇校长的带领下，结合吴老师给予我们高屋建瓴的指导，内化为一线素养经验，我也有幸成为助力年轻教师专业成长的主力军，给予他人帮助，助力他人成长，感谢学校给这些青年教师"机会""动力""时间""空间"。

1. 给机会

借助金平区小学数学工作室平台、片区公开课平台、校级公开课、展示课平台，多给青年教师展露才华的机会，让他们挖掘自身的潜力。在这些活动中，李慧璇校长和我共同配合，我也尽可能参与其中，让更多的青年教师参加锻炼，让他们增长见识，在教学中取长补短。同时，我们也将每一次的基地培训化为全体数学教师的学习交流机会，让一人受益变成众人受益，给老师们奋斗的目标与期望。

2. 给动力

不论是谁，只要工作出色，就给予充分肯定，与其他教师同样对待，不分彼此，每学年都以学科教研组为单位评选出 2~3 名校级优秀青年教师予以奖励，让他们相信只要努力工作就会被认可，激发他们的工作热情。

3. 给时间

对青年教师不能急于求成，给他们充分的信任和期待，相信他们都有一颗火热的心，都能实现自己的人生价值。不管是班务工作还是教学工作，允许他们有失败，但是只要在失败中能找出自己的不足就好，给予他们奋斗成长的时间。

4. 给空间

给予青年教师发挥特长和才能的空间。安排能力强的一些青年教师充实到高年级教学一线、担任年级学科组长、学科带头人等。每当有青年教师来校时，我们都会对他们的个人能力进行详细的了解，根据情况给青年教师压担子、放责任，虽然工作中会有一些纰漏，但我们相信只有实践才能进步，你不让干，他永远进步不了。

圆梦明天

回首过往，往事历历在目。总结这一系列赛事，我为自己的收获感到快乐，为自己的坚持感到值得！

我一直用这样一句话去鞭策我自己——不是因为有希望才去坚持，而是因为坚持了才有希望。

我知道其实我并不是优秀的，我之所以能有今天的成绩，是因为学校对我施以援手，让我知足于此；是因为师父带我探索教学，引领我专业成长，让我综合素养全方位提升；是因为导师的前瞻性让我在多个平台中学习成长，享受数学教学；是因为赛事平台，让我在专注中不断慢慢成长。

一个人走得远，一群人走得久！我知道我自己还存在很多不足之处，但是，我已经有了明确的方向，让我不再迷茫！

今天的成功是因为昨天的积累，明天的成功则依赖于今天的努力。

这一切就这样告一段落了，这不会是终点！我还是要继续开启自己的教学之旅！天道酬勤，这条路我还要继续走下去，因为这是我喜欢的路！

最后，把我最欣赏的 16 个字与大家分享，这 16 个字一直让我坚持走自己的道路！

因为坚持，所以热爱；因为专注，所以专业！

双驱启航　描绘成长新篇章

汕头市潮阳实验学校　田茂春

2021年值得记忆，因为这是我校入选"广东省基础教育小学数学教研基地（汕头）基地学校"之年，也是我荣幸成为广东省吴燕娜名教师工作室入室学员之年。基地培基，工作室筑厦，双轮并驱，扬起我的教育远航之帆。三年里，在主持人吴燕娜老师及多位专家学者的引领与指导下，在工作室伙伴们的帮助下，我的教育教学理念不断更新，眼界得以拓展，教学教研水平悄然提升，深感双轮驱力之大与研培领航责任之重。

一、专家引领，开辟多源活水之泉

"问渠那得清如许，为有源头活水来。"书是人类智慧的结晶，知识的源泉。为倡导大家多读书，提升底蕴，工作室多次下发教育教学类书籍共十余本，有最新的课程标准《义务教育数学课程标准（2022年版）》，有人教社王永春主任主编的《小学数学与数学思想方法》、孙晓天教授和张丹教授主编的《义务教育课程标准（2022年版）课例式解读》等学科专业类书籍，还有亚米契斯的著作《爱的教育》等教育名著，可谓应有尽有。利用集中研修的时机，组织大家开展读书沙龙活动，大家齐聚一堂，分享读书心得，共品书中经典，同享卷中智慧。读书活动涤荡着每位成员的心灵，不仅引领大家坚守使命，不忘初心，还丰富了我们的专业知识。

"听君一席话，胜读十年书。"为帮助大家聆听专家的教诲，解决大家在教育教学中的困惑，专家的讲座和答疑解惑是每次集中研修活动的标配。有专职教研员的实践成果，如鲍银霞博士的《小学教师如何将实践探索成果化》、丁玉华老师的《聚焦专业化发展　打造研究型团队》、李一鸣老师的《小学数学说课探究》等；有大学教授的宏观真知，如马云鹏教授的《义务教育数学课程标准（2022年版）解读》、孔企平教授的《基于学业质量标准的小学数学学习评价》、曹培英教授的《小学数学作业设计研究》等。专家们的讲座抓住教研热点，内容丰富，理论联系实际，符合教师教学教研的需求，解决了大家的疑问。

除了通过阅读经典、专家讲座等形式外，还组织了多场专题讲座，如吴燕娜老师主讲的《例谈运算能力的培养策略——以"三位数乘两位数"为例》，朱道芸老师主讲的《例谈量感的培养策略——以"体积和体积单位"为例》，黄旻纯老师主讲的《例谈推理意识的培养策略——以"集合"为例》等。各级各类专家，聚焦教学研究和教师专业成长，通过多种多样的方式对工作室成员、基地学校骨干教师进行专业引领，在专家们的辛勤付出下，引领着大家向新高度、更专业的方向发展。

二、同伴互助，勇拓实践探索之策

工作室就是一个学习共同体，有声有色的同伴互助活动描绘了"百花争艳"的成长图景。在课例研究中，通过集体备课、磨课、上课和评课活动，互相学习，积极交流，取长补短，共同进步。例如外马路第三小学刘玲蓉老师的"集合"和华侨试验区金湾学校纪一挺老师的"体积和体积单位"两个课例的推波式研究，我就受益颇丰：两位教师先进行无生上课和说课，工作室和基地校的成员进行观摩——成员分成四个小组，先在组内就课的设计等相关问题进行充分交流，每个小组再各派一名代表汇报本组研讨结果——最后两位教师根据大家的建议对课进行优化和完善，最终定稿展示。在这一活动中，以课例研究为载体，各位成员对执教教师的设计提出了宝贵意见，各成员之间互相学习了如何构课、上课和评课，思维火花的迸发很好地实现了互助共长。

工作室学习期间的重要赛事更是大大提升了我的教学"聚焦"力。"汕头市小学数学说课比赛"以核心素养具体表现之一"量感"为主题，14位教师用不同的课例，以不同的方式诠释着"什么是量感""如何培养、发展学生的量感"，以生为本的教学过程、赏心悦目的现场展示，让我们看到了敬业和专业的完美结合。

除上课和说课展示外，工作室还多次开展送教下乡活动，伙伴们在"2022年汕头市小学数学教学成果征集评比活动"和"广东省基础教育小学数学教研基地（汕头）专项教学成果征集评比交流活动"中均提交了优质作品，可供学习。工作室、基地学校搭建的交流平台，实现了多样的同伴互助，一群人并肩前行，在教育教学之路上走得更远。

三、课题研究，深掘专业成长之法

课题研究对科学施教、提升教育质量、促进教师专业发展和学校发展都具有不可估量的意义。在工作室学习期间，我共参与了2022年12月结题的《转化思想在小学数学课堂教学中的应用研究》，正处于课题实施阶段的《小学数学优化作业设计与实施研究》两个省级课题的研究。研究期间，完整地经历了课题的确立与申报、计划的制定与实施、数据的收集与整理、结论的证实与撰写等各个环节。特别是依托工作室搭建的平台，现场聆听了专家们针对性的指导，收获颇丰。2020年6月，《转化思想在小学数学课堂教学中的应用研究》课题开题报告会上，广东省教育研究院曾令鹏主任从课题开题报告书的撰写、课题研究方向的明确、课题研究的聚焦度等多方面进行了深入的点评；广东省教育研究院鲍银霞博士从问题的提出、核心概念的界定、研究目标和内容、研究对象、研究过程与方法等方面进行了细致的点评，给足了方法；汕头市教育局教师发展中心吴燕娜老师多次亲临学校，对课题研究工作进行指导。2021年8月，广东省教育研究院集中对课题组织了中期汇报，为期三天的汇报交流，学习了同行们课题研究的心得体会，聆听了各位专家学者对课题研究开展情况的指导，对课题研究有了更深入的认识与理解，课题研究的能力也得到了提升。

在工作室学习的三年，我的"启发式教学"思想逐步形成，"简约不简单"的风格目标日益明朗，"改革创新就在日常"的意识越发强烈……教育信念更加坚定，教学理念得以更新，文化底蕴更加厚重，专业知识更加丰富，这助力我谱写精彩的教育新篇章。

诚然，作为工作室学员，我清楚地认识到并且积极践行，设立工作室的意义不只是为了培养几位入室学员，打造基地学校也不只是为了发展几所学校，更大的价值在于通过入室学员和基地学校的引领，让更多的教师和学校得到更好的发展，进一步落实立德树人的根本任务，更好地培养社会主义事业的建设者和接班人，实现中华民族的伟大复兴。

力学笃行　履践致远
——专业成长总结

汕头市华侨试验区金湾学校　纪一挺
广东省吴燕娜名教师工作室入室学员

参加广东省吴燕娜名教师工作室已经有两年多的时间了，这两年多的时间，对我来说是一段非常宝贵的时光，其间经历了许多宝贵的成长和学习机会。我不仅得到了专业知识和技能的培养，更重要的是形成了先进的教育思想，并且逐渐形成了自己独特而幽默的教学风格。同时，我也积极参与了教学改革创新活动，并取得了一定的成绩。

一、大道行思，取则行远

凝练教育思想是我在吴燕娜名教师工作室中着重培养和加强的能力之一。教育思想是指人们对人类特有的教育活动现象的一种理解和认识，对教育教学工作起着非常重要的指导作用。通过探索优秀教育家们的理论和实践经验，注重对教育理论和实践经验的深入探讨和研究。通过与工作室成员们的交流和分享，我不断反思自己的教育观念，并且从中汲取营养，逐步形成了自己特有的教育思想。我明白了一个核心观念：每个学生都是独特而有意义的个体，应该得到平等和全面发展的机会。基于这一准则，我开始注重从学生自身出发，关注他们的需求、兴趣和潜能，提供个性化的指导和支持，灵活调整我的教学方法。此外，我还非常注重引导学生培养创造力、专注力、思考能力以及解决实际问题能力等综合素养。

我始终坚持扎根于课堂教学第一线，站在新课程改革的前沿，把学到的先进教学理念和教育方法内化为自己日常教学的指导思想，使我的课堂教学更加生动、丰富、有趣，也更加符合学生的学习需求。我努力践行新课标的精神，将课堂由"学会"转变为"会学"；不断改变教学方式，使之为学生服务；注重启发、因材施教，引导学生独立思考、自主探究；同时我还不断对教法和学法进行研究，力求使教与学达到最优化。在教学过程中，我重视激发学生的内在学习兴趣，以问题为导向，以活动为载体，以促进学生终身发展为目标，逐步形成了"玩中学，玩中悟，力学笃行，知行合一"的教育教学风格。善于思考，思有所得，让我在教育的道路上越走越远。

二、教学相长，逐梦同行

"故安其学而亲其师，乐其友而信其道。"大教育家孔子认为要让学生静下心来学习，让学生与教师之间建立相互信任的情感，使教师乐于与同学和睦相处，这样学生才能够信奉自己所学的真理。一语道破良好的师生关系能使学生拥有良好的心态对待成长。

因此，在教学风格方面，我注重以幽默的方式与学生互动。将幽默手法融入课堂内容，让学生愉快地参与到教学过程中，创造积极向上的学习氛围。我相信，幽默可以让学生更好地接受知识，激发他们的学习兴趣，并培养他们的创造思维和沟通能力。同时，我也深知幽默并不等同于娱乐，因此在运用幽默的同时也始终保持了对教学目标和内容的严谨性，如在工作室活动中，我不断尝试各种幽默方式，尤其是以幽默的语气加上夸张的肢体动作来讲解数学故事、趣味数学小游戏等，均取得了积极的效果。下面是学生眼中的我：

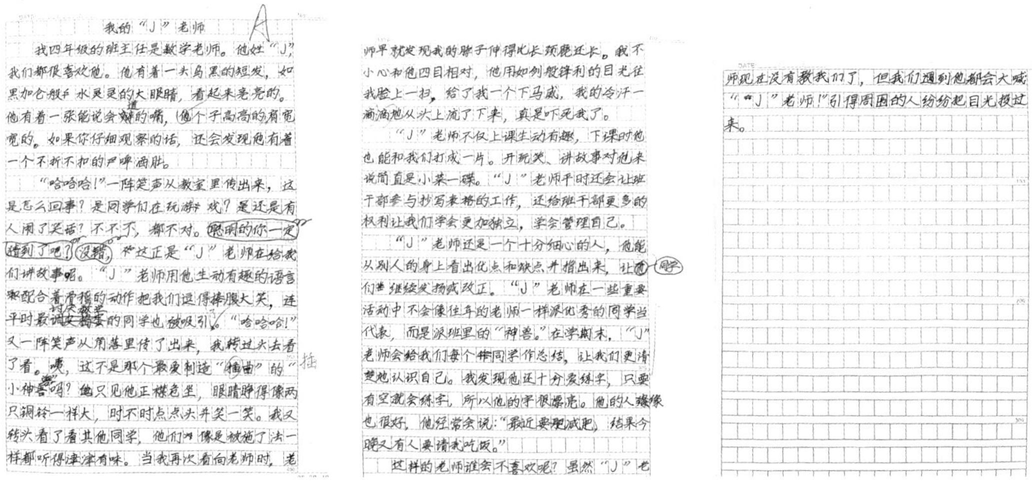
我的“J”老师

我四年级的班主任是数学老师。他姓“J”，我们都很喜欢他。他有着一头乌黑的短发，如黑加仑般水灵灵的大眼睛，看起来亮亮的。他有着一张能说会道的嘴，他个子高高的，肩宽宽的。如果你仔细观察的话，还会发现他有着一个不折不扣的啤酒肚。

“哈哈哈！”一阵笑声从教室里传出来，这是怎么回事？是同学们在玩游戏？是还是有人闹了笑话？不不不，都不对。聪明的你一定猜到了吧？没错，这正是“J”老师在给我们讲故事呢。“J”老师用他生动有趣的语言配合着滑稽的动作把我们逗得捧腹大笑，连平时最讨厌数学的同学也被吸引了。“哈哈哈！”又一阵笑声从角落里传了出来，我转过头去看了看。咦，这不是那个最爱制造“插曲”的“小神兽”吗？他只见他正襟危坐，眼睛睁得像两只铜铃一样大，时不时点点头并笑一笑。我又转头看了看其他同学，他们好像是被施了法一样都听得津津有味。当我再次看向老师时，老师早就发现我的脖子伸得比长颈鹿还长。我不小心和他四目相对，他用如剑般锋利的目光往我脸上一扫，给了我一个下马威，我的冷汗一滴滴地从头上流了下来，真是吓死我了。

“J”老师不仅上课生动有趣，下课时他也能和我们打成一片。开玩笑、讲故事对他来说简直是小菜一碟。“J”老师平时还会让班干部参与抄写表格的工作，还给班干部更多的权利让我们学会更加独立，学会管理自己。

“J”老师还是一个十分细心的人，他能从别人的身上看出优点和缺点并指出来，让同学们继续发扬或改正。“J”老师在一些重要活动中不会像往年的老师一样派优秀的同学当代表，而是派班里的“神兽。”在学期末，“J”老师会给我们每个同学作总结，让我们更清楚地认识自己。我发现他还十分爱练字，只要有空就会练字，所以他的字很漂亮。他的人缘也很好，他经常会说：“最近要减肥，结果今晚又有人要请我吃饭。”

这样的老师谁会不喜欢呢？虽然“J”老师现在没有教我们了，但我们遇到他都会大喊“丁”老师！”引得周围的人纷纷把目光投过来。

图 1　学生习作《我的“丁”老师》

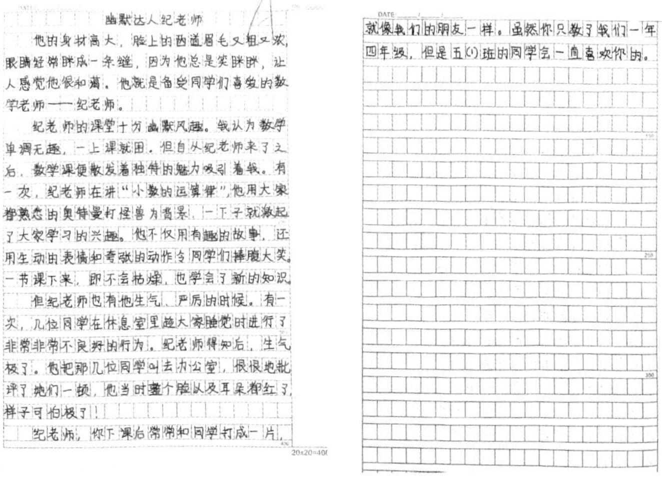
幽默达人纪老师

他的身材高大，脸上的两道眉毛又粗又浓，眼睛经常眯成一条缝，因为他总是笑眯眯，让人感觉他很和蔼。他就是备受同学们喜爱的数学老师——纪老师。

纪老师的课堂十分幽默风趣。我认为数学单调无趣，一上课就困，但自从纪老师来了之后，数学课便散发着独特的魅力吸引着我。有一次，纪老师在讲“小数的运算律”，他用大家都熟悉的奥特曼打怪兽为背景，一下子就激起了大家学习的兴趣。他不仅用有趣的故事，还用生动的表情和夸张的动作令同学们捧腹大笑。一节课下来，即不会枯燥，也学会了新的知识。

但纪老师也有他生气、严厉的时候。有一次，几位同学在休息室里趁大家睡觉时进行了非常非常不良好的行为。纪老师得知后，生气极了。他把那几位同学叫去办公室，狠狠地批评了她们一顿，他当时整个脸以及耳朵都红了，样子可怕极了！

纪老师，你下课后常常和同学打成一片，就像我们的朋友一样。虽然你只教了我们一年四年级，但是五(1)班的同学会一直喜欢你的。

图 2　学生习作《幽默达人纪老师》之一

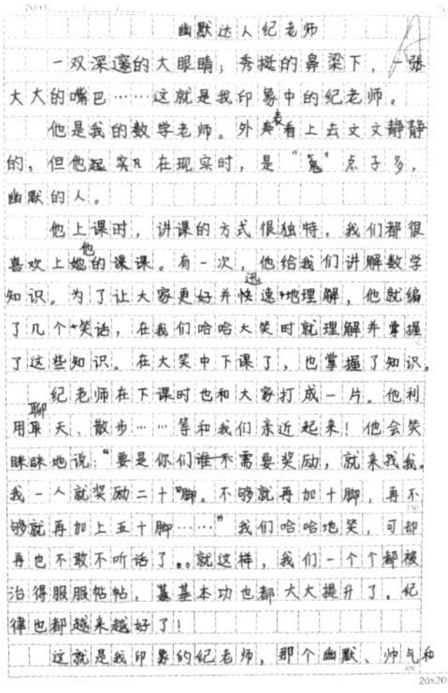
幽默达人纪老师

一双深邃的大眼睛，秀挺的鼻梁下，一张大大的嘴巴……这就是我印象中的纪老师。

他是我的数学老师。外表看上去文文静静的，但他在现实时，是“鬼”点子多，幽默的人。

他上课时，讲课的方式很独特，我们都很喜欢上他的课。有一次，他给我们讲解数学知识。为了让大家更好并快速地理解，他就编了几个笑话，在我们哈哈大笑时就理解并掌握了这些知识。在大笑中下课了，也掌握了知识。

纪老师在下课时也和大家打成一片。他利用聊天、散步……等和我们亲近起来！他会笑眯眯地说：“要是你们需要奖励，就来找我。我一人就奖励二十脚。不够就再加十脚，再不够就再加上五十脚……”我们哈哈地笑，可却再也不敢不听话了。就这样，我们一个个都被治得服服帖帖，基本功也都大大提升了，纪律也都越来越好了！

这就是我印象的纪老师，那个幽默、帅气和

图 3　学生习作《幽默达人纪老师》之二

工作室主持人吴燕娜老师经常对我们成员说："教育是影响，而不是一味地管理。"所以，与孩子们建立良好的关系，用自己的言行影响学生，唯有做学生的学生，才能做学生的老师，使学生亲师信道，与学生共同成长。

三、相观而善之谓摩

《礼记·学记》有云"独学而无友，则孤陋而寡闻。"参加工作室让我有了更多的交流机会。在学习活动中，我结识了很多来自不同学校、不同领域的教育工作者，我们可以互相交流教学经验，分享教学资源，与一群志同道合的朋友一起研究、探讨教学经验和教学方法，让我受益匪浅。

同时，我也有机会参与到各种送教送培、名师代表课等跟岗学习活动中，这些活动让我不断增加自己的教育知识储备，也不断更新自己的教育教学技能。比如名师代表课的磨课期，我一直处在无生试讲状态，大脑一遍又一遍地模拟课堂场景，预设学生可能出现的各种反应。后来，在与几位经验丰富的教师交流后顿悟：课堂教学是什么？课堂不就是要留足时间给学生思考，让学习真实发生，注重学生在真实情境里"做"中学，使其经历知识形成的过程，让每个孩子体验数学的无限魅力，真正诠释了课堂就是数学的思想、经验、习惯以及解决现实生活中问题的策略和方法吗！作为教师，课堂的引导能力和应变能力就是个人综合素养的体现，也是将课堂由"教"转变为"学"，即充分调动生生互动的重要能力体现，适当引导，柔性介入，把充分思考的空间留给学生。因此，"高效而有活力的课堂"对教学各环节的安排与把控都提出了更高的要求。

通过与工作室成员一起观摩学习名师课发现问题并挖掘问题，一起议课剖析问题；一起在教研沙龙的交流中诠释教学意义，做好教学的改进。"水尝无华，相荡乃成涟漪；石本无火，相击而发灵光。"在交流过程中，思想碰撞，迸发出教育的智慧火花。

四、学不可以已

"不登高山，不知天之高也；不临深溪，不知地之厚也。"参加工作室，让我更加深入地了解了教育行业的现状和未来发展趋势，并尝试应用新的教育理念和技术手段灵活运用于实际教学中。

如使用多媒体资源、网络互动等手段，我创造了更多的互动环节和个性化学习等探索性方法，鼓励学生积极参与并主动探索问题解决方法，激发学生的自主探究精神和团队合作能力。此外，在评价方面，除了传统的测评定级方式外，我还尝试使用多元化评估方法（如讨论、展示、特色作业等）来全面了解学生的能力和成长。此外，在信息技术方面，我积极运用网络资源、多媒体工具等辅助教学，以提高教学效果和学习兴趣。

工作室为我的成长与成熟提供了广阔的学习平台，让我更加有信心和动力去从事教育工作。我在工作室的精神的引领下，也取得了些许成绩：如 2022 年参与了"龙湖区优化作业设计"；撰写的案例《福娃带你游数学王国——〈认识负数〉作业设计与实施》在龙湖区小学优化作业设计案例征集评选活动中荣获一等奖；撰写的论文《"双新"背景下培养学生核心素养的实践探索》在龙湖区小学数学教学成果征集评比活动中荣获区一等奖；在广东省基础教育学科教研基地（汕头市小学数学）项目建设成果展示暨广东省吴燕娜名教师工作室"名师代表课"研讨活动中执教"体积单位"公开课广受好评，线上线下观众达 2 万人次；2023 年撰写的论文《聚焦核心素养　优化课堂教学》参与龙湖区教育教学论文线上交流与现场宣读研讨，并在评选中荣获二等奖；撰写的论文《"双新"背景下培养学生核心素养的实践探索》在汕头市小学数学教学成果征集评比中荣获一等奖；撰写的课时作业《聚焦核心素养　优化作业设计》荣获市一等奖等。

五、路漫漫其修远

总之，参加广东省吴燕娜名教师工作室是我个人成长的重要途径之一，这两年多的时间让我在教育领域中有了更多的收获和成长，这些经验不仅帮助我更好地认识学生、激发学生的学习兴趣，也使我的教学更加丰富多彩、富有创造性。我将继续不断努力，不断提升自己，在教育事业中追求更高的品质和成就。我们也会让吴老师的"好学、深思、力行"的理念以及给予我们的高屋建瓴的指导，内化为在教育岗位上的经验，让其发挥"辐射引领"的作用，助推学校、区域青年教师的发展。"路漫漫其修远兮，吾将上下而求索！"

读—研—思，我的成长三要素

汕头市龙湖区金珠小学　李燕璇

在二十年来的教育教学工作中，我感受到自己在和学生一起成长，特别是参加广东省基础教育小学数学学科教研基地（汕头）项目和广东省小学数学吴燕娜名师工作室以来，在吴燕娜老师的引领下，参加多种研培活动，专业水平得到迅速成长，可以说是"突飞猛进"。

自参加工作以来，我严格要求自己，团结同事，努力钻研业务，积极参加省、市数学名师工作室活动，积极参加市、区、学校、教研组教育教学改革的各项活动，努力提升自己的教学教科研能力。平时的课堂教学活动中，我勇于实践，敢于创新，关注对学生在实践方面的能力和创新方面的能力的培养，帮助学生掌握基础知识与基本技能，同时培养学生形成科学的学习方法和良好的学习习惯，激发学生的学习兴趣，促使学生乐于接受新的知识，努力让每个学生都能享受到最好的教育，都能有不同程度的发展。回顾自己的成长经历，离不开"读—研—思"三个要素。

一、在阅读中成长

"胸无点墨神难聚，腹有诗书气自华。"阅读是一个人了解自己和思考外界连接的过程，又是一个自我比对、自我反省的过程。苏霍姆林斯基一生与读书写作为伴，他说教师获得教育素养的主要途径就是读书、读书、再读书。

参加广东省吴燕娜名师工作室以来，我最大的收获就是阅读了大量的书籍，比如：《爱的教育》《小学数学核心素养教学论》《大先生于漪》《思维导图教学法》等。同时还举办了读书沙龙等活动，不仅丰富我们的精神世界，还为我们对教学的灵感来源以及更深一步的思考提供了丰富的素材。阅读，使我们的业务知识结构更加完善，专业素养更加成熟，对教育教学规律的理解更加透彻，在解决教学实际中遇到的"疑难杂症"时更加得心应手。

二、在教研中成长

"教而不研则浅，研而不教则空"，一位教师的成长离不开"教"与"研"的有机结合。有了"研"的阳光才能照亮"教"的方向，有了"研"的雨露才能滋养"教"的土壤。做好教研工作可以取长补短，改进我们的教学方法，迅速提高自己的教学水平，从而提高自己的课堂教学效率，为落实"双减"赋能。

参加工作室以来，吴老师通过多种形式的教研活动，如：专家专题讲座、送教下乡、多种形式的公开课、集体备课磨课、课题研究、作业设计等，组织我们多方位学习、研究，引领我们在研培的过程中不断强化自身的问题意识，提升发现问题、分析问题和解决问题的能力，从而用"研究"的姿态成长自己，为我的专业成长注入了助推剂。因此，在基地与工作室"双轮驱动"的引领下，以及在二十多年的课堂教学实践中，我已逐步形成了比较稳定的理智型教学风格。

三、在"反思"中成长

著名教育家叶澜教授曾指出：一个教师写一辈子教案不一定成为名师，如果一个教师写三年的反思，有可能成为名师。教学后的反思不仅可以助力我们在日常生活中早习以为常的课堂教学方式以及课堂教学活动中发现自己存在的问题，同时及时提出解决该问题的策略，提高自己的业务水平。当一位教师能坚持不断进行反思，那么她一定能逐步从"教书匠"成长为教学的"研究者"。

每次参加教研活动后，包括专家讲座、培训、公开课活动等，吴老师总会及时组织我们面对面交流，或谈谈自己的心得体会，或谈谈自我的反思。而我总会及时结合自己平时的课堂教学进行反思，努力唤醒自我能动性。

在日常的教学中我也能用心备好每一节课，认真上好每一节课，课后也能及时对自己的课堂教学进行反思。在这个过程中，每一次感悟，每一次收获，每一个问题，每一丝困惑，抑或是课堂上的闪光点与失败等，都是我反思的素材。只有认真做好教学反思，才能提高自己的教学技能。每当完成一项工作任务，我都会回过头来思考在完成这项任务的过程中，哪些地方做得比较好，要保留；哪些地方做得不足，要想办法及时改进，避免在下一次工作中再次出错，同时也要时时提醒自己要尽最大的能力增质、提效。在教育学生时要耐心、用心，要用科学的教育方法，当然在这个过程中也得遵循学生的年龄特点和学生的发展规律。在教学过程中，更要及时反思小结，分析哪一种教学方法才适合学生，哪一些教学方法在学生"甲"上可行，有用的继续沿用，在学生"乙"上不可行，无效的及时纠正，这些都是需要我们根据经验选择不同的教学策略，对学生因材施教，最终实现师生同发展，共进步。

总之，教学反思在我成长路上起了不可忽视的作用。我勤于反思，敢于面对失败与教训，同时也获得了"吃一堑，长一智"的启迪；我乐于反思，喜于在反思中，感悟到"柳暗花明又一村"的新意，从中获得启发。

回顾自己二十多年来所走过的专业成长之路，虽已取得了若干成绩，但在今后的工作中我会以此为新的起点，继续勤于思考与改进，大胆创新与实践，努力争取获得更多的进步，加速自己的专业成长，走稳自己专业发展大道上的每一步。

凝练教学魅力，塑造教学风格

南澳县后宅镇中心小学　蔡伟佳

自 2021 年我有幸加入广东省吴燕娜名教师工作室以来，三年的时间对我个人成长和教学水平的提升有着极其重要的意义。在这个充满温暖与活力的团队中，我不仅结识了许多优秀的同行，还有幸得到了导师的悉心指导，仿佛置身于教育的一片璀璨星空之中。

在这片星空中，我深深体会到了教学相长的真谛。叶圣陶先生的"教师之为教，不在全盘授予，而在相机诱导"这句话，精准地概括了互动教学的精髓。在导师的引领下，我得以与团队成员共同聆听名师的讲座，从中汲取教学智慧和经验。这些智慧的火花在我的心田中绽放，使我不断地向教育的更高境界迈进。

一、在教学方法上，经过反复实践与反思，形成了以下几种独特且有效的方法

（一）案例教学：开启知识殿堂的钥匙

在数学的世界里，数字与图形不仅仅是符号与线条的组合，它们也是生活故事的载体。我深知，要让学生真正理解和掌握数学知识，就必须将它们与实际生活紧密相连。因此，在几何图形的教学中，我引入了各种实物模型和实际案例，让学生亲手触摸、用心感受。这些案例仿佛是通往知识殿堂的大门，引领学生探索数学的奥秘。

为了更好地实施案例教学，我会提前准备好各种与课程内容相关的实物和模型，如立方体、圆柱体、圆环等。在课堂上，我会引导学生观察这些实物，让他们亲自动手感受它们的形状、大小和特点。通过这样的教学方式，学生们不仅能够直观地了解几何图形的特点，还能激发他们对数学的兴趣和好奇心。

（二）互动教学：思维的火花碰撞

学生不仅是知识的接受者，更是思考的主体。我坚信，要培养出真正有思想、有创造力的人才，就必须鼓励学生在课堂上积极参与讨论、交流和思考。因此，我经常组织小组讨论、问答互动等活动，让学生在轻松愉快的氛围中互相学习、共同进步。

当遇到难题或复杂问题时，我会鼓励学生展开小组讨论。每个小组内的学生都会积极发言、分享自己的想法和见解。在这个过程中，我会走到每个小组中间，倾听他们的讨论，给予指导和建议。同时，我还会引导学生进行全班范围内的讨论和交流，让每个学生的声音都能被听到。

通过这样的互动教学方式，学生们不仅能够培养出团队协作能力和批判性思维，还能增强自信心和表达能力。而我也会根据学生的反馈及时调整教学策略，确保教学质量不断提升。

（三）实验教学：触摸知识的脉搏

实践是检验真理的唯一标准。在数学教学中，我深知实验的重要性。通过实验活动，学生们能够亲身体验数学原理的实际应用，培养他们的动手能力和问题解决能力。因此，我会根据课程内容设计各种实验活动，让学生们积极参与其中。

在概率统计的教学中，我组织了各种实验活动。学生们通过亲手收集数据、记录和分析结果，深入理解概率分布和统计规律。在实验过程中，学生们不仅学会了如何运用数学知识解决实际问题，还培养了他们的观察力和实验能力。

除了课堂上的实验活动外，我还鼓励学生开展课外实践活动。例如，让学生们参与社会调查、数据分析和科学实验等活动。这些实践活动不仅有助于巩固所学知识，还能拓宽学生的视野和思维方式。

（四）个性化教学：量身定制的学习之旅

每个学生都是独一无二的星辰。为了更好地满足学生的个性化需求和学习风格偏好，我会关注每个学生的学习进展和特点。通过与学生的交流和观察他们的学习表现，了解他们的学习需求和学习风格偏好。对于基础稍显薄弱的学生，我会给予耐心的辅导和丰富的练习题；对于学有余力的学生，我会提供更具挑战性的学习资料和拓展性内容。同时，我还会根据学生的兴趣爱好和发展方向制定个性化的教学计划和目标。通过这样的教学方式，学生们不仅能够更好地掌握数学知识，还能在数学学习中找到自己的兴趣点和优势所在。

二、经过三年的磨炼和积累，数学教学风格独具魅力，充满趣味性、启发性、系统性和应用性

（一）妙趣横生

数学不再是枯燥的概念，而是生活中的点滴智慧。在等差数列的讲解中，我以高斯的故事为例，将数学的奥妙与趣味融入其中。高斯是如何巧妙地解决了一个看似复杂的数学问题，这个故事不仅让学生对等差数列有了更深刻的理解，还激发了他们对数学的兴趣。此外，我还通过生活中的实际例子，让学生感受到数学在生活中的广泛应用，比如怎样用数学知识计算最短路径、怎样用几何知识解决装修问题等。这样的教学方式使学生们能够更加轻松地理解和掌握数学知识，并且能够将所学知识运用到实际生活中。

（二）启发深思

我不仅仅是一位知识的传递者，更是一位思想的启蒙者。在几何图形的教学中，我鼓励学生通过观察、分析、尝试和验证，自主探索证明的思路。我引导学生们从不同的角度思考问题，培养他们的独立思考能力和创新精神。我还经常组织小组讨论，让学生们互相交流想法，激发他们的思维火花。在我的启发下，学生们不仅能够掌握数学知识，更重要

的是能够培养出独立思考和解决问题的能力。

（三）脉络清晰

数学知识不再是零散的碎片，而是形成了一个完整的画卷。在讲解因数和倍数时，我将整个单元的知识点串联起来，帮助学生建立完整的知识体系。我注重知识的内在联系和逻辑关系，让学生们能够系统地理解和掌握数学知识。我还经常进行复习和总结，帮助学生巩固所学知识，加深对数学的理解。

（四）实用为王

数学不仅是理论，更是实践的指南。在概率统计的教学中，我引入各种实际案例，让学生明白数学在实际生活中的价值。我通过解决实际问题的方式，让学生们感受到数学的实用性。比如，我会组织学生们进行数学建模比赛，让他们运用数学知识解决实际问题。通过这样的教学方式，学生们不仅能够掌握数学知识，还能够提升解决实际问题的能力。

我的数学教学风格不仅注重知识的传授，更注重能力的培养和思维的启迪。在未来的教学中，我会继续发挥自己的优势，不断探索和完善自己的教学风格，为学生提供更优质的教育。

三、教学实践与反思

三载光阴，我踏上了吴燕娜名教师工作室的研习之旅，这是一段不断探索、实践与反思的旅程。

（一）倾心倾力，收获满满

我全身心地投入每一次的教学实践，努力让每一堂课都充满魅力。在工作室的引领下，我深入挖掘教材，尝试不同的教学方法，让课堂变得更加生动有趣。我倾心倾力，不仅为了自己在教学上的进步，更是为了那些渴望知识的眼神。当看到学生们聚精会神地听讲时，我深感自己的付出得到了最好的回报。

（二）砥砺前行，反思提升

然而，教育之路并非坦途。每一次教学实践后，我都会进行深入的反思与总结。我思考如何更好地激发学生的学习兴趣，如何更有效地培养学生的思维能力。每一次反思都是对自己教学方法的锤炼，也是对教育真谛的探寻。我砥砺前行，努力提升自己的教学水平，力求在教育的道路上更进一步。

（三）与时俱进，追求卓越

为了更好地适应时代发展的需求，我积极吸收最新的教育理念和教学方法，不断拓宽自己的知识视野。同时，我也注重与工作室的同伴们交流心得、分享经验，在互相学习中共同成长。在这个过程中，我不仅学到了许多宝贵的教学经验，还结交了许多志同道合的朋友。

回首这三年的研习历程，我深知自己还有许多不足之处。在未来的教学之路上，我将继续保持谦逊的态度，不断学习、实践与反思。我将努力提高自己的教学水平，不断追求卓越，为教育事业贡献自己的力量。我相信，在工作室的引领和自己的不断努力下，我会成为一名更加卓越的教师。

专业成长的再生长

汕头市潮阳实验学校小学部　邹　丹

2019年，在收到广东省中小学新一轮"百千万人才培养工程"的结业证书、完成汕头市"十三五"重点课题的结题工作之后，我的专业成长迈进了"发展高原期"，自我感觉专业发展上的突破开始变得困难。接下来，我开启了一段与自己对话、自我审视、自我突破的艰难旅程。

一、熟知非真知——打破思维定式

经过19年的实践积累，在教材分析、学情分析和课堂教学中，我已经形成了一定的思维定式。黑格尔曾提出一个重要命题——熟知非真知，工作中司空见惯、习以为常的东西不一定是正确的。我时常会有选择地看教学、看学生，只看见和留意自己相信的方面。然而，在这个瞬息万变的时代，现在的学生与过去的学生大不一样，学生学习知识的渠道也拓宽了许多。如何打破思维定式，进一步理解和领悟教育教学的复杂性，适应时代的发展寻找教育教学的真知，是我迫切需要解决的问题。

于是，我在汕头市教师发展中心吴燕娜老师的鼓励下，带领一群志同道合的伙伴申报了2020年度广东省教育研究院的教育研究课题，借着对《转化思想在小学数学课堂教学中的应用研究》这一课题的开展，踏上了质疑、反思、批判和实践的研究征程。在课题研究过程中，我抱着求是与审慎的态度，质疑传统、质疑自己；我坚持自我反思，剖析自己的优点和不足；我坚持向优秀者学习，对自己的不足之处进行拆除和重建；我坚持学思结合、且做且思、边做边改，反复尝试与探究，在实践中追求自我突破与超越。功夫不负有心人，随着课题的顺利结题，我的相关论文《转化思想在小学数学问题解决教学中的实践途径》也在广东省小学数学优质教学资源征集活动中被评为优秀作品。

二、曲径需通幽——抵达专业成长的深处

在我的成长历程中，大部分时候处于学习、模仿、规范和积累的状态，按部就班、循规蹈矩，虽然前期的成长速度比较快，但是专业水平和能力要想步入深远达到曲径通幽处的境界，后面的征程更加艰苦，更需要坚韧和执着。滔尽黄沙始到金，"曲径通幽处"意味着要获得与付出等值的收获必定不是一帆风顺的。所以，在接下来的专业成长中，如果

我仍然按照以前的方式可能将很难再获得进步，我需要沉静下来用曲径通幽的方式磨砺自我。

恰在此时，广东省基础教育学科教研基地（汕头小学数学）项目在吴燕娜老师的努力下获批授牌，我校荣幸地成为十所"小学数学教研基地学校"之一，而我也有幸成为基地成员之一。我校负责的项目是"构建以自主学习为核心的教学模式研究"，研究基于小学数学核心素养的课堂教学特点，主张自主学习的教学策略，从低年级到高年级，逐步探索在教师指导下的以自主学习为主、其他学习方式为辅的教学（学习）范式，实现深度教学和深度学习。随着基地项目活动的深入推进，我亦沉下心来，在基地项目活动的开展中求异、开拓、钻研和创新。

三年来，我积极参与基地项目的各种学习活动，与同伴们分享交流，努力开拓自己的眼界和思路，向优秀的同行者学习教育智慧。我和团队成员在课堂教学实践中以求异为主，尝试从儿童视角来看数学学习、看数学课堂，让学生站在课堂中央，让学习真正发生，通过倾听力、表达力、合作力、对话力的培养不断提高学生自主学习的能力，一步一个脚印构建以学为主的数学课堂。在思考如何构建以学为主的数学课堂时，我在课前深入文本、研究学生、把准问题、反复推敲，在课堂上以生为本、找准位置、做好学生的学习支持者与引领者，在课后积极反思、及时调整、自我内化。在开展项目研究时，我追求旧事新思、旧题新解，追求课堂教学的苟日新、日日新、又日新，思考如何在课堂中真正实现学生的自主学习。基于以上思考，我们团队指导青年教师邱翠丽老师执教的"24时计时法"一课，在2021年"人教版小学数学核心素养示范课观摩交流会"上进行了展示，比较好地体现了以自主学习为核心的教学模式。

三、融会与贯通——追求教育的真谛

不管哪行哪业，专业成长的终极比拼比的是阅历、学识、修养和操守。我发现，如果总是局限于书本知识的讲解和传授，将很难抓住教育问题的根本和关键。狭窄的视角会让我们的教育难以抵达更高的格局和意境，专业成长便会顺理成章地遭遇瓶颈；同时，如果仅仅追求教学的流畅性，追求所谓的教学技巧，追求所谓的操作套路，相当于只练拳不练功，专业水平自然难以进阶而登堂入室。

不管是课题研究、基地项目，还是我参与的广东省小学数学优质教学资源建设工作，都要求查阅大量资料、书籍，进行文献综述来支撑所有的研究。借此机会，我进行了广泛而深入的阅读，如《小学数学教材中的大道理——核心概念的理解与呈现》《跨越断层，走出误区：小学数学问题解决》《小学数学核心素养教学论（第二版）》《爱的教育》《学习天性》《人生十二法则》《心若菩提》等，有教育教学类书籍，也有人文社会类书籍，我希望能够通过阅读厚积薄发，提高自身的人文素养、学科专业素养和教育素养，能够进一步理解教育教学之更为根本的要旨和精髓，在融会贯通中支撑、促进自己的专业发展。

一晃四年已然过去，回首这段我与教研基地项目共成长的历程，打破思维定式后，融会贯通，似已手触专业成长的深处，这是生长的力量！我愿继续坚持探索，勇敢向前走。

学思并进，笃行致远

汕头市濠江区民生学校　林佳欣

年华似水，岁月飞逝，暮然回首，竟已在教育岗位上工作了 16 个年头。从懵懵懂懂的状态到如今能胜任好教育教学工作，一路走来，除了自身的努力，更离不开区教师发展中心、学校领导的栽培和同伴的帮助。

2007 年 7 月区教育局面向应届师范毕业生举行了教师上岗考，我历经笔试、面试、说课等环节的比拼，最终顺利通过层层角逐。当得知我顺利被聘为一名教师后，我喜极而泣，不仅为我的努力得到回报而开心，更是为能成为一名光荣的人民教师而喜悦。2007 年 8 月，区教育局将我分配到汕头市达濠第二中学，由此开启了我的任教生涯，在那里我带了第一个班，担任了数学教学兼班主任。第一次走上讲台的那份紧张和羞涩、有点懵懵的感觉仍然记忆犹新，同时我也感受到了学生的淳朴单纯和对知识的渴求。初为人师，我也很稚嫩，学校的"老"教师不嫌麻烦，将他们好的教学经验和方法分享给我，教育局的领导也对我们新教师进行了跟岗听课和指导，并组织了上岗培训。在他们的帮助下，作为新教师的我逐渐掌握了教育教学的一些方法，成为一名合格的教师。同时，我深知自己大专学历的不足，所以报读了韩山师范学院的本科函授班，经过三年的时间，利用寒暑假和周末完成了《数学与应用数学专业》的学习。

2020 年 9 月，我调到了汕头市达濠民生学校，由原来的初中转到小学，换了新环境。面对新的学生、新的学情、新的问题，也让我重新出发，对自己的职业生涯有了新的思考。这时，学校的领导和区教师发展中心对我们转岗教师同样进行了跟岗听课指导，让我们观摩了优秀一线教师的教学，为我们开展相关的教育教学讲座。特别是在 2020 年的 10 月，利用周末时间开展了针对转岗教师的培训班，使我们能快速地转变角色，胜任小学教师的工作。

在进入民生学校这个大家庭后，我感受到不一样的温暖。学校的教研组工作细致深入，富有团队精神。在学校的三年多，我学习到很多，得到了很多锻炼，学校领导也予以重任。在学校领导的帮助和指导下，我也获得了一些奖项：2021 年 7 月我的《制作教师节贺卡》荣获濠江区教师教育教学信息化交流活动"微课"项目的三等奖，2022 年 3 月和 4 月我分别获得了区和市小学数学说课比赛的一等奖，研修心得《同课异构，各放异彩——记同课异构〈方程的意义〉听评课活动心得体会》在广东省基础教育校本教研基地（汕头濠江）2021 年建设成果征集活动中被评为优秀作品并获得 2022 年汕头市小学数学教学成果征集评比文本类资源成果的三等奖，教学设计"认识时分"获得2022年汕头市小学数学教学成果征集评比文本类资源成果的一等奖。

2023年2月24日，区小学青年教师"青蓝工程"培养计划项目启动，我有幸成为培养对象。特别是在5月16日开展的区小学数学公开课暨"青蓝工程"培养对象研修活动中，小学数学教研中心组成员卓校长做了题为《青年教师个人成长规划与路径》的专题讲座。卓校长要求青年教师要以"未来的我是谁？我要成为怎样的人"为目标，调整好心态，站稳、站好讲台，更好地成长，成为自己想要的样子。并指出教师专业成长的路径：学—思—行。卓校长的一番话使我幡然醒悟，反思自己的过往，以及思考未来要成为怎样的"人"。下面，我将主要从这三方面来分享我的感悟。

一、"学"——丰厚积淀

学习教育教学的理论知识，科学的教育教学理论像指路的明灯，引导我的发展方向，审视自己的教育实践。目前我的理论学习方式主要有以下三种。

（1）读书学习，研读优秀教育工作者和教育家的著作，研读新课程标准。

（2）认真参加每次研修和教研活动，学习优秀一线教师的教育教学经验和方法。

（3）向导师学。感谢区教师发展中心为我们牵线了配对导师，他们是濠江区的优秀教育工作者，在他们身上，我们能学到优秀的教育教学理念、方法和经验，并请他们来听评课，从而发现我们自身的不足，改进、提高我们的教学水平。

（4）学习新的多媒体信息技术，融合到小学数学教学中来，为课堂再添精彩。

二、"思"——勤于反思

在教学的道路上，我时常陷入深深的思考，为了实现一个小目标，我会苦苦寻找策略，经历种种曲折。然而，正是这些看似困难的时刻，让我深切体会到了反思的力量。每当我精心设计一节课，或是巧妙制作一个教具，尤其是转化一名学困生时，我都会记录下来，深入思考我为何能取得这样的"成功"。这样，我就可以在未来的教学中更加熟练，甚至有所创新。

当然，在探索教学模式的过程中，我也有过失败。当课堂教学达不到预期效果时，我会冷静地分析失败的原因，思考如何调整策略和方法。我深信，只有找到了失败的原因并成功解决，这种失败就会转化为宝贵的经验。而文字，正是储存这些经验的最佳载体。我持续地记录着自己的思考和感悟，不断探索、总结。可以说，是持续的反思和探索塑造了今天的我。

三、"行"——实践探索

笃行方能致远。

教育不是"纸上谈兵"，实践才能出真知，要将所见所学运用到实际教学中，不断地在实践中反思、修正和总结，及时写好教学随笔反思，才能更好地进行教育教学工作。

课堂是教师展现知识、能力水平的舞台，也是教师专业发展的见证。许多优秀的教师通过课堂实践，不断反思和总结，形成了深厚的教学功底，为可持续发展奠定了基础。这些教师在课堂上充分展现了自己的教育个性与教学风格。课堂不仅成就了学生，也成就了教师。我致力于课堂教学研究，结合新课程标准、教育心理学和哲学，深入探讨如何营造优质高效的数学课堂。我的研究范围广泛，包括动机激发、情境设置、师生关系、教学策略、内容选择与处理、学法指导、学生思维培养、教学生活化、情感态度价值观培养、教学艺术以及知识迁移等多个方面。

此外，在教师的专业成长之路上，参与课题研究是一条必经之路。它不仅有助于提升教师的业务素质，更是提高其专业水平的有效途径。2020年我参与的区级课题《现代教育技术与课堂教学有机融合的研究》成功结题。2021年11月我还在洪丽霞老师的带领下，开展了《小学数学教师专业成长路径的研究》的课题研究。今后我也将继续在不断的实践探索中，勇往直前，行得更远。

我衷心感谢区教师发展中心和学校，多年来为我提供了多元的专业成长机会。"路漫漫其修远兮，吾将上下而求索"，在今后的教育教学中，我将坚持不懈，以良好的心态对待成长中遇到的困难和挫折，坚持敬业、求知、实践、反思，不断提高自己的专业素养和教育能力，为成为智慧型教师和研究型教师而努力。

追随教育那束光　遇见更好的自己

汕头市濠江区珠浦第一小学　邱传怀

我是一位有 25 年教龄的教师，回望岁月，在教育教学路上，我青春昂扬过、踏实勤勉过、失落懈怠过、幸福甜蜜过，经历教育教学的迷茫、困顿、懈怠；展望明天，我且行且思，感恩前行，追寻教育之光，遇见更好的自己。细数阳光，一路走来，大致可分为五个阶段。

一、遇见沃土，青春昂扬（新手摸索期）

1998 年，从师范院校毕业，分配到曾经的母校（达濠小学）民生学校。刚入职，期待轰轰烈烈的教育生活。于是，在报到当天，我鼓起勇气向学校领导提出了"我要上语文"的要求，原因是我想当班主任。幸运的是，学校校长、教导主任曾是我小学数学老师，当即回复"让你当班主任，你的数学底子好，就教数学吧！"在 25 年前，我就成了当年罕见的数学老师当班主任，这就是我教育生涯的第一把成长的沃土——营养土。或许，这把"营养土"养分足矣，25 年来，我不曾换教其他科目，这也才有后来的点点专业成长。

1999 年，学校作为达濠区窗口学校，进行全面改革。学校领导班子、教师队伍进行全方面整改，有的分流到其他学校，有的辞退……很荣幸，我是被认为有"营养成分"能茁壮成长的一位，留在学校。无疑，民生的这片"沃土"给足了我"肆意"成长的机会。那几年的我，勇试、敢做，对工作超级认真，什么新，就想什么、做什么。看到语文教师让学生做手抄报，上完一单元的课，我就指导学校进行整理，也做成了"数学手抄报"。2000 年，民生学校就开始了学科手抄报评比，同年，我也荣获达濠区"优秀班主任"称号。

二、遇见良师，幸福甜蜜（快速成长期）

那几年，刚入职，对工作超级认真，但对于课堂教学，没有遇到影响指导自己的优秀榜样师长，凭着一腔热情和爱心去教学，不知道阅读的价值和意义，偶尔看一些文摘杂志，用传统的知识讲授法完成了"教书匠"的工作。改革中的民生学校，不断引进优秀人才，此时的我是千般幸运，万般幸福。2003 年，我在学校林日琼、陈荣波老师的指导下，参加达濠区青年教师基本功比赛，荣获第一名的好成绩，次年代表濠江区参加汕头市第五届青年教师基本功比赛。此次比赛，区教研员朱道芸老师多次到校悉心指导，我专业发展的两位导师林日琼、陈荣波更是倾囊相授。那段时间，两位导师要求格外高，从三年级到五年级，每一册教材都要求我选一个课时备课、上课、录课、复盘，在课堂上找不足，"空试教"，在"试教"中"找茬"，提升我在课堂上的应变能力，使课堂教学、调控能力走向成熟。课堂的呈现可以在导师的打磨下成长，而自身专业知识提升则只能是自己不断充电、学习、开阔眼界。于是，那段时间，除了正常上课，其余时间都用于钻研教材、观摩名师的教学视频，阅读专业的教学杂志，给自我加压，提升自己的专业能力。功夫不负有心人，那年汕头市基本功比赛虽获二等奖（第三名）却也缩短了"农村"与"市区"教学距离。2004 年，荣获"南粤优秀教师"称号，这对于一位入职仅仅 6 年的新教师来说，是何等荣耀，与此同时的几年，我更奋力前行，幸福甜蜜地成长着。

三、遇见生活，失落懈怠（迷茫倦怠期）

2009 年，或许是岗位的改变，或许是生活的无奈。接下来的几年平庸困顿，成长缓慢。那年，学校提拔后备干部，一心想走教研之路的我无缘教导处主任一职，却走到大队辅导员的岗位上。总总工作与教研无关，因此，我把我的教师"职业"当成了"饭碗"，只想兢兢业业，恪尽职守足矣。多数时间、多数精力放在家庭和孩子的成长上。作为专业教师来讲最关键的专业成长期，被我无知地错过了，对于帮助自身成长的深阅读几乎为零。我感觉到自己变得浅薄无知，对教育教学也产生倦怠的情绪，各种理由借口埋怨于胸。或许是因为我的平庸与之前有了对比，或许是我的兢兢业业，恪尽职守。几年后，学校领导做了改变，我转到教导处办公，协助教学教研工作。但知识日渐贫瘠、没有勇气尝试改变超越、安于现状的我没有之前的自信与担当。我扪心自问，是否早已把初心梦想遗落在了路旁呢？我重新反思过自己的教学之路，思索之前所有"遇见"，于是我重整旗鼓，再次学习专业知识，从焦虑、苦闷、彷徨、恐惧之中挣脱出来，努力提高自己的业务素养，转变角色，引领学校年轻教师成长。

四、遇见时机，踏实勤勉（觉醒成长期）

在教导处工作期间，我努力学习专业知识，自己不断成长，引领学校年轻的教师成长。其间，指导学校多位教师参加区、市基本功比赛、说课比赛等均获好评。2017 年，濠江区首届教师工作室成立了，在学校领导极力推荐下，我有幸成了区小学数学工作室主持人。作为主持人，带领一个团队，让工作室的年轻教师在"三尺讲台"上经历着蜕变。

工作室开展工作的三年期间，团队成员努力奋进，不断完善自我，创新创优，共同学习专业知识，一同磨课，同课异构，送课，开展片区示范课，引领各片区教学工作；我们开展课题研究，发挥团队力量，开展教学实践，提升课堂教学效率，推动片区数学课堂发展。工作室真正成为"研究的平台、成长的阶梯、辐射的中心"引领团队成员实现岗位成才。其中，工作室的洪丽霞老师、陈耀光老师后来成为广东省吴燕娜名教师工作室成员，

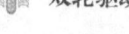

跟随吴老师继续深造学习；我也于 2021 年提拔为学校副校长。

五、遇见研培，向光前行（反思建构期）

2021 年，我有幸成为广东省基础教育小学数学教研基地（汕头）核心成员（全市共 20 名），跟随吴燕娜老师这束"光"，努力前行。

在"双减"政策和《义务教育课程标准（2022 年版）》的颁布浪潮中，吴老师带领我们准确把握课标的实质，把课标的教育理念落实到课堂教学中，落实核心素养。为我们搭建多个线上、线下学习平台，通过名师解读、个体学习等途径深入开展学习。仅三年时间，我们开展学习活动就高达 50 多场次。三年期间，我们有睿智的导师为我们授业解惑，有一群志同道合的人共同奔跑，无论是大师的讲授，还是进组研讨，给予这个团队的都是一种指引，一种帮扶，一种态度，一种力量。

接受一束阳光，向日葵能让世界霞光万丈；追寻教育那束光，我们都豁然明亮。在太阳光下，向日葵把自己站成了 C 位；在教育教学路上，我努力让自己成为一名主角，而成为"主角"的过程既是艰辛的，也是幸福的。

行囊有梦，向阳而生，逐光不止

汕头市龙湖区金晖小学　黄燕雯

当驻足回眸 2018 年的那个夏天，我成为一名小学教师站在讲台上，忐忑紧张又带着些许憧憬兴奋的心情，到如今已渐趋从容平和。时光流转，如果这几年的岁月是有味道的话，我想过程虽然是苦涩的，但成长的滋味却有回甘。

一、行囊有梦，循梦而行

小时候和小伙伴们玩游戏，有人喜欢扮演医生，有人喜欢扮演飞行员，有人喜欢扮演科学家……而我总是最热衷扮演一名教师。在小小的我心里，站在讲台上的教师是那么的伟大又充满光芒，他们知道很多很多的知识，天下是没有什么可以考倒教师的。或许正是因为这样，在高考填报志愿的时候，我怀抱着小时候的梦想，坚定地选择了华南师范大学。成为教师的我会是什么样子的呢？踏入华师校园的我，就这样带着憧憬和期盼的心情开始了我的大学生活。

二、拨云见日，向阳而生

2018 年的夏天，我走上工作岗位，真正站在讲台成为一名教师后，不止有初入社会的紧张不安，还有对当初自己选择的怀疑和迷茫。褪去童年滤镜，我深刻认识到教师职业并没那么的光芒万丈，更多的是一份"苦差事"。事无巨细的一年级班主任事务，繁重紧张的学科备课，新教师培训，推门听课接踵而来，让刚出大学校园的我手忙脚乱，烦躁不安。但好在有我的帮扶师父张老师的耐心指导、领导的关怀和同事们的雪中送炭，他们的帮助驱散了我心中的阴霾，拨云见日，带给我温暖。我慢慢地向下扎根，不断学习与沉淀自己，向上生长，寻找适合自己的教学风格。站稳讲台的道路虽然跌跌撞撞，但还不至于崎岖难行。

成长是一个苦乐掺杂的过程。2021 年是我自毕业以来感到最忙碌的一年，却也是进步最快的一年。我加入了吴燕娜老师省名教师工作室，成为其中一名网络成员。同年，我走出学校，走出龙湖区，参加了市青年教师教学能力大赛，并取得小学科学组第一名的好成绩。在高兴之余，我对 11 月份的省赛却有着深深的担忧和不安。正在此时，市教研员吴燕娜老师来到学校对我进行指导。吴老师亲切而又温和，对我在市赛的表现给予了肯定和鼓励，这无疑给当时紧张的我打了一剂"强心针"。随后，吴老师指出我在市赛授课时存在的不足之处，悉心的教诲让我意识到自己在学生的引导与评价、教学活动衔接的把控，以及课堂随机出现的细节等方面所存在的不足之处。当孤军奋战变成团队协作，一切挑战变得不再可怕。在吴老师的专业指导下，我最后获得了第三届广东省中小学青年教师教学能力大赛二等奖的佳绩。

后来，我接到省教研院李主任布置的任务，需要在2022年广东省义务教育新课程方案和新课标培训活动上展示出我的课例。吴燕娜老师也立即帮助我备课研课，反复打磨，在很多环节上为我指出明确的方向，让我少走了不少弯路。一次次的备课指导、磨课修改、聆听教诲、埋首努力，至今历历在目。回想起来，当初备赛时的那种紧张不安早已消逝，取而代之的是满怀热血和感激不尽。

在吴老师省名教师工作室"双轮驱动，研培领航"的小学数学教师发展共同体培养模式下，我积极参加各项研修活动，像一颗小小的种子，在沃土中汲取厚实的滋养。我先后参加市级课题《"双减"政策背景下小学数学青年教师教学能力提升策略研究》和省级课题《"双减"背景下小学数学教师专业发展研究》的研究，所撰写的作业设计和教学设计荣获区级一、二等奖。

三、长路漫漫，逐光不止

如果现在你问我，可以重新选择的话，是否还会选择成为一名教师呢？我想我会坚定地回答你"会的"，亦如当年选择进入华师般毫不犹豫。可能教师这一份职业真的没有小时候所想的那么伟大而又光芒万丈，但前路漫漫，我愿潜心耕耘。我依旧保有对教育的初心，在追寻光的道路上，我也想努力地成为一束光，像曾经的教师照亮我的梦想一样，去发散光芒，点亮微光，守护学生们的熠熠生辉。耳畔传来琅琅读书声，手中粉笔在舞动着，我会在三尺讲台上依旧循梦而行，逐光不止。

回首来时路　所遇皆美好

汕头市金平区私立广厦学校　郑　宇

蓦然回首，参加工作已是第十年。十年，说长不长，说短不短。十年足以让一个青涩稚嫩的小伙子蜕变成成熟稳重的老教师。2012年7月师范学院毕业后，机缘巧合下来到了私立广厦学校，成了当时学校里年龄最小的教师，开始了我的教师生涯。

一、初入职场，困境中举步维艰

岁月不居，时节如流。倏忽间，光阴恰如白驹过隙，一去不回头。

十年前，我满怀憧憬进入学校，准备和理想撞个满怀，准备在这片天地里大展拳脚。可现实却狠狠地刺醒了我，看花容易绣花难。

仅仅一个星期，活泼的孩子们就快要把我的热情泯灭。讲了无数遍还是错的错题带给我挫败感，我恼怒后进生的作业，我愤怒学生的课堂表现，我郁闷学生讲课时的无动于衷，学生一次又一次的成绩，一种无力感紧紧地包裹着我。每天晚上，我躺在床上仿佛贴了一锅烙饼，翻来覆去睡不着。幸运的是，学校领导也考虑到这些，我的热情之火，再次被点燃。我有了许多师父，开启了听课、备课、公开课和请教之旅。领略到李校长的循循善诱，感受到林清老师的风趣幽默，听了前辈们的各种支着、各种建议，博采众长，补己之短。工作之余，及时学习专业理论，扎实教学基本功，紧跟学校要求，我想这是每个年轻老师的必经之路，我很庆幸自己及早地发现了问题，并为之努力。

二、曙光初现，贵人相助引前行

做你没做过的事情叫作成长；做你不愿意做的事情叫作改变；做你不敢做的事情叫作突破。当有人逼迫你去突破自己，你要懂得感恩，因为他是你生命中的贵人，也许你会因此而改变和蜕变。

而我的教学生涯中的两位贵人则是两位数学教研员。第一位贵人是市教研员吴燕娜老师。2017年，我第一次参加校内青年教师基本功比赛。当时学校邀请市教研员吴燕娜老师担任评委，她听完我的课，很耐心地给我提出课中的优点和不足，这使我在教学上有了很大的提升。之后，她多次鼓励我参加市里、区里举办的各类教学比赛课、示范课，给了我很大的信心。

第二位贵人是区教研员马燕璇老师。2022年，在马老师的推荐下，我加入"金平区小学数学教师工作室"。工作室秉承"传递、引领、搭台"的理念，积极为教师们搭建"新课标"学习、教育教学讲座、获奖视频观摩课等线上学习平台，从不同方面对教学理论知识更新迭代、对教学教法进行借鉴拓充。

得益于两位教研员的帮助，我的专业成长搭上了快车道。

三、赛事磨砺，宝剑终究绽光芒

行动不一定每次都带来幸运，但坐而不行，一定无任何幸运可言。

一个人的历练需要好的平台来促进和打磨，2021年一个重量级的平台向我敞开。2021年5月，我代表学校参加金平区开展的"小学数学教师教学能力比赛"，并幸运获得参加9月份市赛的资格。在市赛中，我凭借说课"掷一掷"和现场课"口算除法"获得评委一致好评，最后代表汕头市参加第三届广东省中小学青年教师教学能力大赛小学数学决赛，遗憾的是，仅获三等奖。这次比赛的磨砺让我变得更加成熟，更加坚信在课堂上坚持"以生为本、真实学习、关注思辨、注重内化"的重要性，这也将成为我日后课堂实践的准则。

"宝剑锋从磨砺出，梅花香自苦寒来。"在接到参赛任务后，广厦数学组马上成立备战团队，让我得以全力以赴地投入备战状态。虽然万事俱备，然而整个备赛的过程比我想象的要困难得多。在此期间，我强烈地感受到自己基本功的不扎实，在许多方面都需要加强。经历了无数次的自我怀疑和自我肯定，在整个团队的陪伴中一起研究，一起实践，一起进步。无数个夜晚一起奋战，从查阅资料到理论提升，从说课训练到磨课反思，一步一脚印，见证了自我的成长。

更幸运的是：在此期间，得到市教研员吴燕娜老师和区教研员马燕璇校长的倾力指导，理清说课要点，找准教学重难点，紧扣数学本质，让我在理解说课说的不仅是课的设计，还有理念的传递、思维的碰撞；上课呈现的不仅是教师的教，还要给学生们带得走的能力。

不知不觉，历时多个月的青年教师教学技能大赛已落下帷幕。回顾整个历程，能在职业生涯中与各级教学高手过招，磨炼教学基本功，提高专业技能，倍感幸福。"台上一分钟，台下十年功。"这次磨砺，让我明白了只有不断地学习，不断地提升个人素养，才能越走越远。这一路走来，我找到了初心——"让自己的美好成就学生的美好"，愿我能将这份初心进行传递，用心钻研，用课说话，用力成长！

十年很短，十年亦长，我将往事回顾。青涩的小伙子一片迷茫，不懂如何上课？不懂如何上好课？十年很短，十年亦长，我将未来期盼。有了贵人相助，平台锤炼，我少走了很多弯路，不再畏惧工作中的风风雨雨。

回望来时路，十旬冬去春来，我始终如一地喜欢着这份事业，有沉甸甸的获得感，也有满满的幸福感。

回首来时教学路，风尘仆仆间，定格下太多难忘的追忆。一路走来，所遇皆美好。

扎根三尺讲台　折射青春色彩

汕头市龙湖区金晖小学　黄立芳

从教将近十年，可以用"一见情深"来描述我对金晖小学与教学的深挚爱恋。从金晖小学建校伊始到现在，我与金晖小学一同成长，共同见证彼此的青葱、欢笑和快乐。回首成长历程，我感恩学校领导的栽培，感恩同事的帮助和关爱，感恩孩子们的纯真。

一、依托讲台扎根成长

从金晖建校伊始，到现在成为"广东省小学数学教研基地学校""广东省交通安全文明示范学校""广东省安全文明学校""汕头市语言文字规范化示范学校""全国校园青少年足球特色学校"等，伴随着金晖的成长与发展，我用自己的努力与实干，书写着青春的梦想。

（一）扎根讲台，提升学生素养

因学校工作需求，我大部分时间任教毕业班。怀揣着对教学的热忱和对学生的热爱，我认真汲取集体的经验智慧，按照新课改的要求，以学生为主体，把核心素养的培养融入课堂教学之中。第一，在日常教学活动中，重视学生的养成教育，重视学法的指导。第二，要求学生做好错题本。拥有一本自己的错题本，随时将自己的薄弱点进行巩固，举一反三，有重点地进行复习。第三，做好每日一题。我每天都会精心准备一道题目，利用课前五分钟让学生完成并亲自批改。通过这样的强化训练，让学生打好数学基础，掌握知识重难点和各种解题思路，提高学习效果。

我注重用赏识和爱心去激发学生内心深处的求知欲望，帮助他们建立自信心，并同时转化为向上的学习动力。我有意识地在课堂上引入核心素养评价，用一张积分表激发课堂主体的改变，唤醒沉睡的课堂，引导学生树立责任意识，实现自主发展。在教师和学生的共同努力下，我历年任教的毕业班，数学统考均取得不错的成绩。每年的教师节，孩子们的诚挚祝福总是让我暖心不已。孩子们对教师的念念不忘是我们作为教师最幸福的事情。

（二）参与课题研究，努力探索教育教学规律

作为一名青年教师，我虚心向有丰富教学经验的老前辈学习请教，敢于探索，勇于创新。我积极参与省级《小学阶段全阅读的实践与研究》《"双减"背景下小学数学教师专业发展研究》和区级《小学数学"图形与几何"有效教学策略研究》等课题研究，通过

对课题项目的参与和研究，强化自我发展意识，提高业务素质，树立终身学习和终身教育的思想。

二、依托教研基地提升专业素养

随着广东省基础教育教研基地（汕头市小学数学）项目的实施和广东省吴燕娜名教师工作室的启动，汕头市教研机制改革和体系建设取得很大进展。基地一系列活动的开展为提升教师专业素养提供了强有力的支撑。

（一）名师引领，磨砺提升

2021年12月，广东省吴燕娜名教师工作室跟岗研修暨汕头市小学数学省级教研基地研培活动在金晖小学顺利举行。这次研培活动为教师的专业成长提供了发展思路，创新了教师发展体系的理念、内容、形式和方法；激励教师紧紧围绕立德树人的根本任务，真正领会"双减"工作的精神实质，提高站位，更新观念，实现全面发展。我认真研习名师的讲座，虚心向名师请教，注重在教研活动中提升自己的理论素养。通过教研基地的研修培训，我提高了熟练驾驭课堂的能力，能够有效组织课堂，提高学生学习自觉性，把培养学生素养融入课堂教学之中。

2022年3月，汕头市教师发展中心在金晖小学举行了汕头市小学数学说课比赛。广东省基础教育学科教研基地（汕头市小学数学）项目成员和广东省吴燕娜名教师工作室成员莅临交流学习。来自全市各区的8位新秀教师和10位青年教师参加了本次比赛。参赛教师围绕课标内容"量感的培养与实践"，积极研究探索，呈现了一场独具特色、精彩纷呈的教学艺术与多媒体技术相结合的视听盛宴。我作为主持人全程参与其中，得到了很多启发和提升。

2022年12月，汕头市（潮阳区、濠江区）小学名优骨干教师培训班的教师们，在金晖小学进行为期一周的跟岗交流活动。在这个美好的冬日里，我与这些可爱的教育人带着对教学的热忱，共赴一场研修之约。

（二）平台竞技，学以致用

这些年来，学校依托基地举办了多场区级和市级的教学活动，为教师们的成长搭建起相互交流、相互学习、相互促进的平台。我积极投身到这些研修活动之中，不断汲取优秀的教学经验和先进的教学理念，不断提升自己的专业素养。我主动承担各级公开课，积极撰写并发表多篇教育教学论文及教学设计。凭着对学校的热爱、对教学的执着、对学生的挚爱、对同事的尊敬，我赢得了教师们的好评，赢得了学生和家长的信赖。2019年我被评为"龙湖区优秀教师"，2022年被汕头市职业技术学院聘为"小学教育（全科）专业学生校外教育实践指导老师"。教学设计"不规则物体的体积"在2023年广东省基础教育小学数学教研基地作业设计专项成果征集评比中荣获一等奖。征文《感动与语言》荣获2015年"践行社会主义核心价值观"主题征文二等奖。论文《浅谈新教师的成长路》荣获2015年学术论文三等奖。《温暖家庭对孩子成长的重要性》2017年被评为龙湖区中小学优秀德育论文。论文《小学德育教育杂谈》荣获2018年区中小学优秀德育论文三等奖。在龙湖区 2017 年青少年科技创新大赛科技辅导员创新成果竞赛项目中，我制作的《洁梳片》荣获二等奖。在任职期间我多次指导学生在市、区等各项比赛中荣获优异成绩。2019 年在汕头市青少年创意花灯制作比赛中被评为"优秀指导老师"。2020 年在汕头市"争当垃圾分类小能手"活动中荣获"优秀指导老师"。2021 年在区中小学生"学党史颂党恩"主题演讲比赛荣获"优秀指导老师"。

三、青春书写梦想

岁月悠悠，淡去的是表面的浮华；潮起潮落，沉淀的是内心的宁静。做好自己，做好每一件事，是我给自己立下的人生信条。工作第二年，我接任学校少先队大队辅导员。在做好数学教学工作的同时，我把少先队工作看成一项事业来认真对待。我克服各种困难，认真学习，不断提高自己的组织能力和工作协调能力，使各项少先队活动都能够有条不紊地进行，并取得良好成绩。在 2020 年疫情期间"停课不停学"的活动中，我录制了一节"队前教育之六会"少先队课，作为市级公开课供全市学生学习。

学校少先队的根本任务，就是为中国特色社会主义事业培养合格建设者和可靠接班人。要发挥少先队的引领作用，引导学生从小学习创造，用新理念、新知识、新本领去适应和建设新时代；引导学生从小立志，形成有品德、有知识、有责任的道德观，努力做祖国和人民需要的好孩子。我以"文明小天使"团队建设为抓手，以点带面，从小事做起，从点滴做起，从自己做起，让文明的氛围从榜样处渲染，让破土的小苗携手同伴一起连成一片柔软秀丽的草地。在学校领导的重视下，在全体少先队中队辅导员的共同努力下，学校获得了 2019 年度广东省"红旗大队"光荣称号。我也成为省少先队工作室成员之一，2022 年被评为"广东省优秀少先队辅导员"。我创作的活动课案例"仰望星空，放飞梦想"荣获广东省少先队活动课优秀成果二等奖。FLASH 动画设计"垃圾分类，从我做起"荣获广东省少先队活动课优秀成果三等奖。2020 年，汕头市龙湖区纪念中国少年先锋队建队 71 周年主题故事分享会在金晖小学举行，我以《红领巾相约中国梦，争做新时代好队员》为主题，向莅临领导嘉宾分享了本校少先队的工作经验。

一分耕耘，一分收获，爱岗敬业，勤奋创新。金晖校园上空飘荡的朗朗稚语童声，引领着青春的梦想腾飞，引领着我继续保持初心，砥砺前行。

教学路上，每一步都算数

汕头市龙湖区金晖小学　张沁妍

一、脚踏实地——备课

回首自己从教的八个年头里，每天忙忙碌碌地"备课""上课""批改作业"……在"重复"的工作生活中，唯一让自己感到心安的是脚踏实地备好每一节课，让自己有足够的底气站上讲台。

刚大学毕业接触小学课本时，总感觉每节课的内容少又简单，如何能讲够40分钟之久？而当自己真正成为一名一线教师，站在学生的角度去思考和备课，一节课要复习、要探究、要练习、要总结……才发现40分钟甚至不够用，那究竟要如何让40分钟的课上得高效，我想这是每位教师思考得最多的一个问题。

为提高自己的教学水平，我多次参加基地研修活动，观摩多位优秀教师的展示课，学习教师们备课的思路和方法，再反复实践。由于学校规定教龄八年以内的教师须手写教案，于是每天的备课时间经常不止一小时，上完课后对于课堂上出现的问题及时记录和反思，就这样逐渐地养成了手写教案的备课习惯。慢慢地，自己撰写的教案也稍有自己的风格，我喜欢预设学生的反馈，只有充分考虑学生可能出现的情况，才能在课堂上更加从容，也能尽量顾及大部分学生的理解和掌握情况。2022年撰写的教案"鸽巢问题"参加汕头市小学数学教学成果征集评比获文本类资源成果一等奖。

二、沉心静气——磨课

如果说"备课"是磨炼教师基本功的第一步，那么第二步便是"磨课"。第一次经历磨课是在2017年执教区公开课"长方形和正方形的知识整理"。那时经验尚浅，不成熟的想法颇多，一直想将思维导图梳理知识的方法融入自己的复习课中，于是提前了一个多月着手准备，在多位前辈的指导下，经历了四次试讲，多个晚上都在反复修改教案课件，最终公开课呈现的效果自己还是比较满意的，也体会到真正要上好一节课需要反复磨课、改课，不厌其烦。上完课后，我将公开课的教案和录像等资料进行整理，参加"一师一优课"的评比，获得了省级"优课"，这次获奖也是对我磨课的极大鼓励。

2018年，我参加了龙湖区小学数学优质课比赛活动，再一次经历"磨课"，这次我选的课题是"认识长方体"。选择这个课题意味着要准备非常多的教具学具，当时在网上买了塑料小棒准备给学生搭建长方体框架，在试讲时发现搭建起来的框架太小，又重新购买更大尺寸的框架，继续为下一次的试讲做准备。磨课需要对一节课里的每一分钟、每一句话、每一个学具等细节做充分的准备，所以需要沉心静气，花费时间和精力去打磨，在这次的优质课比赛中获得一等奖，但遗憾不能参加市级的优质课比赛，仍需继续历练。

2023年，我参加了融合创新应用教学案例的评选，比起前两次磨课，这次还需融入信息技术手段，在课堂上要组织学生使用平板电脑、答题反馈器等电子设备，上完课后自己还需对课堂录像进行剪辑，虽花费了不少时间，但也收获了新的教学技能。这个暑期学校布置的精品课录制任务，对我来说，又是一次成长的机遇。选课、完成教学设计、做课件，通过第一轮的筛选，再参加试讲，通过试讲后才能录制、剪辑和上传，然后才开始从区到市、省、部一层一层的评选，中间还因省的要求重新进行录制。在这个过程中，因有师长的监督指导、同伴的帮助，亦有学生的默契配合，才能顺利完成任务，获得省级精品课的好成绩。也是在这个磨课的过程中，我领悟到教学需沉下心来，向下扎根，方能向上破土成长。

三、孜孜不倦——学习

作为一名教师，最难坚持的便是"学习"。平常工作琐事繁多，已经占据了大部分时间，"学习"的时间真的是要自己挤出来。学校作为省基地学校之一，让我们教师多了一些外出学习的机会，特别是在"双减"政策出台，以及新课程标准颁布后，教师更是需要学习教育专家对政策的精准解读来指引自己的工作。

在2022年暑假，我参加了基地项目培训，培训中认真学习了孔企平教授《基于学业质量标准的小学数学学习评价》的专题报告，收获颇丰。这次培训是一个难得的机会，我有幸代表基地学校与大家分享了《金晖小学数学学科多元评价方案》。金晖小学数学教研团队不断探索，创新评价方式，完善综合素质评价体系，为学生打造出了"充满童趣"的高品质多元评价系统。汇报后，孔教授对方案做了详细点评。孔教授对金晖小学的多元评价方案给予充分的肯定，同时提出了指导性意见。与专家对话的这段学习经历也使我在专业成长过程中更迈进了一步。

除了对多元评价方案的研究，我还和陈晓燕、黄燕雯老师一起研究"双减"政策下如何优化作业设计。我们撰写的《小学统计图板块单元作业设计》在2022年龙湖区小学优化作业设计案例征集遴选活动中荣获一等奖。

2022年，我加入了龙湖区小学数学教师工作室，在主持人的带领下，和成员们在一起学习探讨，一起阅读专业书籍和分享阅读心得、研读新课标，一起研究教学中遇到的问题……加入工作室促使我进一步去学习专业知识。

"人生没有白走的路，走过的每一步都算数。"在教学的道路上，一步一个脚印，每一步都是积累，继续迈着坚定的步伐前行。

花开自有期

汕头市龙湖区金珠小学　李晓珊

2013年大学毕业，我如愿成了一名光荣的人民教师。怀揣着对未来的美好愿景、对教育事业的满腔热情，我来到了金珠小学，开启了我的职业生涯。然而丰满的理想很快被骨感的现实打败，在我怀着满腔热血、雄心勃勃准备大展拳脚时，教学实践的缺乏、课堂把控的不足把我憧憬的教师梦想击得粉碎。

为了能把课讲好，能使学生更加信服自己，多少个夜里自己一人挑灯苦读，从学习中不断地丰富自我，希望能尽早成为一名合格的教师。终于，在学校领导的帮助下，在热心又有经验的老教师的无私分享中，通过坚持不懈的努力，我逐步走出困境，能轻松驾驭课堂，也对数学教学有了较深刻的理解。

刚接触教学工作时，学校为了让我们尽快地熟悉教育教学工作、完成从学生到教师的角色转换，给我们青年教师量身定做了一系列的培训。教育教学方法理论的指导、精彩的示范课等让我窥见了教学的雏形。学校还安排了青蓝结对，于是我天天去听课，我的指导教师为我提供了清晰的、细节的、好上手的做法和原则进行参照，我也慢慢学习了如何把控课堂。

但我还是发现我的课堂像是流水账般缺乏魅力，吸引不了学生，每每上课都仿佛在唱"独角戏"。我不断地思考、复盘和请教，终于发现了问题所在：①我对教材研究得不够透彻，心里也没有一个整体的框架。对教学内容的处理、教学环节的设计、课堂活动的安排等，都照听过的课去讲，缺乏自己的思考。②每个班级的学生，都有属于自己的学习特点，"照搬一切"常常会导致"水土不服"。再者，教学是一个动态的过程，需要教师根据学生的学习情况适时调整和取舍。

好在，学校为我们提供了许多校内校外听课交流的机会，也鞭笞我们一次一次地开公开课。每一次参加教学活动之前，学校领导、教师们都会悉心指导、真诚帮助，一遍遍地帮我们从头梳理、调整改进。他们扎实的教学功底和一丝不苟、精益求精的教学精神对我产生了深刻的影响。这一切促使我开始认真熟悉教材，了解学生，备课时先确立目标，安排好进度；一切工作以学生为中心，对学生学习中可能出现的问题，做到提前预见；课堂上不再照本宣科，尝试努力调动学生的学习兴趣，让课堂语言生动，讲解详略得当；也努力让自己投入到课堂中，做到先享受课堂，再带领学生一起享受。

2018年我在学校的推选下参加了市说课比赛，并有幸进入省赛。在市教研员吴燕娜老师、区教研员潘丹彤老师以及我的指导老师李燕璇老师不辞辛苦的一次次指导、调整、磨炼中，我对教学有了完全不同角度的深刻理解。2023年我又有幸在广东省基础教育小学数学学科教研基地（汕头、潮州）联合研讨活动上执教展示课。磨课期间吴燕娜老师、潘丹彤老师以及我校的张春娇校长、杨沂老师、李燕璇老师等诸多教师依旧不遗余力地给予我帮助。

一路困惑、一路思考，我在一路上收获着成长，也取得了一点小小的成绩：获区教学改革先进教师、参加省说课比赛获得二等奖、市说课比赛获一等奖、获区教师技能比赛一等奖。我参加的三个省市级课题皆已结题，多篇执笔的论文、设计、随笔有幸获奖。

现在的我已经是一位教龄快10年的教师了。在这近10年的教育教学中，我曾体会过来自工作成就和学生的"治愈感"，也有过无力无奈和得过且过的失落，也一次一次地体会"山重水复疑无路，柳暗花明又一村"。不断学习、不断反思并感受到自己的进步，这是我不断前进的动力。

"走好每一步，这就是你的人生"。在专业成长的道路中，无论痛苦、徘徊、快乐或者感动，都是我们心灵成长不可或缺的元素。花开自有期，请静待花开时！

引 路 人

汕头市龙湖区金珠小学　林哲瑛

时光荏苒，一回头才发现已经是进入教师队伍的第 9 年了，回忆往昔，不禁浮现起一路走来的一幕幕，如何可以像电影一样定格，我想记录下以下几个画面和几位我成长路上的引路人。

一、初出茅庐　惶恐不安

2014 年 7 月，从学校毕业就到了工作岗位，身份一下子从学生就变成了教师。站上讲台，看着比自己小不了多少的学生，心里其实是惶恐的。尽管学生时代多次模拟上课，但没有学生的课堂总是不真实的，真实的课堂总是多样化的。为了能够应对各种多变的课堂，我认真备课，积极向老教师请教，听随堂课，遇到问题就问，出错了就赶紧改。这一年学到的上课基本模式，比学生时代的训练更充实，感觉自己像一块干燥的海绵，被投放到了大海里，我只能快速地吸收各种知识和能力。

这一年，我奠定了自己的教学风格。学校安排了经验丰富的陈燕茹老师指导我。陈老师的课堂总是简洁、干练、思维活跃、富有幽默感，处处体现"化繁为简"的数学思想，总是寻找最简单的方式方法教给学生知识。每次听完她的随堂课，我就像打了一针强心针，又会找到新的方向，一点一滴地积累下来。我课堂教学风格也朝着简洁、干练，促进学生思维发展的方向发展，更尝试用学生学到的数学知识做一两个小游戏，学生学得开心，我也快乐，更能感受到身为教师的成就感。

这一年，也学会感恩。只要我有什么不懂的问题总是能够在陈老师那里得到解答，甚至一些自己都没发现的细节，陈老师也会细心地给我指出来，更教导我：教师是一份良心活，教学生要对得起自己的良心。

二、拨开云雾　学而后教

大学毕业之前是作为学生学习知识，成为教师之后，同样也要学习，甚至是将自己学过的知识再学一次，这一次是学习如何把这个知识、思维方式教会学生。本来觉得小学的内容是那么的简单，当年自己学习的时候也没觉得难，就是这样的思维把我困在了教师生涯的开端，第一次去教一年级的时候感受到了想象和现实的差距。一节课的内容其实很少，教会学生认几个数字、写几个数字这样简单的内容，放在学生身上可以拖磨一节课，甚至不止一节课。因此，我陷入了自我怀疑，是我没有把课讲清楚？是我把难度提得太高？还是我的课堂调控能力不足？这时候，我听到了市教研员吴燕娜老师的一番点评。当时学校年轻的教师都开了课，邀请了教研员前来指导。在我那教龄还不足两年的时候遇到资深教师听课，心里已经紧张到不行了，课后听评课更是如坐针毡。但吴老师的一番点评过后，我大受启发，仿佛一团雾气的路上，突然出现了指路明灯。吴老师没有语气强硬的批评，只有娓娓道来的上课小技巧。到现在我还记得吴老师说的其中2点：①善于表扬学生，可以有物质奖励；②善于利用同桌的协作能力，让他们共同进步。因此，后面的教学，我都一直秉承这两点，让课堂的学习效果尽量最大化。

这一年，在吴老师的指引下我摸索着学习如何让学生学会看似简单的知识，他们不懂的点在哪里，课堂上的每一个环节需要如何去调控，用心去观察学生，做好课堂预案。如果说陈老师是手把手带着我前进，那么，吴老师则是在思想上引领着我，让我有自己探索的空间。

为了缩小教学差距，我阅读相关的书籍，观摩网上的优秀案例，磨炼自己的数学语言，将自己的收获在实践中一一尝试，取其精华，去其糟粕，让自己摸索着成长。这一年，是缓慢上升的过程，却是教师意识自我发展的一年。感恩学校给新教师领航，也感谢吴老师在这个关键时期给了我前进的方向。

三、勤奋耕耘　继往开来

一年又一年，学校一直致力于培养青年教师。"青蓝结对"带动我们这些年轻教师一步步成长，这让我有了更多的锻炼机会，上到更大的交流平台，有幸跟随学校教研组到现场观摩了省级的比赛。参赛教师们在比赛中展现出的数学素养，让我对数学教师这一角色的认识有了更立体的感知：原来课还可以这样上，数学语言还可以这样简练，还可以这样组织学生进行活动……赛课后的专家点评更是让我学到了许多的数学思维、数学内涵，"听君一席话，胜读十年书"这句话放在那时是写实手法。

带着对数学前辈们的崇敬，我紧接着参加了两位数学组优秀教师主持的课题研究，在研究中阅读文献，学习什么是小学生素养，如何在课堂中落实这些素养，并进行实践与反馈，在团队中共同学习、共同成长。

这一年，我的理论知识进入到了另一个阶段，对数学这个学科又有了新的认识，重新再看课本与参考书籍，是另外一种收获。

这一年，辛勤耕耘使我忙碌，名师示范让我重新树立标杆，跟随先进使我思想上更进一步。

我知道，我离优秀还有很大的距离，但我愿一直耕耘在希望的校园里，不断学习，让自己向榜样们慢慢靠近，因为我坚信，事在人为。

不忘初心　砥砺前行

汕头市龙湖区金珠小学　沈冰珊

弹指一挥间，告别校门转踏讲台已 25 载。回顾从教历程，从迷茫到坚定，经磨炼促成长，青涩褪去，逐渐形成自己的教学风格，成长为学校的骨干教师。

一、走出迷茫

1998 年毕业于广东省汕头市幼儿师范学校普师专业的我，如愿以偿分配到金珠小学任教，正式成为一名人民教师。学生时代的我因为语文比数学好，总幻想自己未来是语文教师，报到那天得知自己将是数学教师时，简直"晴天霹雳"，不知所措。

失落、好强的我，深知无法改变现状，只能改变自己，于是每天晚饭后准时"闭门造车"，先自读教学内容，选择教学方法，再为突破重难点制作相关教具；每天上班，积极向老教师请教、听随堂课，学习教学经验，不懂就问；闲暇中阅读《小学数学教师》，汲取名师的教学智慧。尽管像学生求学般努力，但仍然因教学经验不足、教学智慧缺乏，将我憧憬的梦想击得粉碎。我开始怀疑自己的能力，怀疑是否选错了职业，失落无助又迷茫！第二年，校长似乎意识到我的数学素养不适合教学中高部，于是我开启了"专职低部教学"的生涯。这一调整，对我而言雪上加霜，深受打击的我告诉自己：加倍努力，扎实基本功，让自己"发光发亮"。从那时起，我除了多听课，还在理论上不断丰富自己，及时反思总结。功夫不负有心人，工作第三年，我逐步走出困境，对数学教学有了新的理解，能较轻松驾驭课堂，教学效果明显提升。驱散迷茫，信心倍增，我不改初心，拼搏进取，向优秀前进。

二、不忘初心

（一）坚定前行

点亮心中一束光，我坚定向光而行。感恩成长路上为我提供锻炼平台的领导和助力我成长的好导师。从教第四年，在"青蓝结对"的磨炼中，形成了教学风格雏形，并在市教研员、区教研员和吕校的用心指导下，不断磨课、开课，提高自己的教学水平和教学机智。2001 年为"发展学生数学学习主体性"课题研究举行了题为"10 的认识"市级观摩课；2003 年参加学校组织的送教下乡活动，执教课程"除法的初步认识"得到好评；被评为学校优秀园丁、学校数学科教坛新秀，这些成绩，无疑是个人成长之路的一次肯定。我为自己的努力和收获感到欣慰，更感恩每次用心辅导、指引我前行的导师对我精心的栽培。时光在指缝中穿行，在市局、区局及学校组织的一系列培训中，有了教育教学理论的指导和多次磨课开课的沉淀，教学经验和教学智慧丰满了我的羽翼。2005年我开启了中部教学之旅，迎来了全新的挑战。

（二）磨炼提升

不同的教学内容与方法，不同的学生年龄特点，意味着一切从零开始。如何转变学生的学习状态，将"要我学"变成"我要学"，让学生喜欢数学，爱上数学？这是我开启中部教学后的困惑。好在学校提供国培、省培的机会和校内校外听课交流的机会。我用心学习教育教学理论，到名师工作室跟岗学习，不断更新教育教学理念，积极探索研究，并在多场教研活动和比赛中收获满满。每一次的经历和成长，都给我带来不一样的体验和收获，让我逐渐崭露头角。2015年有幸代表汕头市参加广东省第九届小学数学优质课观摩评比活动，荣获一等奖。感恩市教研员吴燕娜老师、区教研员潘丹彤老师以及我的指导教师吕丽校长、邵爱群老师。她们除了在理论上对我进行严谨、细致的指导，更在我每次试教前后难以突破创新时，不分日夜地陪我研读教材，把握方向，诊断推敲，凝练提升……在她们身上，我看到了"小数人"对工作的执着、热爱、细致与严谨。同时她们精湛的教学艺术和严谨的教学精神也深深地感染了我。我对教学有了更深刻的理解，我开始改变固有的教学思想，学习创造性地使用教材，学会搜集资料充实课堂，预见学生可能出现的问题，明白语言简洁幽默的作用，体会以生为本带来的快乐。随着时间的推移，我的教学基本功再次提升，构建起"简洁灵动，亲和幽默"的课堂，定型了自己的教学风格。

2021年，我成为金珠小学省数学教研基地的主要成员，这又是我成长之路的一次新转变。结合学校开展的"自主学习生态课堂"教学模式，根据市教研员吴燕娜老师、区教研员潘丹彤老师的精心把脉、诊断开方，我再次审视了自己的教学，认真阅读《小学数学课程标准（2022年版）》《小学数学核心素养教学论》等书籍，不断充实专业知识，以提高专业技能。此外，两位教研员的专题讲座，组织的专业观摩培训，让我们触摸到最前沿的教改动态，吸收教改新知识新思想，引领思考如何借助核心问题激发学生学习欲望，激活学生数学思维，让新课标"三会"真正落地课堂教学。以数学核心素养的落地、提高教育教学质量和促进个人专业发展为前提，我参与了两次"龙湖区小学优化作业设计"。在整体教学、单元作业设计中，数学团队思想碰撞的火花与集体智慧相融合，把先进的教育理念渗透和辐射到作业设计中，再次提高了自己的知识层次和专业能力。以研究型、智慧型教师为榜样，不断审视、不断反思、不断总结、不断创新，激励我在专业成长的道路上不断前行，完善自我。

三、砥砺前行

回首一路的成长，在不断的历练中，收获了一些成绩。先后获国培、省培"优秀学员"称号，市"优秀教师"称号，市"教学改革先进教师"称号；省优质课观摩评比一等奖；区青年教师基本比赛一等奖；校"自主学习生态课堂"评比一等奖；多篇论文、设计、随笔获奖，主持省级课题2项，参加省级课题1个，市级课题2个……

  成绩代表过去，成长一直延续，展望未来，不忘初心，我愿在教学修行路上，继续向阳而行，充实自己的学识，提高自己的专业水平，努力做一名智慧型教师。

"双轮"引航 一起成长

汕头市澄海实验高级中学附属小学 林融融

水本无华，相荡乃生涟漪；石本无火，相击而发灵光。感恩在杜校长的引荐下搭上吴燕娜老师的"双轮"之车，得以遇见一群高能的人，汲取能量，并在"双轮"的引航下，与汕头市澄海实验高级中学附属小学（简称"实高附小"）的数学教师们一起成长。

两年多来，专家讲座、课例观摩、跟岗学习让我打开了眼界、开阔了视野。研修活动中那些经典的教育理论、先进的教学理念、有效的教学经验、详尽的课标解读，还有任务驱动的心得体会，成了我教育教学实践路上的一盏盏明灯，让我学着承担和成长。2022年3月，执教区级公开课"圆锥的体积"；同年9月份，执教市级公开课"位置与方向（二）"；2022年4月，在澄海区"爱种子"实验学科教学研讨活动中做分享讲座；2023年9月，在澄海区小学数学专题研讨活动中分享一年级入学适应期的数学教学。积极承担教学的同时，我也增长了信息技术应用能力、教学应变能力以及对学生的认知判断能力。用心学和坚持做，我荣幸地被评为澄海区"爱种子"教改实验先进个人，澄海区青年优秀拔尖人才。这些收获也一直驱动我坚持初心，砥砺前行。

作为学科教研基地成员、区数学中心组成员、学校数学学科教研带头人，我深知"辐射引领"的含义，也一直坚持以自身的绵薄之力，助推我校青年教师的成长。两年多来，我们在汕头市教师发展中心小学数学教研员吴燕娜老师的指引下，结合学校的实际情况，坚持开展多形式的教研活动，助力提升青年教师的综合能力。

一、"研培"促成长

"工欲善其事，必先利其器"。我们承担的子项目"课程教材教学与实践"以信息化为手段，以"爱种子"创新课堂教学模式为实践载体。于是我们通过集中培训和分散交流、线下和线上相结合的方式，持续组织教师进行技术学习，助力集体备课，推进课堂教学创新，为子项目工作的顺利开展提供有力保障。同时积极组织参与各项线上、线下研修活动，聆听专家讲座，并在校本教研活动中，由骨干教师开展专题理论学习，既夯实教师们的理论基础，又为创新数学教学提供理论支撑（见图1）。

```
                    ┌─ 第一届人教版小学数学数字化教学观摩研讨会
                    ├─ 广东省小学数学典型课例分享
                    ├─ 中南、华北、西南十省区市第十三届小学数学优质课观摩研讨活动
                    ├─ 《"双减"背景下小学数学怎样提高作业设计的有效性》专题讲座
                    ├─ 《小学数学核心素养下的教材改革》专题讲座
                    ├─ 《怎样说好课》（李一鸣老师讲座）
                    ├─ 《小学数学教师论文写作例谈》（鲍银霞教授讲座）
                    ├─ 《运用学习活动"七要素"引领学生开展课堂"微研究"》（陈清容）
                    ├─ 《新课标解读》（史宁中教授）
线下集中学习活动 ──┤
                    ├─ 《义务教育数学课程标准（2022年版）》解读（马云鹏）
                    ├─ 2022年汕头市义务教育阶段国家课程数字教材规模化应用教研活动
                    ├─ 广东省教育研究院走进粤东西北（汕头）教研帮扶活动
                    ├─ 《建立单元教学整体结构 促进理解性学习》专题讲座（吴正宪）
                    ├─ 《"互动探究"教学模式策略及建议》专题学习
                    ├─ 《学科核心素养导向的教学评一致性研究与实践》（曹培英）
                    ├─ 中南、华北、西南十省区市第十五届小学数学优质课观摩研讨活动
                    ├─ 《义务教育数学课程标准（2022年版）》专题学习系列（校本专题学习）
                    ├─ 核心素养下的大单元教学设计与实施（校本专题学习）
                    ├─ 核心素养下对小学数学教学的微思考（校本专题学习）
                    ├─ "双减"背景下小学数学作业设计微探究（校本专题学习）
                    └─ 信息技术与数学学科融合的教学实践与思考（校本专题学习）
```

图1 线下集中学习活动

二、"说课"促成长

我们连续三年组织开展数学青年教师说课比赛，充分展示了实高附小青年教师们的活力，促进全体数学教师的专业成长。从 2021 年到 2023 年，不管是说课形式、教学设计，还是设计亮点、理论支撑，再到说课课件以及现场演绎，我们肉眼可见教师们在这三年间的成长。

表 1　实高附小数学青年教师说课比塞
（2021.12.07）

姓名	说课课题	课题位置
郑伟俊	循环小数	五年级上册
陈舒佳	6 和 7 的认识	一年级上册
申广峰	角的分类	四年级上册
吴馥铧	认识图形	一年级上册
林欣妮	条形统计图	四年级上册
林映丹	用估算解决问题	三年级上册
梁凤	观察物体	二年级上册
蔡晓涵	线段、射线、直线	四年级上册
许绣珩	加减混合	一年级上册
杜依霖	7 的乘法口诀	二年级上册

表 2　实高附小数学青年教师说课比赛
（2022.12.06）

姓名	说课课题	课题位置
于心蕊	认识公顷	四年级上册
陈柳莹	11 - 20 各数的认识	一年级上册
陈舒佳	整十数加、减整十数	一年级下册
申广峰	等式的性质	五年级上册
吴馥铧	搭配	二年级上册
林映丹	一个数除以小数	五年级上册
王遂纯	乘加乘减	二年级上册
郑伟俊	折线统计图	五年级下册
梁凤	周长的含义	三年级上册
蔡晓涵	烙饼问题	四年级上册

表 3　实高附小数学青年教师说课比赛
（2023.11.14）

姓名	说课课题	课题位置
王景玲	认识图形（一）	一年级上册
陈浩瀚	6 和 7 的加减法	一年级上册
林心悦	6 和 7 的认识	一年级上册
陈柳莹	数一数	一年级上册
陈舒佳	找规律	一年级下册
蔡丽扬	100 以内加法不退位加法	二年级上册
吴馥铧	9 的乘法口诀	二年级上册
王渺芸	角的初步认识	二年级上册
吴柏郁	乘法的初步认识	二年级上册

表 4　实高附小数学青年教师说课比赛
（2023.11.21）

姓名	说课课题	课题位置
梁凤	认识面积	三年级下册
林渭邦	线段、直线、射线	四年级上册
林潇烁	平行与垂直	四年级上册
郑伟俊	用数对确定位置	五年级上册
蔡晓涵	平行四边形的面积	五年级上册
申广峰	三角形的面积	五年级上册
林映丹	用字母表示数例5	五年级上册
麦燕	图形的运动（三）——旋转	五年级下册
谢泳莉	数学广角——搭配（一）简单的排列	二年级上册

其中，林欣妮在澄海区 2021—2022 学年度小学数学说课比赛中，以"条形统计图"获得一等奖；陈舒佳老师在 2023—2024 澄海区学年度小学数学说课比赛中，以"找规律"

获得一等奖。

2022年3月我们以"互联网环境下小学数学教学的思考"为话题，12位青年教师分享各自在新课标学习、"爱种子"教改、信息技术与数学学科融合、"346"教学模式创新实践等方面的感悟。我们欣喜地看到年轻教师们在经过一年多的教学实践，对于学习共同体、多元评价、创新教学模式以及信息技术的有效使用上有着独特的见解。本次教研沙龙，是附小年轻数学教师成长的又一次见证。

三、"课例研讨"促成长

课例研讨是青年教师成长的必经之路。我们以备课组为研讨阵地，以教研组为纽带，全方位提供指导和支持，为教师们提供研讨学习的平台。先后开展22个亮相课、60多个组性课、6个专题校性课，两次开展"爱种子"数学课堂教学研讨周活动。每个课例经过"346"集体备课流程，力争发挥备课组、教研组的团队智慧，助力提升青年教师在备课、上课、反思及后期整理等方面的实践能力。其中有多个课例获得粤东微课大赛混合式案例的奖项。

表5 实高附小"爱种子"数学研讨课
（2021.05）

姓名	课题	课题位置
刘福选	认识小数	三年级下册
林欣妮	三角形的内角和	四年级下册
陈韩芸	三角形三边的关系	四年级下册
刘乐生	三角形的内角和	四年级下册

表6 实高附小"爱种子"数学研讨课
（2022.1.03）

姓名	课题	课题位置
洪俊梅	复式统计表	三年级下册
刘福选	鸡兔同笼	四年级下册
陈喆	认识面积	三年级下册
陈慕环	小数的意义	四年级下册
蔡晓涵	乘法结合律	四年级下册
电广峰	小数的意义	四年级下册
许少莹	长方体和正方体整理复习	五年级下册
王洁纯	旋转	五年级下册
郑伟俊	折线统计图	五年级下册

表7 实高附小数学专题研讨课

姓名	课题	课题位置
林融融	用方向和距离确定位置	六年级上册
林丽娇	图形的旋转	五年级下册
陈韩芸	植树问题	五年级下册
林融融	圆锥的体积	六年级下册
吴雪暖	图形的旋转	五年级下册
吴馥铧	数学广角——搭配（一）	二年级上册

续上表

姓名	课题	课题位置
吴馥铧	认识图形	一年级上册
申广峰	等式的性质	五年级上册
陈舒佳	找规律	一年级下册
于芯蕊	三角形三边的关系	四年级下册
郑伟俊	用数对确定位置	五年级上册
梁凤	解决问题	二年级上册

非常值得一提的是吴馥铧、申广峰、陈舒佳、于芯蕊、郑伟俊、梁凤6位青年教师，在经过研课磨课之后，自身的教学理念、对教材的分析能力、课堂的把控能力、信息技术的应用能力以及反思能力，都得到了提升。一位教师在磨了几次课后对我说：我感觉"坑"了你们班的学生。（初次试教对象为我们班的学生）这话的意思不言而喻。

四、"设计"促成长

教学设计和作业设计是教师的基本功之一。我们先后开展现场教学设计比赛和优秀作业设计比赛，以赛促研，以赛促成长。"双减"背景下的作业设计是教师们接下来重点研究的内容。我们教研组开展了学习培训、案例学习、成果分享等活动，欣喜地看到越来越多的作业设计有创意更有实效。两年多来多个教学设计分别获得市、区奖项，多份作业设计获市的奖项。

五、教师话成长

两年多来，教师们在实高附小这片沃土里，一起学习、一起成长。

吴馥铧："纸上得来终觉浅，绝知此事要躬行。"我从踏入实高附小以来，先后参与多次比赛，教研团队"毫不吝啬"地给予我帮助，反复探讨着教学语言、课前热场、教学板书等细节。我深刻感受到：磨课，不仅磨炼个人的毅力、能力，还要磨出教师更强的专业技能、综合素养，磨出团队成员间的协作，磨出团队的凝聚力。辛勤的付出总有回报，我执教的"认识图形"获广东省信息技术能力提升工程2.0二等奖；微课"摆一摆，想一想"获粤东独立微课大赛一等奖；2022年12月送教澄海崇本小学，执教"数学广角——搭配（一）"一课，获得一致好评；撰写的论文《展望未来，用"数据"说话》获区级二等奖；2023年11月赴隆都镇下北小学分享《巧用学科工具，助力课堂教学》的讲座，和教师前辈们共同交流研讨，学习成长。

陈喆：试讲、反思、修改、试讲，就这样循环几次，最终才走上课堂教学展示的舞台。多少个周末、多少个夜晚，"数学大师们"陪着我，在学校教室、报告厅，一遍一遍地给我当"学生"，给我逐字逐字地"抠"，给我出"难题"，想尽一切办法地"刁难"我。虽辛苦，但此刻回忆起来，是甜的、是幸福的、是感恩的。如蝉要经过漫长的地下生活，才能在夏日短暂地鸣叫，但一切都是值得的。如果说教育是一座大山，有的人已经坐在山顶上看日出，而我只是听闻有这么一座山，现在有人告诉我这座山怎么走，为我指明了方向。

梁凤：在实践中磨炼，在听评课中成长，在比赛中提高。我把每一场公开课当成我成长的历练，每次公开课都会经历一番脱胎换骨的蜕变。学校每学年都会举行说课或教学技能比赛，说课比赛不仅给了青年教师展示自我的机会，也可以促进教师之间交流学习，将先进的教学经验在青年教师之间互通有无。说课比赛对于我专业水平和教学能力的培养与提高，产生着"展示与学习、激励与导向"的作用。

陈舒佳：学习：立于文化的高度；成长：站在巨人的肩膀；实践：直面教育的现场；反思：提升教学的素养。在实高附小，每学期都有举行多形式的教研活动，如公开课的磨课听课评课、说课比赛、作业设计比赛、教育讲座沙龙等，让我拥有很多机会向前辈学习，向身边优秀的同事学习，聆听丰富的教学经验，学习精湛的教学艺术，汲取新颖的教学理念和方法。两年多来，在教研团队的指导和指引下，我成功地承担了校级公开课"找规律"；我的教学设计"6 和 7 的认识"获汕头市小学数学文本类资源成果一等奖；课例"找规律"荣获澄海区录像课评比二等奖；作业设计"找规律"荣获汕头市作业设计专项成果评比三等奖；2023 年 12 月，历经一个多月的研磨，荣获澄海区 2023—2024 学年度小学数学说课比赛一等奖。

……

实高附小数学学科基地教研共同体是一个年轻的教研学习共同体，我们团结、友爱、有活力，我们积极、进取、又上进。得益于"双轮"驱动，我们在向上生长。"问渠那得清如许，为有源头活水来。"实高附小的"小数人"定将不断学习，一直走在成长的路上。